ャリア形成と
仕事・資格ガイド

福祉の未来形を求めて

近畿医療福祉大学 編

言視舎

はじめに▼

人生福祉の真実探究

――「幸福」から真の「福祉」へ！

杉本一義▼近畿医療福祉大学学長

もともと地上に道はない。多くの人が歩くことによってそこに道ができる、という意味の先達による名言がある。すべての人が、人間として幸せに生きて行くために「幸福」から真の「福祉」への道を目指し、今こそ全人類が、人生福祉の真実探究の「こころ」をもって、一人残らず、共に歩いて行かねばならないのである。

人間は、誰でも「幸福」であることを望むであろう。ところで幸福とは個人の幸せのことであり、その内容はそれぞれ人によって異なっている。したがって人々は生活して行く過程で自己中心的になりかねない。それに対して「福祉」とは、社会、国、世界全体のすべての人々の幸せを意味する用語である。したがって一人でも不幸な者が居れば福祉国家とは言えない。

わが大学は、福祉系の大学であり、人間愛に満ちた福祉の「こころ」を育み、自信をつけさせて社会へ送り出すという高貴なる理念を大学教育の基本指針としている。

ところで、科学が発達し、文明の進歩によって、この世は住み易くなるはずが、逆にかえって住みにくくなっているという現実があり、そうした社会を生きる手段として、人々は自分自身の社会的地位や財産を求めることを人生の主たる目的とし、自己防衛に走ることになる。

現代のように価値観が多様化し、真実探究の哲学の貧困化した競争社会において、このような状態では、福祉国家どころか、人類は絶滅の一途を辿るほかはないであろう。この度の東日本大震災から現代人は何を学ぶべきか。この大悲劇は現代を生きるわれわれに対して「何を」示唆しているであろうか。

この警鐘に、すべての人間が一回限りの人生を、人間として生きる生き方を探究する「こころ」の眼を開かなければならないのである。この考え方を理想に過ぎて、空理空論であると思う人もいるかもしれない。しかし、天空に煌めく星を手に取ることはできない。しかし、その煌めく星に向かって指を差すことは可能である。人間の問題に関する限り、その真理について、一言にして正解を即答できるものではない。真理は永遠に探究し続けるのみである。探究し続けることがそのまま結果となる。そこに真実を探究し続けることの意味があるのである。

もともと、人間は一人では生きられない。しかし死ぬ時は一人、誰かと共にというわけにはいかない。共に生き一人死ぬ。これが人生の実体なのである。したがって共に生きるために不可欠な人間関係の研究、さらにすべての人間がわが人生を福祉の「こころ」につつまれて全うするための人間としての生き方を、研究し、福祉教育の実践に生かすこと、そこに、福祉系大学にかせられた使命がある。

本書は、現在の大学の実態を洞察し、反省して、改革し、新しい大学像を目指して再出発するにあたり、それぞれの分野で活躍している教職員が、相互理解を深め、一体となって、希望に燃える歩みを始める目的で編集されたものである。

福祉の未来形を求めて◎目次

第1章▶社会福祉

第1節▼福祉援助の心と基本

山西辰雄▼ソーシャルアドミニストレーション論

1　福祉の援助者

人は誰もが、生活する上でさまざまな困難や課題に立ち向かっていきます。自分だけ特別で、困りごとや課題がないという人はいませんし、また自分だけが困りごとを抱えているわけでもありません。そして、時には、思わぬ困難や課題に直面することもあります。

困難や課題には、自己努力が必要な場合や、他者からの理解や支援が必要となる場合があります。また、経済的な問題、あるいは家族や友人に関係すること等、さまざまな要素があります。

困難や課題を自分自身で解決しようとすることを社会福祉では「自助（じじょ）」といっています。そして、自分に関係する人たちの援助を得ることを「共助（きょうじょ）」といい、このうち、家族や特定の友人・知人からの援助を受けるのを「互助（ごじょ）」といい、ボランタリー（自発的）に友人・知人の輪を広げて援助することを「民助（みんじょ）」といっています。

わたしたちは、これまでにフルに自助能力を発揮し、また限りない共助を受けつつ、心身共に成長できてきたのではないでしょうか。また、通学途上や買い物途中に、街のなかで民助を受けることもあったでしょう。

さて、わたしたちの社会では、生活の上で特定の困難や課題をもつ人に対して、また自ら困難を自覚したり解決する能力が低い人に「公助（こうじょ）」というシステムを設けています。

実は、わたしたちも例外ではありません。たとえば、卒業前の進路選択の時、専門的・社会的な観点から相談し、指導と助言を受けることがあります。あるいは希望に応じて補習講座を受けることがあります。広くは、これらも公助に該当します。公助は、学校では授業料や都道府県等からの運営資金によってまかなわれているように、社会では概ね、行政が徴収する税金（公費という）や利用料、そして社会保険（年金、健康保険、介護保険が有名です）から経費が捻出され、その利用方法については法制度で規定されています。

以上のことから、わたしたちの生活上の困難や課題の解決・緩和に向けた一連の援助システムが認められると思います。これらは、たとえば認知症や心身に行動と活動の制約・制限をもっている人たち（障がい者）、子育てにあたっている人たちにも広く社会で適用・活用されています。

認知症の高齢者とその家族を例にとります。いま、家庭に訪問介護員（ホームヘルパー）が派遣され、週に何日か日中介護（デイサービス）を利用すると、費用の支払いや居宅介護計画（ケアプラン）作成について介護保険による公助を受けることができます。家族は高齢者の見守りや日常の世話、励ましを昼夜継続します。当然、本人も家族やヘルパー等の介護や応援を受け、日々に努力を重ね、生きる努力をします。これらを自助といいます。近隣はよく見知った高齢者に心の励ましや散歩の手伝いなどをしてくれます。これが互助です。

先日、F市社会福祉協議会からボランティア大会に参加したメンバーに真心プレゼントが届けられました。これは民助がこの地域で実施されていることが示されています。

このように考えてくると、もしみなさんが大学で社会福祉に関係する学問を学び、その後に社会人・職業人として羽ばたいていこうとすると、さまざまな人の生活のうえでの努力と頑張り、助け合い、そして公的制度の効果的な利用の様子に向かい合うようになりますし、そのぶん、他者と社会に役に立つ自分自身として成長していかなければなりません。

2　社会福祉の専門性

人に接して役に立つ仕事を「対人援助」職と呼びます。ちなみに、人に接して気持ちよく受けとめてもらうための配慮を「接遇能力」と言いますが、対人援助の出発点として、接遇能力の向上が欠かせません。また、対人援助の職種は、弁護士や医師、看護師、管理栄養士、介護福祉士、保育士、レクリエーションインストラクター……、数え上げればキリがありません。この対人援助職のなかで、社会福祉援助者Social Worker はどのような独自性をもち、職業として確立されているのでしょうか。次に、このことを考えていきます。

社会福祉の専門性は、さまざまな困難や課題に立ち向かっている人の立場に立ち、その人の主体性を重んじ、その人が可能な限り主体的に行動・活動できるように「支援」するところに特徴があります。決して、その人に成り代わって、代理者として課題や困難に立ち向かうわけではありません。その人が困難に立ち向かえるように配慮し、「共に」考え、行動することです。このことを国際的には「援助利用者とのパートナーシップ partnership 形成」といっています。日本語的にはいろいろな言葉で表現されていますが、援助の利用者に「寄り添う」関係を形成することであるといえます。

また、一方で、上に掲げた各種専門職がそれぞれの専門知識や技能を人々の援助に適用するのに対して、社会福祉の援助職はそれを利用する人の人格に接し、困りごとや課題を一から把握し、その人なりの目線で他の専門職とも接触し協力していくのです。連絡調整をはかるといっています。

それゆえに、社会福祉の専門性（職業）を身につけるためには、幅の広い知識と技能がまず始めに必要となります。とくに、援助を必要とする人と一定の信頼関係を形成します［人格形成と接遇能力］。また、困難や課題の原因、事象間の脈絡を明確にしながら、解決・緩和すべき事柄と方法を客観的に探求します［情報収集と分析能力］。そして、困難や課題を除去・改善していく対応プランを作成し、関係する人たちと連携する［計画策定と連絡調整能力］が欠かせません。これらの知識と技能は、実務・経験からいっそう学び取ることができますし、援助者、そして援助にあたる職場の技術として定着し、発揮されていきます。

病院を例に考えてみましょう。医師は、クライアントの病状を診断し薬剤の処方や手術等の処置を行ないます。看護師は、クライアントが医師の指示に従って治療内容を理解し、回復していけるように見守り、助言し、医師の指示による処置等を行なっていきます。社会福祉援助者は病状を回復させようとする過程でのクライアントの困りごとや生活課題に寄り添います。当然、病棟や通院生活のうえでの疑問や質問に答えられるようにするのですが、むしろ、クライアントそしてその家族の自助努力の発揮と自立度や協調性などの回復を「共に」進めていくこととなります。それだからこそ、病院では他の専門職が入院中のクライアントの不安や心配、そして治療後の生活方法等について懸念したとき、社会福祉援助者にクライアントを紹介し解決と緩和を依頼してくるところとなります。

3　自立支援こそ社会福祉の目的

人が主体性をもって生活していくように支援することを社

会福祉では「自立支援」と言っています。ところで、自立とは何でしょうか。

社会福祉では、人が生活の中で目指す身辺自立、経済的自立、社会的自立等を、人が生きる目的を達成するための「道具的」自立と位置づけています。それぞれに尊いし、とくに私たちは幼少期から身辺自立を獲得するように教育され、後に学校を卒業して経済的自立と社会的自立を図ろうとします。これらは生活のうえで自助能力を発揮するためには大変に必要なことと思われます。しかしこれらの自立を図ることが、人の「生きる目的」とはいえないのです。

生きる目的とは、具体的には人の思想や信条、文化的背景等によって異なりますが、共通していえるのは、「人格的」自立の達成、それも、生活を自ら決定し、制御し、自己実現を図ることです。生きて生活するすべての人が、この人格的自立を目指し、言い換えると個性を発揮していこうと希望しています。このことを尊重し、支援しあうことが大切です。とくに、生活上の困難や課題を解決・緩和しながら成長していく、またその成長を支援していくことが必要です。ここに社会福祉の目的があります。

道具的自立が完備されないと人格的自立が達成されないのではありません。むしろ、たとえば身体的自立や経済的自立ができないからといって人格的自立をあきらめなくてもよいのです。人は、生きて、生活して自己実現を求め、個性を発揮する方向に進むこと自体が尊いのです。そのために、何らかの理由で身体的あるいは経済的な能力等が劣るとしても、可能な限り他者援助を受けてもよいのです。

実際に人々は、家庭生活での扶養や協力関係を詳しくみると、互いに人格的自立を目指して協力し、支え合っています。そして、家族が喜ぶのは、それぞれが人格的成長と自己実現の途を獲得していく姿なのです。

人格的自立とは、言い換えると、一人ひとりが個性を発揮し、個性を伸展させるための道筋です。そのために、社会福祉援助者は活躍するのです。このことは、社会福祉とは何か、そして何を目的としてどのように社会福祉援助者は職務を果たすのかを明確にしながら、世界で初めて社会福祉教育の礎づくりを行なったメアリー・リッチモンドの原著“What is Social Casework ?”（1992）の主題でもありますし、今日の社会福祉学会で共通して認められているリッチモンドの教えの具体化でもあります。日本語での訳出をいち早く行なった杉本一義が最近『人間の発見と形成　人生福祉学の萌芽』（出版館ブック・クラブ2007）に名著をよみがえらせたのにも、この意義が含まれています。

次に、人格的自立を目指す社会福祉援助の具体例を筆者が情報収集した事例で紹介します。具体的な病名や心身状態等はプライバシー保護のために伏せてあります。一緒に考えてみてください。

Aくん（8歳）の事例

Aくんの障がいは脳性まひ（アテトーゼ型）、てんかんを主要因とする肢体不自由です。排泄（はいせつ）と食事に全面介助を必要としています。3歳から県立療育センターでの整形外科リハビリや言語療法などのリハビリ訓練を受けながら、それ以外の曜日を障がい児デイサービスセンターに通ってきました。

2歳遅れで保育所に入園してきたAくん。はじめのころは母親との別れ際とか、保育者がそばを離れると顔をこわばらせて緊張したり、泣いたりしましたが、他の園児たちが声をかけたり名前を呼んだりすると、頭を上げたり、表情を返すようになりました。また昼寝のときには声を出したり、ずり這いで動いたりとリラックスした姿がみられるようにもなりました。さらには、保育者や仲間が見ている前で寝返りを成功させ、卒園の年度には自らオシッコと言い、順番を待ってトイレに行くようになりました。その一つひとつの行動のなかから、みんなと一緒に「いる」、そして「できた」という充実した気持ちが生まれ、次に「……もしたい」という意欲につながって、生活の行動や習慣をAくんは獲得してきたようです。

保育所でもA君に適した日常生活用具や設備を整えてきましたし、療育センターの訓練の日には担当の保育者も同行し、研修するなどの機会をもったこと、そしてなによりも一緒に育ち合う園児たちが、ありのままの姿で接してくれ、Aくんへの気づきや共感を体験できたことが、A君自身の大きな育ちとなって現われたようです。

参考文献

拙著「障がい児（者）サービス」、岡田和敏・谷口明広編『学びやすい障害者福祉論』金芳堂、1993年、53～54頁所収を一部再編集した。

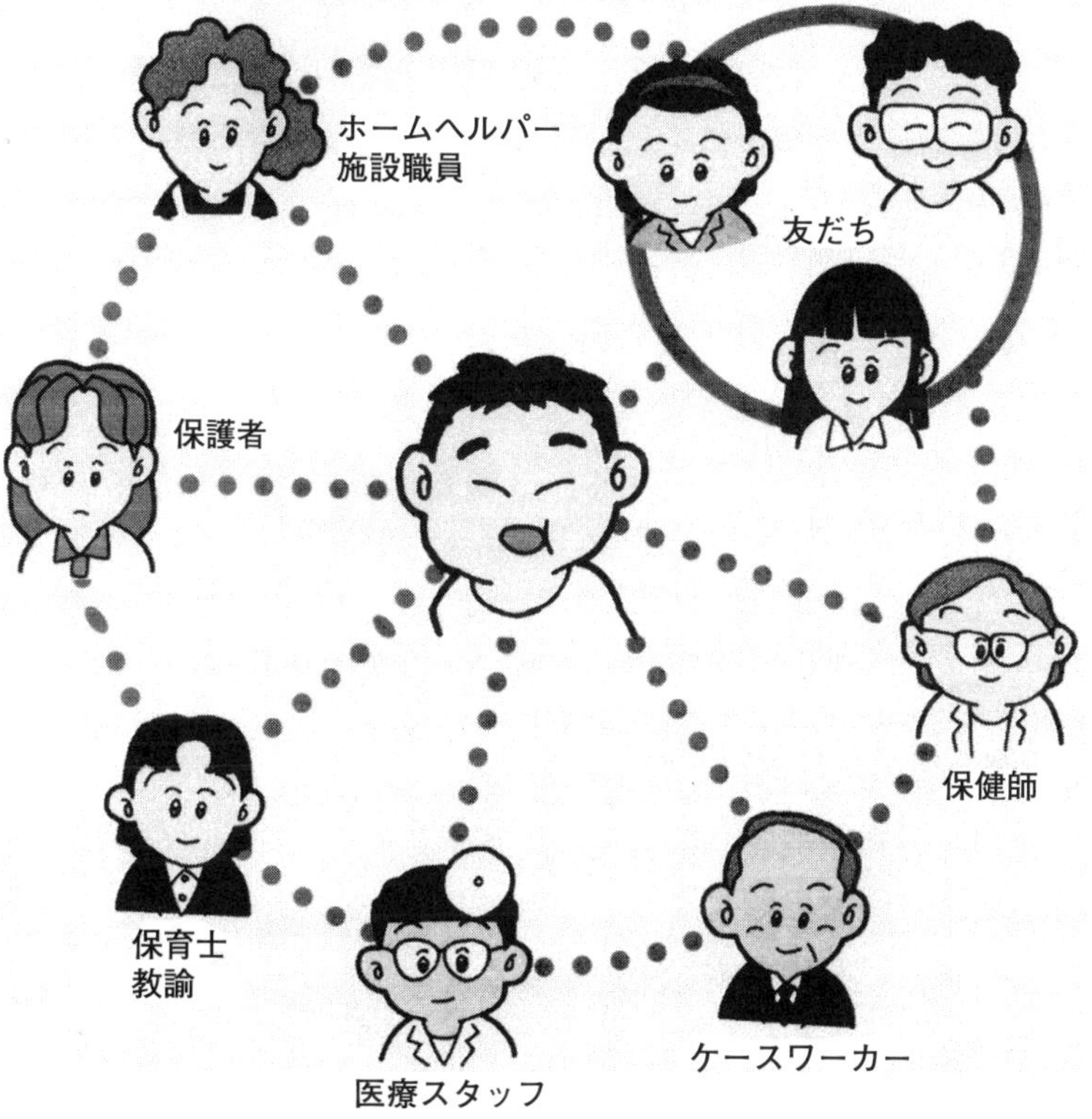

図1　障がい児を囲む援助者の連携の輪

図にみられるように、A君自身の自立とは、さまざまな専門職や保護者、友だちからの理解と支援を受け、喜んで心身の能力についての自立の途を歩むことであり、その成長は徐々にではありますが、A君自身の人格形成に大きくつながっています。社会福祉の自立支援の「ふくよかさ」に気づいてくださればと念じますし、このA君の歩みに寄り添い、他の人たちと連携調整して活動した社会福祉援助者（ここではケースワーカー）に思いをはせるようになってください。

第2節▼障がい者の権利擁護

井土睦雄▼社会福祉政策・制度

1　障がい者の尊重から人間の尊重へ

図書館や書店で福祉の本を手に取ってみて疑問に思うことがあります。児童福祉論や高齢者福祉論というテーマの本が多いからです。ところが障がい者福祉論というテーマの本だけは「障がい者」のジャンルのなかにあるのです。なぜでしょう。

実は、これまで日本では障がい者という社会的位置づけをすることによって、児童や高齢者とは違う福祉制度を構築させてきた歴史があるのです。今までも障がい者は健常者とは違った特別な配慮が必要だといわれ、福祉制度等で特別な配慮をしてきました。しかし障がい者だから特別に配慮されながら暮らしていくことが本当にしあわせなのでしょうか。特別な配慮に基づく障がい者対応ではなく、差別なく理解しあえる社会を目指すことが課題になります。そのためには、対等に理解しあえる関係を目指し、個人の問題を超えてさらに共に生きることができるよう支援環境を根本的に変革する必要があるでしょう。山中多美男氏は差別のない社会を実現するために、障がいのある人が社会の一員として社会全体で支援される必要があると述べていますが、やはり、障がい者の生きがいや可能性を受け止めて、社会全体で支え尊重する姿勢が求められるでしょう。

改めて障がい者の尊重から人間の尊重という視点に立つことによって障がい者を定義づけてきた福祉制度に疑問を持つべきだと考えます。障がい者の尊重という見方から福祉を法制化すると、障がい者を特別視することになってしまいます。どこかに差別する視点がかくれてしまっています。しかし、そうした視点から作られた社会福祉法制では、本来、平等や共生を目指す福祉像は生まれてきません。今日、人権もしくは人間の尊重という視点から社会福祉法制を根本的に見直す時期に来ているのではないでしょうか。

2　特別な生活から普通の暮らしへ

たとえ障がいがあったとしても、人々と共にしあわせな暮らしができる人生とはどのようなものでしょうか。障がいがあるにしても、ないにしても、私達はその前に人間でありま す。しかし、身体や知能、精神に不安定な要素があると、私達は、なぜ障がい者とか、障がい者福祉と呼ぶのでしょうか。本来、私達は人間であるのにです。その指針はノーマライゼーションという考えによって示されています。英語のノーマライズとはあたりまえにするという意味です。その意味とは、障がい者と障がい者ではない人間がいるのではなく、誰でも人間として、いつでもどこでもあたりまえに普通に暮らし合って生きていくことです。つまり、まず人間であるという真実を見つめ、そこから障がいのある状況の困難さや願いを把握し、しあわせな状況を創り出すことが障がい者福祉の命題となります。

人間としてのしあわせとは何でしょうか。心身が健康で、人々がお互いに理解し合う中で、生活することがしあわせなのでしょうか。一方、心身機能に障がいがある人は、初めからふしあわせなのでしょうか。人々にまともに受け入れてもらえないのでしょうか。

ここで、世界保健機関（ＷＨＯ）が二〇〇一年に採択した国際生活機能分類（ＩＣＦ）を参考に障がいに関する考え方を見てみます。その考え方では、人が健康な状態でしあわせな社会生活を送るためには、「心身機能・構造」に何らかの障がいがあって制限されても、「活動」がスムーズに運び「参加」できるようになれば、社会支援が保障され、もはや障がいのない状態で暮らせる可能性を示しています。そのことはその制限を補う豊かな「活動」や「参加」が十分にあれば、しあわせな状態になる可能性があることを示しています。この「活動」や「参加」を豊かにするためには、社会福祉の制度によって障がい者の困難さや願いを見守り支えることが重要です。

障害者の自立支援施策では、たとえば施設入所障がい者の地域移行や病院からの退院促進を目指していますが、あまり進展していません。日本の福祉制度について金魚すくいを例に取ると、法律や制度という道具はつくりましたが、人材やサービス、設備の量や質が不十分であるため、紙がすぐに破れて金魚をすくうこともできません。しっかりとした紙を張って、人材や社会資源を整備することが必要です。特に障がい者の分野は立ち遅れています。だからこそ、普通の生活ができるように配慮の行き届いた支援が加わる必要があるのです。その際、配慮は恣意的なものではなくあたりまえの権利として福祉サービスの利用ができるようになっていることが必要です。現状のままでは配慮ある人材と社会資源が不足してしまいます。いつまでも、普通ではなく特別な状態が続き、障がい者の希望は届かないまま推移し、社会で受け止めることができません。

3　人間尊重から実質的平等へ

長年、知的障がい者への家族・支援者を含めた社会支援を実践されてきた飯田雅子氏は、当事者（障がい者本人）の能力を健常者と比較して劣っていると相対評価してしまうところに支援を困難にする原因があると指摘しています。そして支援者（家族）は、当事者が課題に向かって各々の能力を主体的に発揮できるように支援する役目があることを主張しています。たとえば衣服の着方やトイレの使い方まで丹念に支援し、当事者が身辺自立に向けて学習していく姿を評価し認め合えるような支援者との関係づくりが重要であると述べています。それは、他者と比較する相対評価ではない絶対評価する支援（一人ひとりの存在価値と能力を最大限に認め能力を引き出す支援）のあり方を重要視することによって、障がいのある当事者が本当に尊重される社会が実現される道標となることでしょう。

中西正司・上野千鶴子両氏は、社会が真に平等であれば福祉サービスは必要ではないと提起しています。教育や労働、社会参加の場で障がいのある人々が同等の生活ができれば、福祉サービスが存在しなくてもいいというのです。しかし、現実は同等の生活が保障されていません。その上で、社会サービスを制限している現実を改革する必要性があると述べています。

例を出して考えてみましょう。障がいのある人々には法定雇用率を定めていますが、障がい者の雇用を排除するような社会になることを予防しているのだから、良い法律ではないかと解釈する人もいるでしょう。しかし、それではいつまでたっても平等な社会は実現しません。同等の生活を保障するためには、職業を希望する障がい者が労働に参加する権利を持てるようになることが大切です。労働の現場で障がい者の参加を制限していることが、障がい者の人権や幸福追求権を妨げていないのか、よく検証してみなければなりません。

私たちの生活するこの社会は経済的価値が優先された社会

です。自由な競争原理に基づいて、誰よりも速く、たくさん、商品や情報を提供して利益を得ることが求められます。そうすると障がいのある人々は適応が遅れがちになります。一方で私たちは経済的価値だけが人間社会ではないという価値観を築いてもきました。遅くても少なくても、間違いや失敗をしても、人間としての価値があるとするものです。それは生命や生活、人生の質、すなわちQOL（Quality of Life）を尊重できる社会を目指します。言い換えれば、生まれながらに持ち得た人間的価値を認め合う社会を構築しようとするものです。このような人間尊重の価値観がなければ、障がい者が同等に生活できるような実質的平等に満ちた社会は実現しないでしょう。

4　障がい者の権利擁護から真の人間の尊重を

私たちは障がいの有無に関係なく同等に暮らし合う地域を本当に実現できるのでしょうか。ここで権利擁護の問題に焦点をあてて考えてみたいと思います。

今まで多くの人権侵害が障がい者の身の回りで起きてきました。当事者の親や福祉支援者、職業関係者や業者等の暴力や詐欺、不注意等によって、虐待・犯罪など不当な扱いを受けた事件や事故が発生し続けています。それらの原因は、養護・支援関係者の介護等による支援ストレスや疲労だけではありません。障がいがあることを知りながら、当事者の財産の無断使用や性的暴力、労働搾取を行なったものもあります。どれをとっても障がい者の人権を侵害する行為です。そして当事者の権利が無視された行為であります。

その対策の一つとして、二〇一一年六月には障がい者虐待の防止、障がい者の養護者に対する支援等に関する法律（略称、障がい者虐待防止法）が成立しました。その規定では、虐待の定義を、養護者や施設従事者、使用者等によるものとしています。特に当事者の親や関わりの深い人々との身近な関係から虐待が発生しているということがその深刻さを示しています。その解決のためには、日常の見守りによって予防すると共に、当事者の人権侵害にいち早く気付き、それらの侵害を防止する必要があります。しかしながら、福祉サービスや人材の確保が十分ではない現況では虐待防止の効果の有無が心配されます。現在、障がい者総合福祉法（仮称）の検討が重ねられていますが、やはり大きな課題は、障がいのある人々に配慮したサービスや相談援助における人材、財源等の社会資源の確保と同時に、見守り支援や相談の実践によって障がい者の人権を守ることが課題となっています。

さて、障がい者の権利擁護の視点から福祉の未来形を考えてみましょう。私たちは、この世に（この地球に）人間として生命を授けられ、今を生き、将来に向かって、人々と共に、自己実現の旅を続けています。その人生の旅にとって、障がいがあることがふしあわせにつながってはいけないと思われます。そして障がいについて理解し合える社会の実現にむけて、すなわち、人々の自由と平等、友愛の精神を育み、そして広く世界の平和へと、人が人として尊重される人権社会を実現していく道が開かれていかなければなりません。この道は児童にも高齢者の福祉にもつながるものです。

ところが障がい者は心身機能が限られており、適切な判断能力に基づいて、他者との関係を取り結んだ行動に多くの困難が伴います。その困難を支援する関係が保障されてこそ、他者と平等に暮らし合えるようになるといえます。

そこで提起したいことがあります。障がい者の福祉を制限しているのは、実は社会福祉制度を構築してきた私達ではないのかという反省です。障がい者は、法律や制度によって作り出された言葉に過ぎません。私達が求めてきた自由で、平等で、友愛に満ちた社会に、障がい者という言葉はふさわしくありません。

シンガーソングライターのジョン・レノンは、「イマジン」という曲の中で、宗教や国家を超えた中にこそ平和が実現するのではないかと歌っています。つまり、世界中の人々が人間としての個人の尊重に真剣に目覚めなければ、国家や文化が障壁となり平和など実現しないのではと訴えているのです。障がい者への権利擁護支援の指標も同様です。それは個人を徹底的に尊重するなかから生まれる社会正義や人権保障を求めており、それは平和に貢献する道です。障がいのある当事者が自立を目指し、虐待や犯罪に巻き込まれずに堂々と幸福を追求できる権利を行使でき、そして、それらの権利を福祉人材とシステムで築き上げていくことは権利を擁護し支援していくうえで柱となります。そのためには当事者（市民）と福祉サービス提供者と行政は、改めて人間尊重の原点に立ち協働・連帯しながら、風通しのよい権利擁護の支援活動や相談ができる環境整備が求められます。

参考文献

（1）白石恵理子「障害者の発達とコミュニケーション」宗澤忠雄・白石恵理子『現代の地域福祉と障害者の発達保障』文理閣、2010年
（2）山中多美男『ノーマライゼーションと部落解放』解放出版社、2006年
（3）花村春樹『ノーマリゼーションの父N・E・バンク―ミケ

ルセン　その生涯と思想』ミネルヴァ書房、１９９４年
（４）上田敏『ＩＣＦの理解と活用』萌文社、２００５年
（５）厚生労働省『平成二十三年七月二十六日総合福祉部会第16回、障害者総合福祉法（仮称）骨格提言素案』
（６）飯田雅子「母親の自覚と歩み」中村健二『実践記録・生きる「精神薄弱」１　母親と家族』ドメス出版、１９７５年
（７）中西正司・上野千鶴子『当事者主権』岩波書店、２００３年
（８）副島洋明『知的障害者奪われた人権』明石書店、２０００年
（９）障害と人権全国弁護士ネット編『ケーススタディ障がいと人権』生活書院、２００９年

第3節▼相談援助面接の実際

梅谷進康▼ソーシャルワーク、高齢者福祉

本節では相談援助面接において、社会福祉士などの相談援助専門職員（以下「相談員」という）が利用者と良好な関係を築くための留意点を概説します。ここでは相談員が備えるべき基本態度とコミュニケーション技法に焦点をしぼり述べていきます。本節の前半ではこの基本態度について、後半ではコミュニケーション技法について説明します。

1　ラポール形成のための基本態度

(1) 講義

相談員が援助を行なうときには、利用者とラポール（信頼関係）を形成することが大切です。ラポールとは援助者と利用者のあいだに相互信頼のできた、和やかでスムーズな関係のことです。この関係が構築されない場合、利用者は相談員に気兼ねなく自身の思いや考えを打ち明けることが難しくなります。相談員が利用者の思いや考えを十分に把握しなかった場合、利用者の意向を無視した的はずれな支援になる可能性がでてきます。このように、相談員が利用者とラポールを形成することは、効果的な支援を展開するうえで大切な要素となります。

相談員は相談援助に大切なラポールを形成するために、面接場面において次の3つの態度を心掛ける必要があります。それは、「受容」「傾聴」「共感」です。「受容」とは、心情、言動、価値観など、その人の存在をあるがままに、そして温かみをもって受け入れることです。「傾聴」とは、利用者の話にじっくりと耳を傾けることです。「共感」とは、利用者の気持ちや感情をわが身のことのようにとらえ、その心情を深く理解することです。

以上を踏まえて、次の（2）では、これら3つの態度が大切であることを体験的に理解するための演習を行なってみます。

（2）演習

次の2つの事例の逐語記録について、2人1組となり、相談員と利用者（50歳）の役になりきって読んでください。その後、相談員に対する印象について両者で意見交換をしましょう。

【事例1】

相談員：どうも初めまして、私は相談員の○○と申します。
利用者：初めまして、私は○○です。
相談員：今日は、いかがされましたか。
利用者：ええ、実は悩みごとが……。
相談員：悩んでいても何も良いことはありません。とにかく明るく、前向きに行きましょう。
あなたの趣味は何ですか。趣味に打ち込みましょう。
そうすれば、悩みごとなんて、なくなりますよ。
利用者：はあ、でも、趣味に打ち込むなんて……。
相談員：何を迷っているのですか。迷わず趣味に打ち込んでみましょう。考え過ぎてはいけません。大船に乗ったつもりで私にすべてをまかせてください。私の言うとおりにすれば大丈夫です。何の心配もいりません。
利用者：そうですか……。でも……。
相談員：あなたは優柔不断ですね。それだから、あなたはダメなのです。

【事例2】

相談員：どうも初めまして、私は相談員の○○と申します。
利用者：初めまして、私は○○です。
相談員：今日は、いかがされましたか。
利用者：ええ、実は、悩みごとありまして。
相談員：悩みごとですか。よろしければ、お聴かせください。
利用者：あの、私、父と二人で暮らしているのですが、その父の介護のことで悩んでいます。
相談員：ええ。
利用者：私、父に夜中、何度も起こされて……。だいたい1時間に1回ぐらいです。そのたびに父の世話をして……、それが大変で。最近、ほとんど眠っていません。
相談員：1時間に1回ですか。それは大変ですね。

利用者：そうなんです。寝不足で毎日ふらふらです。昼間、会社でもぼんやりとして……。それで最近、仕事でミスをすることが多くなって……。ああ、本当にしんどいです。

相談員：そうですか。それはお辛いですね。

利用者：でも、私、父のことが大切なので、家で世話を続けたいと考えています。そして仕事もできるだけ頑張りたいと思っています。

相談員：お父様を大切にするお気持ち、そしてお仕事に対するお気持ちもよくわかります。

【解説】

あなたなら、どちらの事例の相談員に信頼感を抱き、さまざまな相談をするでしょうか。大多数の人が「事例2」の相談員のほうが良いと答えると思います。その理由としては、「事例2」の相談員には「受容」「傾聴」「共感」の態度が感じられますが、「事例1」の相談員にはそれらの態度が見受けられないからです。

この2つの事例からわかるように、相談員が利用者の気持ちを考えずに一方的に話し、そして審判的にかかわる態度では、利用者とラポールを形成することができません。

2　良好な関係構築のためのコミュニケーション技法

(1) 講義

ここでは、利用者と良好な関係を築くための基本的なコミュニケーション技法について、言語的コミュニケーションと非言語的コミュニケーションに分けて概観することにします。

①言語的コミュニケーション

言語的コミュニケーションとは、言語的な記号（音声や文字による言葉）によるメッセージのやりとりのことです。

相談員が利用者と良好な関係を築くためには、敬語（尊敬語、謙譲語、丁寧語）を正しく用いることが基本となります。また、利用者が話をしているときに、適切にあいづち（「ええ」「はい」「なるほど」など）を入れることも重要です。

そして、利用者に不快感や不信感を与える言葉を使わないように留意する必要があります。悪い例として、「高圧的な言葉」（たとえば「私の言うことに従わないと、どのようになるかわかっていますね」）や「蔑《さげす》むような言葉」（たとえば「そんな誰にでもできるようなことができないのですか」）が挙げられます。

表1　非言語的コミュニケーションの内容と留意点

非言語的コミュニケーションの内容	留　意　点
装い（衣装、化粧、髪型など）	利用者に誠実さや爽やかさが伝わるものにする。派手で奇抜なものは避け、汚れた衣服も着ないようにする。
動作	丁寧で落ち着いた動作にする。また、利用者の話を聴くときは、適度にうなずきを入れるようにする。「腕組み」や「貧乏揺すり」、そして「頬づえをつく」「足を組む」「ポケットに手を入れる」ことはしない。
目線（目の高さ）	利用者と同じ高さになるようにする。相談者が利用者より高い目線の場合、利用者は威圧感を感じることがある。
視線	利用者と適度に目を合わせ、アイコンタクトをとる。利用者の顔から視線をそらすことをしない。
表情	緩やかな表情を心掛ける。ただし、利用者が悲しみや悩みを伝えている場合、そのつらさを理解しようとする態度を示す。また、不機嫌そうに顔をしかめることや無表情にならないようにする。
距離	必要以上に利用者に近づきすぎないようにする。2人の距離が45㎝以内の会話は通常、親しい人同士のあいだで行なわれる。したがって、この距離内で利用者とかかわろうとする場合、利用者に違和感をもたれ警戒されることがあるので注意する。
位置	座席の位置に気をつける。真正面で向き合うより、少し斜めのほうが利用者にとって話しやすくなることが多い。
姿勢	少し前屈みになるように座る。ふんぞり返る座り方をしない。
話す速さ	利用者のペースに合わせる。早口にならないように気をつける。
声の大きさ	利用者の様子を見ながら、適切な大きさになるようにする。あまり小さな声にならないようにする。
声の抑揚	穏やかに話す。単調な話し方、語気を荒げる話し方にならないようにする。

②非言語的コミュニケーション

非言語的コミュニケーションとは、非言語的な記号（表情や動作など言語的表現以外のもの）によるメッセージのやりとりのことです。

表1は、利用者と良好な関係を築いたり、利用者と話しやすくするために必要となる非言語的コミュニケーションの留意点をまとめたものです。相談員はこの表の内容を念頭に置き、利用者と面接をしましょう。

以上、基本的なコミュニケーション技法について、言語的コミュニケーションと非言語的コミュニケーションに分けて概観しました。以下では非言語的コミュニケーションに焦点をしぼり、このコミュニケーションを体感するための演習を行なっていきます。

(2) 演習

次の課題1～4では2人1組（話し手と聞き手）になり、イスに座って行ないます（ただし、課題1のみ聞き手は立位）。そして、それぞれの課題を行なった後、話しやすさや相手の印象について両者で意見交換をします。なお、それぞれの課題について、話し手役の人は積極的に話すように心掛けてください（会話内容例：趣味、将来の夢、好きなアイドル・スポーツ、恋愛、悩み、心配、楽しみなど）。

【課題1　目線】

話し手は座り、聞き手は立って会話をします（1分程度）。

※話し手と聞き手は役割を交代し、会話を再度行ないます。その後、話しやすさや相手の印象について両者で意見交換をします。この役割交代と意見交換は、以下の課題2～4でも行なってください。

【課題2　姿勢】

セッション①（1分程度）

聞き手：ふんぞり返って、腕を組み、そして足も組んで聞きます。

セッション②（1分程度）

聞き手：前傾姿勢で聞きます（腕を組むことや足を組むことをしない）。

【課題3　表情・うなずき】

セッション①（1分程度）

聞き手：無表情で、うなずきを入れないで聞きます。

セッション②（1分程度）

聞き手：話し手の話題に合わせた表情を心掛け、うなずきを入れて聞きます。

【課題4　位置・距離】

話し手は自分にとって話しやすい相手の位置・距離を、聞き手に協力してもらいながら見つけるようにしましょう。聞き手は、座る位置を話し手の「右横」「左横」「右斜め前」「左斜め前」「真正面」に移動し、話し手との距離を縮めたり遠くしたりしてみましょう。

【解説】

以上の演習課題1～4は、非言語的コミュニケーションが相手に与える影響を体感するためのものでした。この演習から非言語的なものによって、相手の印象や話しやすさが変わることがわかったと思います。バードウィステル（Birdwhistell：1970）によれば、二者間のメッセージは言語によって伝えられるものが全体の30％～35％であり、残りの65％～70％が言語以外のものによって伝えられます。このことからも人間のコミュニケーションでは、非言語的コミュニケーションがとても重要なことがわかります。したがって、相談員には利用者と良好な関係を築くために、言語のみならず非言語的な表現においても利用者に適切なメッセージを表明できるようになることが求められます。

参考文献

（1）Birdwhistell, R. L. *Kinesics and Context: Essays on Body Motion Communication*, University of Pennsylvania Press, 1970.

（2）前田崇博監編著『やさしく学ぶ介護の知識—①人間と社会』久美、2009年

（3）中野はるみ「非言語コミュニケーションと周辺言語」『長崎国際大学論叢』8巻、45—57頁、2008年

（4）白石大介『対人援助技術の実際—面接技法を中心に』創元社、1988年

（5）諏訪茂樹編著・大谷佳子著『利用者とうまくかかわるコミュニケーションの基本』中央法規出版、2007年

（6）山田容『ワークブック　社会福祉援助技術演習①—対人援助の基礎』ミネルヴァ書房、2003年

第4節▼生存権と生活保護法

畠中耕▼社会福祉史、公的扶助論

1 はじめに――生存の条件

Aさんの事例

Aさんは65歳（男性）。50年前に中学校を卒業と同時に上京し、現在は公園で空き缶拾いの仕事をしている。住む家は無くテント生活を送っている。

Aさんが上京する前、実家では父親が毎日のように暴力を振るっていた。実家に嫌気がさしたAさんは家を出る決意を固め、他の同級生たちと一緒に「集団就職」で上京する。Aさんが中学校を卒業した当時の日本は、高度経済成長時代の幕開け期であった。Aさんの新生活は期待とともに始まった。

最初にAさんが勤めた会社は、金型加工を行なう工務店だった。仕事がきつかったことや、給料が安かったこと、工務店の社長や従業員との性格の不一致から、2年で退職。その後は缶詰工場や自動車工場など30以上の職業を経験し、仕事を替えながらも生計を立てていく。

Aさんは50歳の時に腰痛を患い最後に勤務していた工場を退職する。その後は臨時工等を繰り返しながら生計を立てるものの、60歳を過ぎた頃から仕事が全くなくなった。家賃を払えなくなったAさんはそれまで住んでいたアパートを追い出され、最終的に行き着いた場所はホームレスがたくさん集まる公園だった。現在、Aさんは持病の腰痛を抱えながらも、3年目のホームレス生活を迎えている。

皆さんはAさんの事例を読んで、どのように感じられたでしょうか。「Aさんはかわいそうな人だ」と思った人もいれば、「Aさんは怠け者である。ホームレスになったのは自業自得だ」と思った人もいるでしょう。しかし、ここで注目したいのは決してAさんは自分の意思でホームレスになったわけではないということです。Aさんには頼る家族もなければ、帰る家もありません。持病の腰痛も抱えており、重労働を行なうことはできません。さらにAさんは60歳を超えており、就職するには極めて困難な状況に置かれています。もし、誰かがAさんに手を差し伸べなければ、Aさんは今後もホームレス生活を続けざるをえません。

人間は、基本的に一人で生活することはできません。多くの人たちの支えがあってはじめて「生活」を営むことが可能となるのです。もし、自分を支えてくれる人がいなくなったら……。生活を営むことができない状態＝「貧困」には、誰しもが自分の意思とは無関係に陥る可能性があります。Aさんもまた、自分の意思とは無関係に貧困に陥った人なのです。

2 貧困とは何か

本節で学ぶ生活保護制度の対象となるのは、疾病や障害、さらには失業などによって稼働能力を奪われて生活困窮に陥った貧困者や低所得者です。そこで、最初に「貧困とは何か」という素朴な疑問に答えていきたいと思います。

一般に貧困とは、生活に必要な需要（ニーズ）を喪失した状態であると定義づけることができます。それでは生活に必要なニーズとは何か。基本的には衣食住に代表される生活資料のことを指します。衣服・食糧・住居、この3種は全ての人間が生活する上で必要不可欠な資料といえるでしょう。

現代の日本において、このような生活資料は全て市場の中で「商品」として売買されており、必要なものを金銭によって購入することができます。このように考えると「貧困」であるかないかは、所得の有無や高低によって判断することができます。別の言い方をすれば、「貧困」とは金銭あるいは所得の不足であります。もちろん、貧困の要因を所得（金銭）にのみ限定することはできません。先に見たAさんの事例で考えても、家族や親戚、友人といった人的資源も生活を営む上で決定的な要素となります。もし皆さんが一人暮らしをしていて、仮に病気になったと想像してみてください。誰にも頼ることができない状況にいるとします。果たして一人で生きていけるでしょうか。「孤独」と貧困は密接に関係しているのです。

これまで貧困の定義を確認してきましたが、貧困がどのような結果＝問題を生み出すのか、この点についても触れておきたいと思います。貧困は、現在進行形での生活困窮や生活苦にとどまらず、未来にかけて様々な悪影響をもたらします。例えば失業という結果は、生活資料の購入を困難にし生活困窮に陥るだけでなく、その子どもの教育の機会をも奪ってしまうこともあります。

現代社会において教育は、経済的に自立するための決定的な要因となっています。高等学校等の高等教育を受けることは、経済的・社会的に自立する（具体的に言えば特定の職業に就く）ための条件ともなっております。もちろん教育を受けなくとも、例えば芸術家やスポーツ選手として生計を立てる人もいますし、立身出世を適えた会社社長も存在することも確かです。しかし、それはごく少数の事例といってよいでしょう。多くの人は、教育を受ける中で社会生活に必要な素養を身につけることができます。だからこそ子を持つ親は自分の子どもの教育に莫大な投資をするのです。しかし、貧困家庭に生まれた子どもはこの点で最初からハンディキャップを持っています。教育の機会を奪われ、その結果として低賃金の職業しか選択することができず、社会参加の機会まで奪われることは決して珍しいことではありません。このように貧困が現時点での生活困窮に留まらずに、次世代に継承されていく現象を「貧困の再生産」といいます。無論、国民全てに対し「機会の平等」を保障することが民主主義国家の建前であり、実際に日本国憲法第14条でも「平等権」が規定されています。しかし、実際には機会の平等が侵害されているのも現実です。

3 貧困からの解放——生存権保障と生活保護法

最後に、なぜ人は「貧困」に陥るのか、さらに現実に「貧困」に陥ったと仮定して、どうすれば「貧困」から脱出することができるのかについて考えてみたいと思います。

長年にわたって貧困問題に取り組み、ホームレス支援をおこなってきたNPO法人「もやい」代表の湯浅誠氏は、その著『反貧困』の中で、「貧困」に陥る過程を次の5段階に分けて説明しています。つまり、①教育過程からの排除、②企業福祉からの排除、③家族福祉からの排除、④公的福祉からの排除、⑤自分自身からの排除、です（湯浅誠『反貧困─「すべり台社会」からの脱出─』岩波新書、２００８年、60～61頁）。

①の教育課程からの排除とは、前に「貧困の再生産」で触れた教育の機会からの排除で、貧困へむかう最初の段階に位置づけられています。教育は社会参加、さらには自己実現のための基本的条件です。その機会を奪われることは、やはり貧困に陥る可能性を高くします。

②の企業福祉からの排除とは、具体的には雇用による生活経営基盤を喪失した状態です。生産手段をもたない一般労働

者は企業組織に所属することで、賃金や雇用保険等の社会保険への加入、さらには福利厚生施設等の恩恵を得ることができます。しかし、失業等でその所属の機会を喪失した場合には、賃金をはじめそれまで享受してきた様々な恩恵を一度に失ってしまいます。同時に、非正規社員や派遣社員などは賃金を低位に抑えられ、さらに雇用保険等へも加入できないため、失業した場合には正社員と比較しても貧困に陥る可能性が高くなるといえます。

③の家族福祉とは、親や兄弟、さらには子どもといった人的資源のことを指します。生活することが困難になった場合にはこのような人的資源を頼ることが一般的ですが、何からの理由で援助を依頼することができない、あるいは既に死亡しているため頼れる人がいないといった場合（＝家族福祉からの排除）には、やはり貧困に陥る可能性が高くなります。

上記のような排除を受けて最終的に行き着く先は、⑤の自分自身からの排除です。その典型例が自殺の問題です。平成二十三年度『自殺対策白書』によると平成十年度以降連続して3万人以上の人が自ら命を絶っています。自殺の原因として多いのが健康問題で、次いで経済問題が多くなっています。貧困は自尊心を傷つけ、人格を破綻させ人命をも奪う恐ろしい社会問題です。このような悲劇を生まないためにも、貧困から国民を救済するための何らかの対策が必要となります。その対策の根幹となる制度が、本章のタイトルにもある生活保護制度（④の公的福祉制度）です。

現在の生活保護制度は、日本国憲法第25条に規定された「生存権」を保障する制度として一九五〇（昭和二十五）年に制定されました。その第一条には、「国が生活に困窮するすべての国民に対し、その困窮の程度に応じ、必要な保護を行ない、その最低限度の生活を保障するとともに、その自立を助長することを目的とする」と規定されています。つまり、生活保護（生存権保障）は国家の直接的責任において実施されることが宣言されているのです。このことを別の言葉で表現すれば、国家は全ての国民に対して最低限度の生活を保障する義務を有し、生活保護を受けることは全ての国民に認められた基本的権利であるということができます。

しかし、現実にはこの生活保護制度（生存権保障）が十分に機能しないで、最終的には自殺や犯罪等の「自分自身からの排除」に至る例があることは先に触れたとおりです。ここ数年間で、生活保護の申請をめぐって生活保護の相談機関である福祉事務所の担当者から屈辱的な言動を受けて生活保護の申請を断念する市民の報告例が増加しています。その典型例が、生活保護の申請を断られた男性が孤独死（餓死）した北九州市の事件です。炭鉱地であった北九州市はかつて生活保護受給率が高い都市でしたが、行政一体の生活保護の引き締め対応の結果、着実に生活保護の受給率を減少させていきました。しかし、その一方で生活保護の申請を福祉事務所から拒否された生活困窮者が孤独死や自殺をする例が頻発したのです。生活保護制度は社会保障制度の中で「最後の砦＝セーフティネット」と表現されることがありますが、その最終手段である生活保護から見放された国民が行き着くのはまさに破滅なのです。

北九州市の事件をきっかけとして、法律関係者や市民団体が結束して生活保護行政の対応を批判しマスコミ等でも広く取り上げられ、改めて生活保護制度に対する国民の関心を呼ぶことになりました。このような国民世論の関心の高まりを見せた背景には、次のような生活保護を取り巻く現実があります。つまり、生活保護制度が定める生活保護基準は、日本における最低生活水準（ナショナル・ミニマムといいます）を意味します。しかし、近年労働者の最低賃金が生活保護基準（最低生活水準）を下回る「逆転現象」が生じています。本来最低賃金を生活保護基準より引き上げなければならないはずですが、最近の動向をみると逆に生活保護基準に対する批判が高まり、生活保護基準引き下げの動きが加速化しているのが現状です。仮に、生活保護基準を下げてしまえば、最低賃金を下げる根拠を与えてしまうことになります。国民の生活保護制度への関心は、決して一部の貧困者の問題としてではなく、まさに自分自身＝労働者自身の問題にほかなりません。

このような生活保護法とその権利主体である国民との関係性を考える場合に思い起こされるのが「朝日訴訟」です。朝日訴訟とは、岡山県の結核療養所に入院していた生活保護受給者の朝日茂氏（一九一三～一九六四）が、国が定める最低生活費（当時の金額で６００円）は健康で文化的な生活を送る権利を定めた憲法に違反しているとして、日本政府を相手に行政訴訟を起こして展開された一連の裁判闘争です。この訴訟で争点になったのが、日本国憲法が定める「健康で文化的な最低限度の生活」の水準を何処に設定するかという問題でした。当時６００円で購入できる日用品は、肌着が2年に1着、パンツが1年に1枚、ちり紙が1月に1束、タオルが1年に2本程度です。当時の結核患者の生活環境がいかに虐げられたものであったか、さらに言えば朝日氏がどのような思いで訴訟を起こしたか、こうした生活実態からうかがい知ることができます。しかし、被告側（政府）は、そうした朝日氏の訴えに対して、全面的に争う姿勢を貫いたのです。最終的に裁判は朝日氏の死去によって原告敗訴という形で終結しましたが、多くの国民は朝日氏の主張を支持し結果的に生活保護基準＝最低生活基準の向上につながりました。

貧困や生活保護を取り巻く問題は、単に一部の人だけの問題ではありません。生活保護の権利主体としての我々国民の自覚が今こそ求められているのです。

第5節▼社会福祉分野でのキャリア形成・資格取得の方法、そのガイダンス

黒木利作▼社会福祉学

1　福祉の職場で求められる人材

かつては一度就職したらそこで定年まで勤め上げる形が主流でした。しかし一九九〇年代以降、最初に就職した職場で定年まで勤め続けることが難しくなってきています。それは福祉の職場でも同様です。これからは自分自身で自分の仕事を通した人生を考え、作り上げていく（デザインする）必要性があるでしょう。

さて、大学を卒業したら就職し、経済的に自立するというのが一般的なルートです。では福祉の現場はどういった人材を求めているのでしょうか。兵庫県福祉人材センターが二〇一一年に出したガイドブックから抜粋すると以下のようになっています。

・利用者・入所者が好きで、やさしい気持ちで接することができる人
・笑顔を絶やさず、明るい人
・観察力があり、心遣いができる人
・利用者や入所者の気持ちを大切にできる人
・協調性があり、チームワークを大切にして行動できる人
・他のスタッフとの調和がとれる、コミュニケーション能力のある人
・責任感があり、自ら反省して、業務に対し謙虚に取り組める人
・職務を理解し、誠実に遂行しようとする人
・常に前向きな姿勢で仕事に臨める人
・福祉の分野に限らず、様々な学びや経験をした方

兵庫県福祉人材センター『福祉の仕事ガイドブック』２０１１年より抜粋

実際、福祉の就職説明会等に行って施設の担当者に聞いてもほぼ同様の返事が返ってきます。特に「人に対して優しく接することのできる、明るく素直な人」というのがどこの職場でも求められる人材といえます。知識ももちろん大切ですが、人間性を最も重要視するのが福祉の職場なのです。また大学卒業レベルの人材に対しては将来のリーダーとしての期待もあるでしょう。

2　必要な5つのチカラ

①一専多能のチカラ

一専多能（いっせんたのう）とはひとつの専門領域に加え、さまざまな分野の知識、技能をもち、それを使いこなすことのできる能力をいいます。福祉は限られた人のためだけのものではありません。人が人として、生き生きと当たり前の生活をすることを支える行為です。その中にはもちろん皆さん自身も含まれます。つまり、福祉の本質は教科書の中にあるのではなく、皆さん自身の日常の生活の中にあるということです。それゆえ福祉の領域だけでなく、生活全般にわたる多種多様の知識が要求されます。

②つなげるチカラ

福祉とは子どもやお年寄りをお世話することだけではありません。福祉の仕事は非常に幅が広いのです。そのため自分ですべての支援をカバーすることは不可能です。医療や法律等の分野にはそれぞれ専門職がいます。自分で抱え込んでしまうのではなく、そうした専門職をはじめいろいろな分野の人たちとネットワークが築けるチカラ、つまり「つなげるチカラ」を持つことが必要なのです。

③分析するチカラ

あるひとつの結果はひとつの原因だけで引き起こされたわけではなく、様々な要因が関係しあっています。影絵にたとえると、スクリーンに映し出された影絵は、光源から近いものは大きく映り、遠いものは小さく映し出されます。ひとつの出来事がスクリーンに映し出された影絵だとすれば、スクリーン裏にある一つひとつの事実（原因）の大きさ、配置を読み解き、分析するチカラが求められます。

④遊ぶチカラ

日常生活の中には「遊び」も必要です。「遊び」はゆとりにつながります。機械でもスムーズに動かすために直接機械が作動しない「遊び」を設けている場合があります。もし車のハンドルに「遊び」がなかったらくしゃみも危なくてできません。明るく笑顔でゆとりをもって人と遊べるチカラは大切です。

⑤環境に適応するチカラ

福祉の職場に就職したものの数年でやめてしまうケースが多くあります。職場をやめる理由として、職場の現実と本人の思いとのギャップに悩み「こんなはずではなかった」と思うケースが多いからだと思われます。

仕事とは職場の求める成果に対して応えることでもあります。たとえいやなことがあっても時にはガマンしてやらなければいけないこともあります。そうした経験の蓄積が将来の糧になり、自分に任される仕事が増えたときに役立ちます。「辛抱」「忍耐」は人を強くします。人の一生は偶然に左右される部分が多くありますが、その偶然を生かせるかどうかは、あなた自身のその時のチカラの蓄積にかかっています。

3　資格をもつということ

特別養護老人ホームで介護の仕事をするには介護福祉士等の資格、保育所で保育の仕事をするには保育士等の資格が求められます。つまり福祉の分野で働く場合、資格は道具として必要なのです。

では道具とは何なのでしょう。いろいろな意味を持ちますが一般的には「物を作り、また事を行なうのに用いる器具の総称（広辞苑第5版）」と考えられます。資格はモノではありませんが、職場においてそれがないと仕事ができないという点では「道具」といえます。料理人の包丁や大工さんの金づちみたいなものです。

そこで注意しなければいけないのは、道具を使うのは人間だということです。包丁や金づちも凶器になるのと同様に福祉の資格も使い方を誤ると凶器になります。なぜなら社会福祉士や保育士といった仕事は人の弱い部分、知られたくない部分に関わるからです。資格は基本的には知識と技術があれば取ることができます。しかし試験では人間性まで評価することは難しいのです。資格をとったからそれでよいというのではなく、人としてどうあるべきかを常に追求し続けていく必要があります。

4　主な福祉系資格を取得するまでの流れ（平成二十三年度現在）

①社会福祉士・精神保健福祉士

福祉系大学卒業
※指定科目履修
←
その他の方法
←
国家試験受験（合格）
← 登録
社会福祉士・精神保健福祉士資格取得

②介護福祉士

介護福祉士養成施設
（福祉系大学、短大、専門学校等）卒業
※指定科目履修
← 登録

介護福祉士国家試験受験（合格）
← 登録

介護福祉士資格取得

※平成二十七年度からは介護福祉士養成施設で必要な知識及び技能を修得した人も、国家試験の受験が必要

③保育士

保育士養成校
（福祉系大学、短大、専門学校等）卒業
※指定科目履修
← 登録

保育士試験受験（合格）
※都道府県実施
← 登録

保育士資格取得

5　資格のとりかた

ではどうやったらこうした資格をゲットできるのでしょうか。ここでは社会福祉士、介護福祉士といった国家資格についてその方法を示します。

①授業と資格試験の勉強とは別物と考える。

はっきり言って受験資格に必要な指定科目の授業を試験対策と考えてはいけません。資格試験はその実施機関が求めるレベルに応える作業にほかなりません。つまり「試験用の勉強」が必要なのです。国家資格が求める知識を「広く」「浅く」学ぶ必要があるのです。大学では国家試験対策を目的とした科目も開講されています。それらは積極的に利用してください。

②自分なりの勉強スタイルをできるだけ早い時期に見つけ、それをつらぬく。

人は人、自分は自分です。自分が無理なく続けられる勉強法を見つけましょう。合格者の体験談等を参考にするのはいいと思いますが、自分に不向きな方法にこだわらないでください。きれいに整理されたノートを作ることが、必ずしもすべての人にとってベストではないのです。

③仲間をつくりましょう。

受験勉強は孤独でつらいものです。しかしつらいのは自分だけではないと思うと孤独に耐えるパワーがわきおこってきます。ただ、仲間といるだけで安心してしまってはいけません。合格という共通の目的をもつ仲間であることが大切です。オンとオフのメリハリをつける努力をしてください。

④記憶にとどめるためにはなんでもやりましょう。

試験というのは一度インプットした記憶をひきだして、答案用紙にアウトプットする作業にほかなりません。記憶するためにオリジナルの語呂合せを作ることもありです。また、トイレに年表等を貼り付けたりするのもいいでしょう。合格するためには、なりふりかまってはいけません。

以上が国家資格ゲット法です。つまり、資格試験の勉強は深くて狭い「研究」の勉強法とは根本的に違います。相手の求めているレベルの正解数があれば誰でも合格できるのです。的を射た努力をすればその蓄積は必ず「合格」という形になって返ってくるでしょう。

6 「今」すべきこと

皆さんは今自分が何に向いているのか、またこれからどんな人生が待っているのか不安だと思います。でも何事もやってみなければわかりません。自分の可能性を限定せず、まずは一歩を踏み出しましょう。そうすればまた新たな展開が広がります。「今」何をするかで、未来だけでなく過去も変えることができます。

すべての人は子どもの時代を経てお年寄りになっていきます。人はその各場面においてさまざまなことを経験し、学ぶなかで人格が作られていきます。大学を出たばかりの若い人にはもちろんお年寄りの過去の経験を共有することは難しいでしょう。しかし、その感情を理解しようとする努力は必要です。将来福祉の職に就きたいと考えているのであれば、ぜひいろいろな世代の人に関心を持ち、体験を通して学ぶことをおすすめします。近所のおじさん、おばさんも人生の先生です。

福祉の学びの特徴は「広く、浅く、つながりは強く」だと思います。いろんなことにチャレンジし、いろんな人と接する中で福祉的な感性を磨くことが大切です。身近な人を大切に、地域の人を大切に、そしてなにより自分自身を大切にして一日一日を過ごしてください。

引用・参考文献

（1）兵庫県福祉人材センター『福祉の仕事ガイドブック』14—15頁、2011年
（2）大宮登監修『理論と実践で自己決定力を伸ばす　キャリアデザイン講座』日経BPソフトプレス、2009年
（3）宮城まり子『キャリアカウンセリング』駿河台出版社、2009年

第2章 ▶ 介護福祉

第1節▼介護ってなあに？

泉妙子▼社会福祉学

1　はじめに

日本の高齢者ケアは、十年後に現在の2倍の介護者が必要だと言われ、今以上に福祉人材確保は国の大きな課題の一つになっています。それらを鑑み「社会福祉士及び介護福祉士法」は、施行後二十年を経て平成二十一年四月に大きく改正されました。また平成二十四年四月より、医療的ケアが介護福祉士の業務に課せられ、介護福祉士にも痰の吸引や経管栄養など、日常の「医療的ケア」を実施できるように、法の整備が進められることになりました。このような福祉社会の要請に応えうる実践力を兼ね備えた介護の専門職養成は、日本の大きな課題のひとつであり、医療的ケアの増加に伴う知識・技術の専門性や人間的教養教育など、今後介護を支える若い人材を育てる福祉教育の役割は重要となります。

日本の介護保険のモデルとなったドイツでは、介護養成の核としてシュタイナー教育が導入され、体験的教養教育と芸術・創造といった人間性の豊かさを意識した教育の涵養を目指しています。ここでは、介護における体験的学びの重要性を確認し、高齢になったらどんな事に困り、どんな支援が求められているのか一緒に考えていきましょう。

2　高齢者を理解し、生活を支えるために

①高齢者の特徴

a 個別の生活歴

高齢者は、加齢による身体的、精神的機能の低下に加え、社会的役割の変化にも大きく影響を受けます。また、歩んできた人生や時代的背景が、個人の価値観や生き方に大きく影響を及ぼし、それらを理解することがとても大切になってき

ます。

b老いるとは

高齢者は身体的機能の低下、長い人生経験に基づいた精神的特徴、社会的立場の変化からもたらされる以下の特徴を踏まえたうえで、関わりを持つことが必要です。高齢者は、非定型的な症状を示すことが多く、重症化しやすく、日常生活上の機能障害を起こしやすいといわれています。

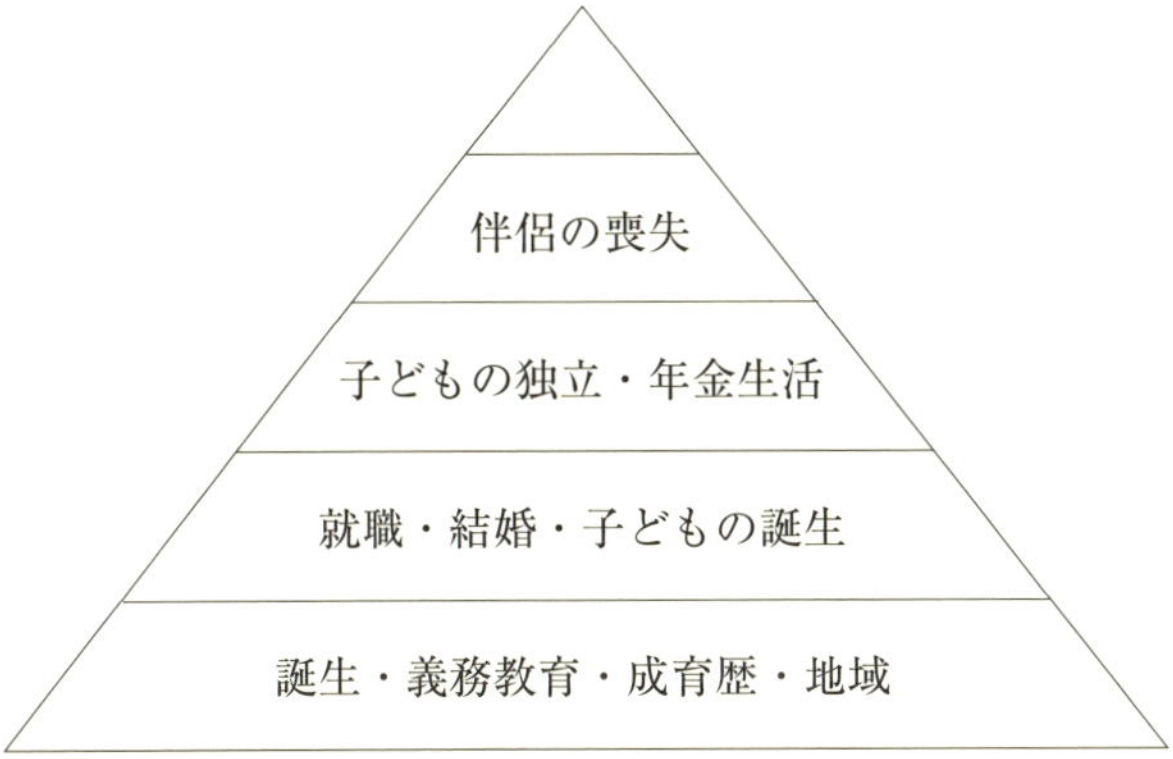

図1　高齢者が歩んだ時代背景

まず、身体的特徴として、総合的に予備力の低下が挙げられます。また、複数の病気を持ち、症状が非定型であるうえに合併症を起こしやすい特徴があります。しかも、感覚機能が低下し、自覚症状が乏しいため、知らないうちに病状が進んでいる場合が多く見られます。

次に、精神的特徴として、長い人生経験により培われた個別の生活習慣をもっていること、家族や友人との別離を体験し喪失感・孤独感を持ちやすく、生きがいなどを失いやすいこと、職業上の責任や義務から解放され社会的にも家族内でも役割を喪失する機会が多くなること等があります。

さらに、社会的特徴として、社会的交流の減少、経済力の低下があげられます。これらはいずれも高齢者を支援するうえで知っておかなければならない基礎知識といえるでしょう。こうしたリスクを配慮しながら、高齢者介護とは何か考えていきましょう。

3　高齢者介護のポイント

①介護の原則

「高齢になっても、自分らしい生活を送りたい」とは多くの人が求める願いです。しかし、加齢は誰にでも等しく訪れ、誰しも年をとることを避けることは出来ません。加齢に伴い、物忘れや失禁などで自尊心が傷ついたり、子の独立や伴侶の死など環境の変化にも予備力がなくなり、役割の喪失や孤独に陥ることも少なくありません。そんな時高齢者にどのように関わったらよいのでしょうか。まず大切なことは、個々の生活歴を配慮し、人としての尊厳を守ることです。尊厳及び基本的人権の尊重は、日本国憲法でも定められている通り、介護の原則として忘れてはなりません。中でも「自己決定」は、権利の中の重要な項目の一つとして位置づけられています。ノーマライゼーションの概念を基に、その人らしい生活を守るために生活機能の維持・ＱＯＬの向上など尊厳と自己決定を保障された場と機会の支援が求められているといえます。

②介護のポイント

介護のポイントとして、「高齢者の加齢や疾患に伴う機能低下を十分に理解した自立支援」「一人ひとりの生きてきた人生の重みとこれからの願いや夢に寄り添う自己実現へ向けた支援」の２つを柱とした介護を体験してみましょう。そうした観点に立って介護支援がなされるならば、ただ移動すればよいと車いすを黙って押し続けるとか、当事者の気持ちを無視した一方的な介護などありえないことになります。

4　高齢者ケアの実際

【高齢者の疑似体験】

それでは、実際に高齢者になって、日常どんな事に困り、どんな時に不安になるのか体験してみましょう。

a「目がみえにくい」

「見えにくい」「目がかすむ」と言う症状は、誰にでもおとずれる老化現象です。水晶体が濁り、黄色化による白内障、視力の低下する横斑変性症など社会活動や日常生活に影響を及ぼします。日常生活の中で、高齢になって「目がみえにくい」とどんなことに困り、どんな時に不安になるのか体験を通して、高齢者の気持ちと介護方法を理解しましょう。

準備するもの：高齢者の疑似体験セット
体験者２名：当事者Ａ／介護者Ｂ

b「麻痺があり、歩きにくい」

高齢になると「転びやすい」「歩きにくい」「ふらふらする」

表1「目がみえにくい体験」

手順	絵で見る介護	チェック
Ⅰ介護者Bの姿勢 ①介護者Bは本人の要望を確認し、行き先・目的などを同意後説明する。 ②介護者Bは半歩前に立つ。 介護者Bは当事者Aの手に触れながら「私の腕をとってください」と言葉をかける。 当事者Aは腕を軽く握る。		**当事者Aの姿勢** ①脇をしっかりしめる。 ②肘はほぼ直角に曲げる。 ③母指と他の4指で筒を握るように軽く握る。
Ⅱ平地の場合 ①介護者Bは言葉をかけ歩行を開始する。 二人同じ足から歩き始める。 ②介護者Bは方向・歩行先の状況を説明しながら誘導する。	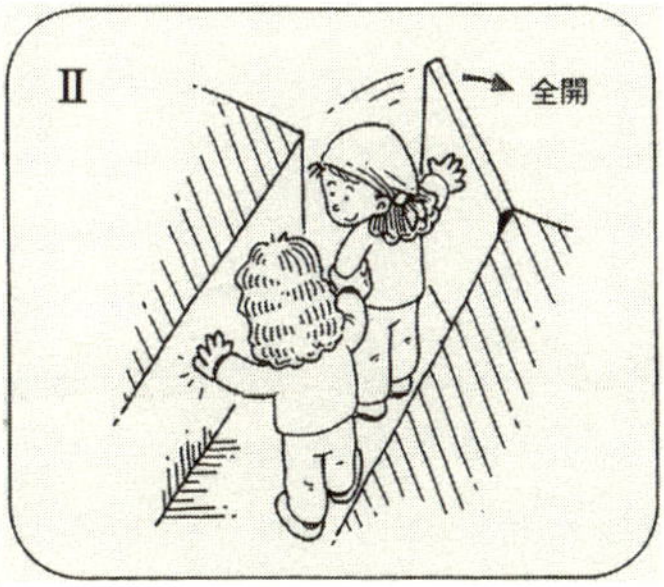	①介護者Bは不安感はないか確認する。 ②少し早めに次の情報や状況を説明する。

出典：川口よね子・中村智香枝著『絵で見る介護』（発行福祉教育カレッジ、発売医学評論社、２００４年）

表2「歩きにくい体験」

手順	絵で見る介護	チェック
Ⅰ階段を昇るとき ①介護者Bは、行き先を確認する。介護者Bは患側に立つ。「階段をあがりましょう」と声をかける。 ②当事者Aは杖を1段上に上げる。 ③当事者Aは健側の足を上げ、次に患側の足を上げる。	 	当事者Aは健側の足から上がっているか。
Ⅱ階段を降りるとき ①介護者Bは、行き先を確認する。当事者Aは杖を一段下に降ろす。 ②当事者Aは患側の足を先に降ろし、次に健側の足を降ろす。	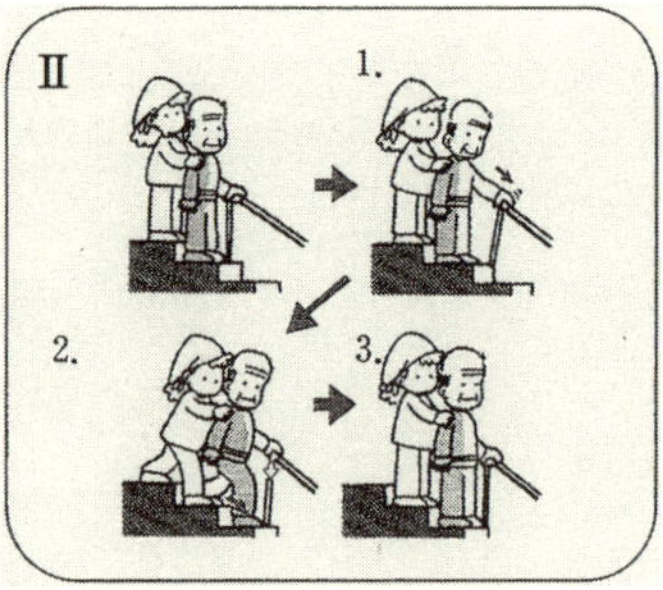 	当事者Aは患側の足から降りているか。

出典：川口よね子・中村智香枝著『絵で見る介護』（発行福祉教育カレッジ、発売医学評論社、２００４年）

表3「車いすの体験」

手順	絵で見る介護	チェック
Ⅰ段差があるとき ①介護者Bは行き先を確認する。当事者Aは説明を受ける。 ②介護者Bは移送する方向へ静かに動かす。 ③介護者Bは凸凹がある場合、ティッピングレバーを踏み込み、キャスターを上げて、後方に傾けた状態で前進する。	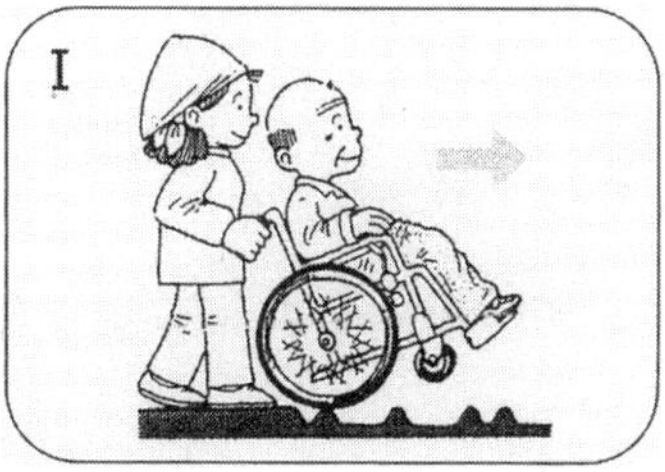	①車いすの安全を確認したか。 ②安定した姿勢乗っているか。 ③振動を避け、適切なスピードで移送しているか。 ④保温に注意しているか。
Ⅱスロープを移送するとき ①昇るときは前向き、降りるときは後ろ向きで降りる。 ②ゆるいスロープを前向きで降りるときは、介護者Bの重心は後ろにおく。	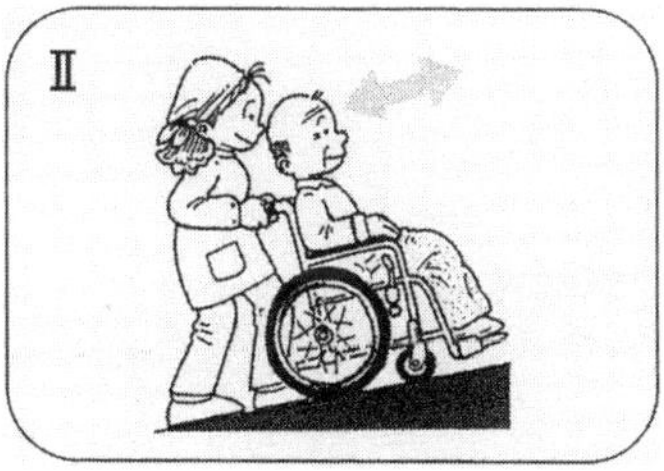	①車いすの向きは適切か。 ②衝撃を少なくしているか。

出典：川口よね子・中村智香枝著『絵で見る介護』（発行福祉教育カレッジ、発売医学評論社、２００４年）

といった運動障害が多くみられます。パーキンソン病は、手足が震えたり、立ち上がりや物を拾うときの動作が緩慢になったり、前かがみの姿勢でゆっくりとした歩行になります。また、「手足が動かない」といった脳血管障害による左右の手足の麻痺なども高齢者に多く現われる症状の一つです。高齢者の疑似体験セットを身につけることによって、歩きにくさや動作の緩慢さを体験しましょう。

準備するもの：高齢者の疑似体験セット

体験者2名：当事者A／介護者B

c「車いすを利用する」

高齢者の施設では、「骨折」「麻痺」により、車いすを使用する高齢者が多く見られます。車いすは、必要な人にとって、私たちの足や靴の役割を果たす大変重要な道具であり、目的によって様々なタイプがあります。一人で動けない人にとって、壁や天井ばかりを眺める単調な生活から、車いすでの移動介護は「生活の拡大」「生きる意欲」にもつながる重要な支援の一つです。実際に車いすに乗ったり・押したりする体験によって、不自由さや視野の確認、安全への配慮など、当事者の気持ちを理解したり、介護者として必要な心配りや基本的な操作技術を学ぶことができます。

準備するもの：車いす

体験者2名：当事者A／介護者B

5 おわりに

生活を支援するとは、「生」と「活」という、生物学的な生命の維持・生理的営みと活き活きとした精神的な営みがあって初めて「生活」であり、日常に実践される介護すべてにおいて、その人らしい「活」が伴う関わりが求められています。そのためには、介護を必要とする人を理解し、人格を尊重して介護することは介護の根底となります。これらの高齢者や障がいの疑似体験を通して、「求められていること」「困っている」ことを少しでも理解することは介護の一歩と言っても過言ではありません。このように生活支援者には、「生」と「活」を共に支える人材が求められています。体験を通して感じた介護の手のぬくもりや思いやり、心配りなど介護者の「こころ」を忘れないように「その人らしい人生」の支援者を目指しましょう。

引用文献

(1) 川口よね子・中村智加枝著『絵で見る介護』75、77、81頁、発行福祉教育カレッジ、発売医学評論社、2004年

（2）中島健一「生活から介護を考える」『おはよう21』10月号33頁、中央法規出版、２００４年

（3）介護福祉士養成校座編集委員会編『介護の基本Ⅰ・Ⅱ』中央法規出版、２０１０年

第2節▼暮らしやすい住環境を整える

藤田美知枝▼社会福祉学

1　健康的な暮らしと住まい

ナイチンゲール（F.Nightingale）は、健康とは何かについて次のように定義しています。「健康とは何か？　健康とは良い状態をさすだけでなくわれわれが持てる力を充分に活用できている状態をさす」（What is health?　Health is not only to be well, but to be able to use well every we have）[1]。その著書「看護覚え書き」には、健康状態の問題には住居の衛生状態など住環境が大きく影響すること、そして、住環境を整えることの重要性を説いています。健康的な暮らしとは、たとえ疾病や何らかの障害をもちながらも日常の生活行為をなし、社会と関わり、持てる力を充分に発揮しながら自分らしく人生を生きぬいていくことだといえます。また、もてる力を充分に活用し自分らしく生きるためには、その人を取り巻く環境が大きく影響するということです。

ＩＣＦ（国際生活機能分類、二〇〇一年）においても健康と環境の相互関係が示されています。ＩＣＦでは、人の生活は、「健康状態」、「心身機能・身体構造」、「活動」、「参加」、「環境因子」、「個人因子」という要素が相互に作用しながら成り立っているものとして「人が生きる全体像」としてとらえようとするものです。「環境因子」には、物的環境（福祉用具、建築、住居など）、人的環境（家族、友人、支援者など）、社会的環境（サービス、制度、政策など）などがあります。住環境や家族、介護者等、その人の周りを取り巻く環境因子は、「心身機能・身体構造」、「活動」「参加」という「生活機能」のそれぞれに対して影響し、促進要因や阻害要因になりうるものです。

例えば、「排泄」を想定してみましょう。トイレにおける排泄行為は、①尿意・便意を感じる、②居間からトイレまで移動しドアを開けて入る、③下衣をおろす、④便座に座る、⑤排尿・排便をする、⑥後始末をしてから立ち上がり、下衣を上げ衣類を整える、⑦手を洗い、トイレから居間に戻る、といった動作の連続性で成り立っています。排泄は、羞恥心など精神的な負担の大きい行為なので、できる限り自力でトイレでの排泄をしたいものです。一人での歩行移動が困難になった場合には、車いすや杖などの福祉用具の活用、手すりの設置、室内の段差をなくすなどのバリアフリー化[2]によって、一人でも安全に移動することが可能になります。生活機能が低下し、トイレ以外での排泄を余儀なくされる場合や介助を必要とする場合には、状態に応じて福祉用具を組み合わせて使うことで持てる力を活用した生活が可能となり、介護者の負担も軽減できます。この時の介護者の援助のあり方は、その人の自立に影響します。このように、生活機能が低下してもその人の健康状態や心身機能・身体構造の程度に応じて適切な環境を整え、主体的で健康的な暮らしを維持あるいは継続することが可能となります。

2　高齢者の住まい・環境

高齢者が自分の身体が虚弱化したときに住まいや生活環境についてどのようにしたいと思っているのかについて、内閣府が調査を行なっています。調査の結果では、「現在の住居に特に改造などはせずにそのまま住み続けたい」が37・1％と最も高く、次いで「現在の住宅を改造し住みやすくしたい」が26・7％、「介護を受けられる特別養護老人ホームなどの施設に入居する」が19・0％の順となっています。「現在の住居に住み続けたい」は63・8％となり、多くの高齢者は可能な限り住み慣れた生活環境のなかで暮らしたいと願っているということです。また、現在住んでいる地域で不便に思ったり、気になったりすることについては、「日常の買い物に不便」「公共交通機関が整備されていない」「医院や病院への通院に不便」などがあげられています[3]。地域社会への参加・活動に影響する「不便性」を改善することも重要です。

加齢とともにＡＤＬ（日常生活行動）が低下しても、プライバシーを保持し周囲の人たちと交流ができるなど、自分の生活を大切にして、過去から未来へと継続的な暮らしのできる環境に整えることが大切です。

3　高齢者の自立と環境

加齢や疾病により今までできていたことができなくなった時には、介護者の力が必要になりますが、障がいがあっても可能な限り自らの力で日々の暮らしが行なえるよう、快適で、安心できる、安全な環境であることが不可欠になります。平成二十一年厚生労働省人口動態統計によると、家庭内事故死者数1万2873人のうち、約8割を65歳以上の中高齢者が占めています。死因は、第1位：浴槽内溺死、第2位：窒息死（誤嚥）、第3位：転倒・転落死となっています。この数字は二〇〇八年交通事故死者総数5155人よりはるかに多いのです。高齢になると骨や筋肉、感覚や内臓器官などの働きが低下するため、1～2㎝の敷居が越えられず転倒して骨を折る、階段や脚立からの転落、食べ物を喉に詰まらせ窒息する、浴室の湯や衣服に火がついて火傷する、といった事故につながりやすくなります。

では、どのような視点で住環境を整えればよいのか事例で考えてみましょう。

脳卒中で片麻痺となったAさんは、78歳の女性です。家族は48歳の息子と二人暮らしです。Aさんは、息子と生活するのを楽しみにリハビリテーション（回復訓練）をして、杖を使っての移動が可能になり自宅に戻りました。退院前には、和式トイレから洋式トイレに改修、布団式寝具からベッドを利用するなど立ち座りの多い部分の改善、浴室内には〝すのこ〟を利用、廊下には手すりを設置しました。住居の基本構造は、木構造で和式の生活様式のため、玄関、廊下と和室、脱衣所と浴室などに段差が多く、移動などに不便です。そのため、日中、一人で過ごすAさんは、転倒するのではないかという不安もあり外出を控え、居室で過ごすことが多くなりました。Aさんは、日中の活動量が低下し筋力が低下して、徐々に立つことも不安定になってきました。このままだと生活が不活発な状態によって寝たきりになる可能性が予想されます。

Aさんの事例のように、高齢者や障がい者の立場から見た日本の住環境の特徴は、段差が多い、伝統的な尺貫法によるモジュールが91㎝であること[4]、住宅面積・室面積が狭い、和式の生活様式、防寒が不十分、福祉用具が導入しづらいなど、自立を妨げている部分があります。人間は、個別の日常生活行動が自力で健康的に整えられているとき、自らの尊厳を維持できるものです。自立生活を継続するために、これまでしていたことができなくなり、やればできる力があるのですがしていないなどの原因をみつけて必要な住環境整備をすることが求められます。

（1）健康・安全・安心な住まいづくり

a段差をなくす

段差の解消は、住宅内外の対策として各場所に共通するポイントです。住宅外の段差では、門扉周辺、アプローチ、玄関ポーチ、玄関戸下枠、屋内では玄関上り框《かまち》、和洋室の床段差、建具の敷居段差、浴室の段差などです。これらの段差解消には、スロープや手すり、玄関ベンチを取り付けます。

b空間づくり

高齢者の使用する基本的な生活空間は、すべて同一階が望ましいです。日常の活動が可能な場合は、昼間は居間か食堂、夜間は寝室が行動の拠点となります。また、加齢とともにトイレの頻度も多くなるので寝室とトイレ、洗面所、居間、食堂は接近していると暮らしやすいでしょう。

c照明

高齢者は、加齢により視覚機能が低下するので、室内のそれぞれの場所における行為をもとに十分な照度をもった照明設備を設置することが大切です。玄関、脱衣室、浴室、トイレ、階段では、照度が低いために事故が発生しています。安全性や省エネを考慮した調光機能付きの器具や人感センサー付きスイッチなどを活用するとよいでしょう。(5)

d温度、湿度

一般に快適な温度は、冬季は18～20℃、夏季は27～28℃で、外気温と5℃以内の差がよいといわれています。近年は、省エネルギーが推奨されていて冬季は18℃、夏季28℃という設定が適正温度とされています。快適な湿度は、40～60％とされ、湿度が高いと結露やカビを生じやすく、特にカビの発生はアレルギーや喘息を発症する原因になるので注意が必要です。

e通風・換気

私たちは呼吸によって酸素を取りいれ代謝産物として二酸化炭素を排出します。人は1日に約畳4畳分の部屋の容量に相当する程の空気を摂取するといわれています。呼吸は無意識にしていますので、空気中が汚染されていればそれらを体内に取り入れていることになります。住まいの中の空気中には、二酸化炭素以外に、一酸化炭素、ダニ、カビ、各種の菌などさまざまな汚染物質が含まれます。住まいの中の空気が汚染されていると、呼吸器系、循環器系などに影響を与え健康障害を引き起こす要因にもなりかねません。汚染物質により対処方法はことなりますが、日常の生活でできることは「窓を開けて換気をする」「空気の流れをつくり入れ替える」ということです。さらに、住まいの中で生活しているとさまざまな臭いが発生します。特に、トイレなど家族と共有する場所は、音・臭いなどに配慮することが必要です。

f 緊急時の対応

高齢者の住む住宅では、さまざまな緊急事態の発生を予期しておくことが必要です。その時のために緊急通報システムを備えておくと家族を含め周囲の人も安心です。緊急通報には防災用と防犯用があります。防災システムには、火災感知[6]・ガス漏れ感知・緊急コール（体調不良時が主）があります。緊急コールの通報方法には、住居内では、同居している家族があればトイレ、浴室、高齢者の寝室には操作しやすい位置につけ、非常時にブザーで知らせます。住居外では、知人や親類、警備会社やサービス事業者、周囲の住民、消防署等地方公共団体にコールボタンを押して知らせます。高齢者対応緊急コールの通報の仕方には、暮らしている環境に応じた選択が大切です。

緊急時の対応は、関係者が動揺することが多いので、冷静・敏速に行動できるように、緊急時の対応について手順等書き記したものを作っておくと安心です。内容は、緊急の通報が入った→緊急かどうかの確認の電話をする（聴覚障害がある場合はファクスなど）→電話に応答しない場合は119番する→現場に駆けつける→住居のドアや窓が施錠され、中

（1）高齢者向けの賃貸住宅の種類と概要（国土交通省管轄）

シルバーハウジング	公営住宅やUR[7]（都市再生機構賃貸住宅）などの公共賃貸住宅のうち、住宅をバリアフリー化するとともに、生活援助員（ライフサポートアドバイザー）が生活相談や緊急時対応などのサービスを提供する。
高齢者向け優良賃貸住宅（高優賃）	床面の段差をなくし、手すりを設けるなどバリアフリー化した構造・設備が備わっているとともに、緊急時対応サービスが受けられる住宅として、都道府県知事が認定した住宅。整備費及び家賃の減額に対する助成制度がある。
高齢者円滑入居賃貸住宅（高円賃）	高齢者の入居を拒否しない住宅として、都道府県知事に登録された住宅。住宅の広さ、家賃、バリアフリー化の状況などのほか、入居者が共同で利用できる居間、食堂、台所、浴室などの有無、入居者に対する食事、介護、家事援助などのサービス提供の有無についての情報も提供される。
高齢者専用賃貸住宅（高専賃）	高齢者円滑入居賃貸住宅（高円賃）のうち、特に高齢者の単身・夫婦世帯を入居対象とするもの。住宅の広さ、家賃、バリアフリー化の状況などのほか、入居者が共同で利用できる居間、食堂、台所、浴室などの有無、入居者に対する食事、介護、家事援助などのサービス提供の有無についての情報も提供される。

（2）老人ホーム等の施設の種類と概要（厚生労働省管轄）

特別養護老人ホーム	65歳以上の者であって、身体上又は精神上著しい障がいがあるために常時の介護を必要とし、かつ、居宅においても常時の介護を受けることが困難な高齢者に対して、入所サービスを提供する施設。要介護者が対象。
老人保健施設	要介護者に対し、在宅復帰を目指して、看護、医学的管理下での介護、機能訓練の必要な医療、日常生活上の世話を行なうことを目的とした施設。要介護者が対象。
介護療養型医療施設（平成23年度末までに廃止）	療養病床等をもつ病院又は診療所の介護保険適用部分に入院する要介護者に対し、療養上の管理、看護、医学的管理の下における介護その他の世話、機能訓練その他必要な医療を行なうことを目的とする施設。要介護者が対象。
軽費老人ホーム（ケアハウス、A型・B型）	低額な料金で、家庭環境、住宅事情等の理由により居宅において生活することが困難な老人を入所させ、日常生活上必要な便宜を供与する施設。ケアハウスを主とするA型、自炊が原則のB型。
養護老人ホーム	65歳以上の者であって、環境上の理由及び経済的理由により居宅での生活が困難な者を入所させ、社会復帰の促進や自立した生活を送ることができるよう必要な指導及び訓練等を行なう施設。
有料老人ホーム	老人を入居させ、入浴・排せつ・食事の介護、食事の提供、洗濯・掃除等の家事、健康管理を提供することを目的とする施設。有料老人ホームには、ホームの職員が介護保険のサービスを提供する「介護付」、ホームは介護サービスを提供せず、介護が必要となった場合は入居者自らが外部の介護サービス事業者と契約して介護サービスを利用する「住宅型」、ホームは介護サービスを提供せず、介護が必要な場合には契約を解除して退去する「健康型」がある。
認知症高齢者グループホーム	認知症の高齢者が、小規模な生活の場（1単位5人～9人の共同居住形態）に居住し、食事の支度、掃除、洗濯等をグループホームの職員と共同で行ない、家庭的で落ち着いた雰囲気の中で生活を送ることを目的とする。要支援者（要支援2のみ）、要介護者1以上の人が対象。

に入れない場合は破っていい窓位置を指定しておく、などです。

【資料】 高齢者施設や住宅サービスの種類と概要

福祉施策の観点から、厚生労働省において普及を進めている特別養護老人ホームなどの施設と住宅施策の観点から国土交通省において普及を進めている高齢者向け賃貸住宅に大きく分けられます。

参考文献

(1)『まるごと覚える福祉住環境コーディネーター2・3級』新星出版社、2011年
(2)原慶子・大塩まゆみ編著『高齢者施設の未来を拓く』ミネルヴァ書房、2005年

注

(1) F・ナイチンゲール著・薄井坦子他訳『看護小論集』42頁、現代社、2003年。

フロレンス・ナイチンゲール(1820~1910)イギリスの看護師、クリミア戦争での献身的な活動をたたえられ〝クリミアの天使〟と呼ばれた。看護の領域のみでなく、保健・衛生、統計学など多くの領域にわたって業績を残している。著作は100頁を超える大部のものから2~3頁の小冊子に至るまで種々のものを合わせるとその数は約150編にも及ぶといわれている。

(2) バリアフリーとは、さまざまな身体状況にある人の一人ひとりの機能を補うなど障壁を除去する考え方。バリアフリーより一歩進んだノーマライゼーションを具体化する理念としてユニバーサルデザインが普及しつつある。ユニバーサルデザインとは、障がいの有無や年齢、性別、などに関係なく全ての人が暮らしやすいように、使いやすいように、安全で快適な生活を送れる環境づくりをめざす考え方。

(3) 内閣府「高齢者の住宅と生活環境に関する意識調査の概要」調査期間:平成22年11月4日~平成22年11月14日。「虚弱化したときの居住形態(Q25)」過去の調査との比較では、一部選択肢の変更があるため厳密な比較はできないが。「現在の住居にとくに改造などはせずそのまま住み続けたい」はほとんど変わらないが、「現在の住宅を改造し住みやすくする」「介護を受けられる特別擁護老人ホームなどの施設に入居する」は増加傾向となっている。

(4) 尺貫法:日本の伝統的な長さと面積の単位。通常は1尺が30・3㎝、現在は公式にはメートル法が採用されているが、実質的には尺や間が住宅建築の基準単位(モジュール)となっている。

この間隔で柱が並ぶ住宅が多く、廊下、階段、開口部の幅員が狭いので車いすなどの使用に適していない。
（5）人感センサー付き照明：人が近付くと自動点灯するセンサー付きのもの。明るさ感知式照明：周囲が暗くなると自動点灯するセンサー付きのもの。保安灯：停電時に照明器具が点灯するもの。
（6）新築住宅の寝室には住宅用火災報知器の設置が義務付けられている。既存住宅でも２０１１年６月までに設置が義務付けられている。
（7）ＵＲ：アーバンルネッサンス（urban renaissance）、再開発により都市の機能を回復させることで、人間性を取り戻そうとする方法のこと。１９８０年代前半のＵＲ：都市成長政策（経済活動の立地、土地管理、都市基盤整備、住宅供給）。都市再活性化政策（経済開発、職業訓練、雇用創出、近隣地区の再活性化、土地再開発など）。

第3節▼福祉の仕事

谷　功▼社会福祉学

福祉の対象は「人間」です。人生を送る一人の人間が何らかの事由により自らの力で生活を送ることができない状態に陥る、または陥る可能性がある場合、福祉という人的、社会的なサービスを活用することにより、生活を継続していくことが可能になります。当然、その対象が人間であるゆえ、子どもから高齢者までさまざまな状況の方が対象となります。それぞれの福祉分野では、専門職といわれる国家資格、任用資格等を持つ多くの職種が活躍しています。近年、日本国内ではとかく高齢者の介護問題が取り上げられることが多くあります。この高齢者の介護問題は、当人のみならずその家族、親戚、地域社会等、多くの人たちが巻き込まれてしまう可能性が考えられます。この章では、日本が直面している社会的な課題である高齢者の介護を中心に、「福祉の仕事」の〝意義と魅力〟について論じていきます。

1　職業としての介護福祉発展の社会的背景――介護の社会化と専門化

これまでの日本の社会では伝統的に長男夫婦が親と同居し、経済上でも日常生活の上でも親の面倒をみるというケースが普通でした[1]。そこでは、長男は外で仕事をし、年老いた親の介護は主に嫁が行なってきました。介護は本来、家庭の中で行なわれてきた女性の重要な仕事であったことをまずは押さえておかなければいけません。

しかし高度経済成長期以降、核家族化が進み、親世代との同居世帯が減少し、取り残された高齢者は社会的な支援が必要とされるようになってきました。

65歳以上の高齢者が全人口に占める割合を高齢化率と言いますが、一九七〇（昭和四十五）年に高齢化率が7％を超えて、わが国は高齢化社会の仲間入りをしました。そして一九九四（平成六）年には高齢化率が14％を超えます。7％から14％へ倍化した年数は24年間と短期間で、倍化年数が40年から100年以上とゆっくりと進んだ西欧諸国よりもはるかに急激に高齢化が進んできたことが日本の大きな特徴です[2]。

また、これまで高齢者介護の担い手としての中心であった女性の社会進出という現象も、大きな影響を与えることになり、加えて、高齢者の病気の慢性化と長期化という問題も出てきました。医療設備の整った病院での積極的な治療は必要ありませんが、病気やその後遺症を抱えながら老後を過ごさなくてはならない高齢者の数が増えていき、長期療養を続けながら、専門的な介護を必要とする高齢者に対応することが求められるようになってきました。

このような状況を踏まえ、介護を社会的に支える仕組みと（介護の社会化）、介護の専門的な知識と技術を兼ね備えた職種が必要となったわけです（介護の専門化）。

2 介護福祉士の誕生

特別養護老人ホーム等の施設において、介護が必要な高齢者の身の回りのお世話をする仕事として、「寮母」と言われる職種の人たちが長年にわたり活躍してきました。また、比較的お元気な在宅の高齢者への生活支援は「ホームヘルパー」がその中核を担っていました。当時の「寮母」「ホームヘルパー」と言われる人たちには、子育てが一段落し、お舅さん、お姑さんが亡くなってしまった、またはまだ比較的お元気であり外に働きに出かける余裕がある人たち、そして経済的な理由により働く必要性があった人たちが多くいました。もちろん、介護に対する専門的知識や技術に関する学習、訓練はされていない素人たちであり、家事や子育て、家庭内での介護経験を頼りに切磋琢磨しながら、自分たちの力を向上させていきました。今日の介護福祉の現場の礎を築いたのは、この「寮母」や「ホームヘルパー」たちであったと言っても過言ではありません。

しかし、専門的な介護を必要とする高齢者に対応するためにはこの経験則を頼りにした介護には限界があり、専門的な知識と技術、そして科学的な根拠に基づいた介護を実践できる介護福祉職が必要になりました。そのような状況の中、一九八七（昭和六十二）年「社会福祉士及び介護福祉士法」が公布され、翌年四月から施行されました。こうして「介護福祉士」は国家資格を有する職業として誕生しました。「介護」に国家資格を与えたのは、世界の福祉先進国を差し置いて、わが国が初めてです[3]。国家資格を与えられたことで、「介護福祉士」はこれまでの経験を積めば素人にでもできるという職業から、専門家としての社会的地位を得ることができました。

3　介護福祉職として高齢者を見つめる視点

福祉の仕事は、先ずその相手に対して関心を寄せることから始まります。現在、どのような生活を送り、何に不自由さを感じ、そしてその方がどのような生活を望んでいるのか等を、本人との関わりや、これまで本人と深く関わってきた人たち（家族や親戚等）を介して理解していきます。ここでは、〝生活の専門家としての視点〟が求められます。望む生活を送ろうとする上で障壁（身体・精神的状況、住環境等）になっていることは何か、そして自らの力を最大限に発揮しながら少しでも望ましい生活に近づけるには、今後どのような支援を提供すれば良いのかを考え、その方にとっての最善の生活環境を整えていきます。

また、生活環境を整えていくには、主治医や看護師といった医療関係者からの情報や市町村等の公的機関から持ち込まれた資料等も、とても重要な情報です。

そして、人間には個々の歴史が存在します。特にその対象が高齢者の場合には、どのような生活を送られてきたのかという長年の生活史（ライフ・ヒストリー）を理解していく必要があります。〝歴史を通してその方を理解する考え方〟です。本人の人生に対する価値や人生観を尊重して関わっていくことが、介護福祉職には重要となります。その具体例をあげてみましょう。

高齢者の介護施設ではレクリエーション等がよく実施されていますが、そのプログラムの中でさまざまな時代の流行歌を歌う場面を多く見受けることがあります。そこに参加する高齢者は性別や年齢、そしてこれまで送ってきた人生は、当然一人一人違うわけです。そこで流れる歌が流行った時代はどのような社会状況で、その方自身は当時〝青春真っ只中〟、〝子育てに追われていた〟、〝仕事をバリバリしていた〟、または〝とても大切な人を亡くした〟等、それぞれが置かれた時代と状況によって歌の聴こえようも違うはずです。テレビ等で昔の歌が流れてきた時、その流行した時代の自分の過去を思い出すことは私たちにもよくあることです。高齢者は今、どのような思いでその歌を聴き、歌っているのか、何を感じているのか、という相手の心にも関心を寄せる気持ちで関わることが介護福祉職には大切です。

その方の今だけではなく、これまでの人生や心にも関心を寄せて関わると、より深い人間観が生まれてくることでしょ

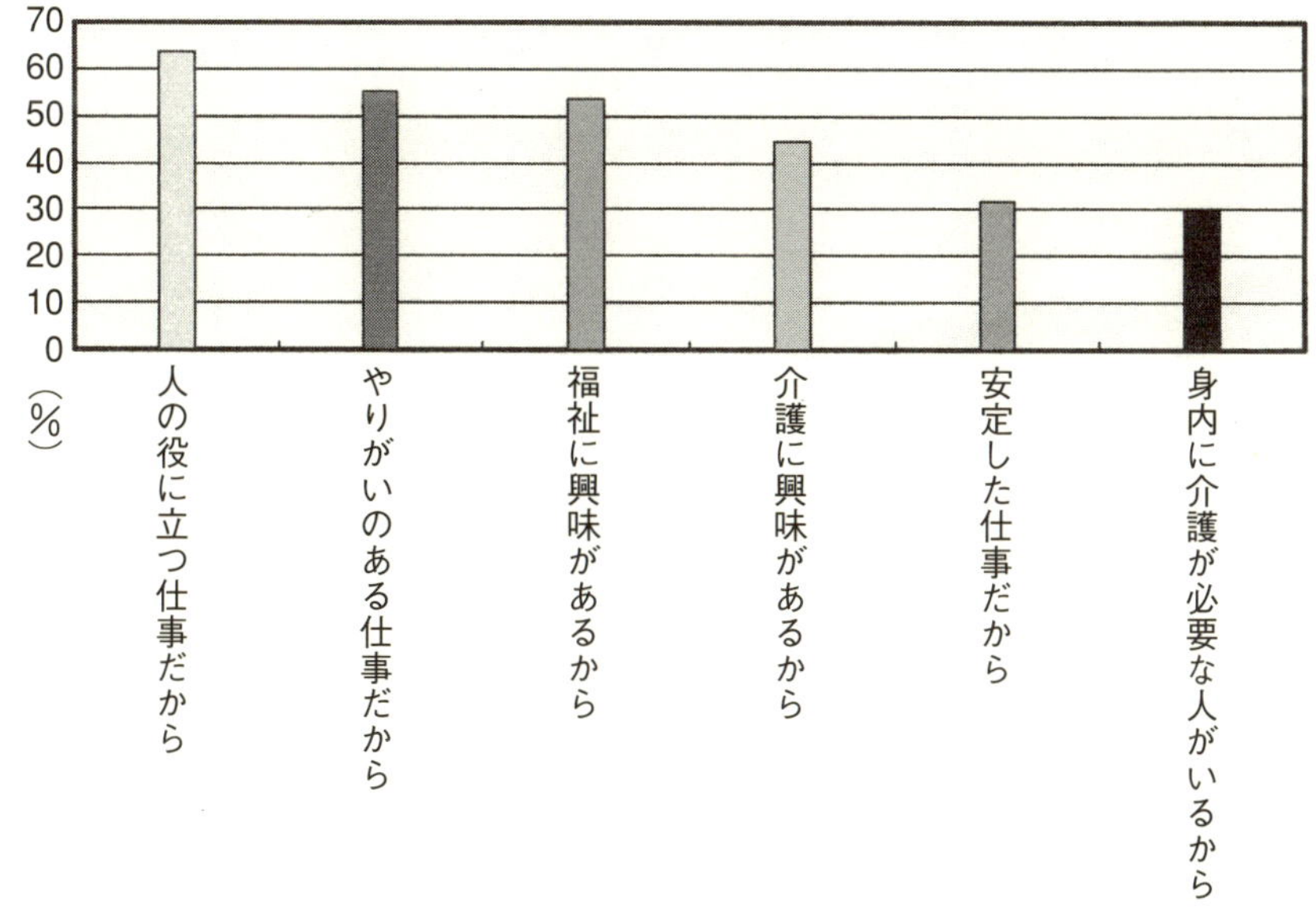

図1　介護福祉士を目指した動機（複数回答上位6項目）

う。

4　介護福祉職の魅力と将来像

筆者は以前、東京都の介護福祉士養成校に通う学生122名に対してアンケートを用い「介護福祉士を希望した動機」について調査しました。その結果、その動機として高い比率を示す選択肢は「人の役に立つ仕事だから」63・9%、「やりがいのある仕事だから」54・9%、「福祉に興味があるから」53・3%と、過半数を超えていました。以下、「介護に興味があるから」44・3%、「安定した仕事だから」32・0%、「身内に介護が必要な人がいる、または過去にいたから」30・3%と続きます。（図1）介護福祉職へのポジティブなイメージの比率が高くなっていましたが、安定した仕事というイメージや自分自身の過去や現在の経験が、現実的な側面として動機づけとなることが少なくはありませんでした。彼等の多くは、現在、介護福祉現場の最前線で活躍しています。

このように、自分自身を活用することによって他者の役に立ち、喜んでもらいたい、笑顔になってもらいたいという気持ちをもって介護福祉士養成校に入学してくる、心優しい介護学生が非常に多くいます。

介護福祉士の養成カリキュラムでは、施設や事業所で行なわれる450時間の介護実習があります。実習前の学生たちは初めて経験する介護現場でこれからどのような出会いがあるのか、また失敗はしないだろうか、という期待と不安でいっぱいです。しかし、巡回指導でみる彼等の表情は日を増すごとにたくましくなり、実習を通して自分自身を成長させながら介護福祉士を目指す気持ちを確かなものとして確信していくだけではなく、関わりを持った高齢者に対して多くの喜びや生きる意欲を与えている、そのような時間にも思えてきます。そして、あっという間に充実した時が過ぎていきます。

ここで介護実習期間中、学生が経験した一例を紹介します。

Tさんは介護福祉士を目指している学生の1年生、初めての介護実習は常時介護が必要な高齢者が生活している特別養護老人ホームでした。Tさんは初めての実習ということもあり、多少不安な気持ちを抱えていましたが積極的に高齢者の方に話しかけ、また高齢者たちは孫ほど年齢の離れたTさんを優しく受け入れ、とても良い関係を築いていました。しかし、一人の女性（Aさん）の高齢者がいつも浮かない表情をしていることに気がつき、気になってしかたがありませんでした。職員にAさんのことについて聞くと、「1カ月ほど前に入所され、慣れない環境での生活、また家族と離れてしまったことに気落ちされているのではないか……。あまり居室から出られないし、言葉も少なくなってきているようで心配しています」という情報を得ることができました。

次の日からTさんは、毎朝Aさんの居室を訪ねて挨拶をし、また日頃から積極的に関わることを繰り返しました。すると、実習6日目の月曜日のことです。いつものように朝Aさんの居室に挨拶にいくと、「Tさん、昨日はいなかったね」とAさんが寂しそうに話しかけてきました。何気ないAさんからの一言に、Tさんは胸が熱くなりました。

それから数日後に施設で誕生会がありました。その月の誕生者数名が前列に並び、職員や他の高齢者から祝福を受けています。Aさんも誕生者の一人です。誕生会では高齢者がいつも楽しみにしている恒例のカラオケ大会がありました。職員から「Tさん、実習ももう少しで終わりだし、思い出になるので皆さんの前で一曲歌ってあげてよ」とマイクを渡されました。Tさんは誕生会でもあるし、高齢者の皆さんが知っているような元気の出る歌をと思い、「青春時代」（1976年ヒットソング）を選曲しました。イントロが流れると「Tさん、頑張って！」とAさんが満面の笑みで大きな声援を送ってくれました。笑顔も乏しく、口数の少なかったAさんのその一言に、職員たちは一同驚いていました。

Aさんはそのような出来事があって以降、施設で行なわれる行事やおしぼりたたみ等の職員の手伝いにも積極的に関わるようになり、自分の居場所と役割を感じながら元気に過ごせるようになりました。

このように介護実習は学習の場として捉えるだけではなく、関わりを通して多くの高齢者の生きる意欲にも繋がり、また、介護に対する自信や楽しさ、そして学生自身の人間性を成長させていく場面でもあると言えるかもしれません。

また、介護実習では実習指導者（介護職員）から指導を受けていく中で、学生は介護福祉士として自身の〝将来像〟〝ありたい姿〟を見つけるチャンスに遭遇します。実習施設の中に、その〝理想の介護福祉士〟となる実習指導者（介護職員）を見つけることで、その方に少しでも近づきたいという思いが学生自身のモチベーションを上げていき、その後の学習への一層の後押しとなっていきます。

介護実習では机上の学習ではできない多くの出会いと体験を通して、目標となる〝理想の介護福祉士〟に向け、一歩ずつ足元を踏み固めながら階段を上っていくことになります。

参考文献

（1）小室豊允『介護者のための老人問題実践シリーズ⑥老人と家族』9頁、中央法規、1997年
（2）介護福祉士養成講座編集委員会『社会と制度の理解』73頁、中央法規、2011年
（3）金井一薫『ケアの原形論』173頁、現代社、2004年

第4節▼介護福祉分野でのキャリア形成・資格取得の方法、そのガイダンス

磯邊実代▼社会福祉学

1　介護福祉分野でのキャリア形成

(1) 求められる介護福祉士像

二〇〇〇年四月に介護保険制度ができて十一年が経過しました。この間に、少子高齢化が進み、介護サービスを利用する人、介護サービスを必要とする量も、制度ができた当初の予想を超えるペースで伸びています。中でも、認知症のある人が急増し、それに対応したグループホームや新型特別養護老人ホームができました。身体的ケアだけではなく精神的ケアも含めた個別ケアが重視されるようになりました。また、小規模多機能型居宅介護[1]や介護予防など地域福祉や在宅生活への支援など、個別に支援できる仕組みができています。

そのような中、二〇〇三（平成十五）年六月、「二〇一五（平成二十七）年の高齢者介護～高齢者の尊厳を支えるケアの確立に向けて～」という報告書がまとめられました。介護保険制度の課題や高齢者介護のあり方について検討し、戦後のベビーブーム世代がすべて65歳以上になる二〇一五年までに実現しておくべき課題についてまとめられたものです。この中で、介護保険制度がめざしている「自立支援」と、その根底にある「尊厳の保持」を支えるケアが求められるようになりました。

これからの介護ニーズに対応し、介護サービスにおける中心的役割を担えるよう、二〇〇六（平成十八）年七月、「介護福祉士のあり方及びその養成プロセスの見直しなどに関する検討会」の報告書において、今後「求められる介護福祉士像」が次の12項目にまとめられました。

表1　求められる介護福祉士像

（出典：介護実習・介護総合演習ハンドブック）

1	尊厳を支えるケアの実践。
2	現場で必要とされる実践的能力。
3	自立支援を重視し、これからの介護ニーズ、政策にも対応できる。
4	施設・地域（在宅）を通じた汎用性のある能力。
5	心理的・社会的支援の重視。
6	予防からリハビリテーション、看取りまで、利用者の状態の変化に対応できる。
7	他職種協働によるチームケア。
8	1人でも基本的な対応ができる。
9	「個別ケア」の実践。
10	利用者・家族、チームに対するコミュニケーション能力や的確な記録・記述力。
11	関連領域の基本的な理解。
12	高い倫理性の保持。

介護福祉士の活躍の場はたくさんあります。高齢者や障害者の施設における介護だけではなく、地域で暮らしながら介護を必要とする方々全てを対象としています。介護福祉士は、その全ての方々の介護ニーズに対応できる高い専門性が求められています。それゆえ、「求められる介護福祉士像」に近づく努力が必要なのです。

(2) 資格取得後のキャリア形成

「求められる介護福祉士像」に挙げられている12項目の能力を持つ介護福祉士であり続けるためには、資格を取得後も生涯にわたって自己研鑽が必要です。その中で、各個人の能力や職場環境において、さまざまなキャリアを形成することができます。例えば、職場の中で介護主任や施設長などリーダー的役割を担うこともその1つです。

また、介護福祉士として5年以上の実務経験があり、試験に合格すれば**「ケアマネジャー（介護支援専門員）」**になることができます。ケアマネジャーは、介護を必要とする人やその家族からの相談に応じ、本人の希望や心身の状況に応じてどのような介護が最もよいかを考えケアプラン[2]を作成します。1人ひとりの介護ニーズに応じてサービスが提供できるかどうかはケアマネジャーの力量にかかっています。責任の重さがやりがいに大いにつながる仕事といえます。

他にも、資格を取得することでキャリア形成ができますが、どのようなキャリア形成をするかは介護福祉士の資格取得時から始まっていると言えます。では、次にその資格の取得方法について説明します。

2　資格取得の方法

介護福祉士になるためには3つのルートがあります。それは、「**養成施設ルート**」と「**実務経験ルート**」、「**福祉系高校ルート**」です。[3] 図1にあるように、各ルートの中にはさらに様々なルートがあります。介護福祉士の国家資格を取得することに留まらず、その後どのようなキャリア形成をしたいかによって、ルートを選択することも1つではないかと思います。ここでは、主に「養成施設ルート」について述べます。

(1)「養成施設ルート」

養成施設というのは、厚生労働大臣が指定する介護福祉士になるための養成施設のことで、4年制大学、短期大学、専門学校など[4]がこれにあたります。

「養成施設ルート」では、高等学校を卒業した人を対象に、介護福祉士養成課程を設置している2年制以上の養成施設で必要な科目を履修し、卒業することで国家試験を受けずに介護福祉士の国家資格を得ることができます。

福祉系の4年制大学の中には、**介護福祉士と社会福祉士の国家資格が同時にめざせる養成施設**があります。本校もこれに該当します。介護福祉士と社会福祉士の2つの資格（ダブルライセンス）を取得しているということは、仕事の幅を広げることにつながります。ただし、介護福祉士と社会福祉士のいずれか1つの資格を取って卒業する場合は、図1にあります「介護福祉士養成施設1年以上（社）」に行くことで、もう1つの資格にチャレンジすることができます。

「養成施設ルート」で介護福祉士の資格を得る際には、国家試験のかわりに卒業時、介護福祉士養成施設協会が実施している「全国共通試験」を受けます。ただし、平成二十七年度（平成二十八年一月試験）から介護福祉士の資格取得制度が一元化され、養成施設を卒業した人も国家試験を受験しなければ取得できなくなります。

一方、「実務経験ルート」や「福祉系高校ルート」で介護福祉士の受験資格を得た場合は、自ら国家資格に必要な学習をする方法と、「介護技術講習」を受講する方法とを選んだ上で、国家試験を受験することになります。

図1

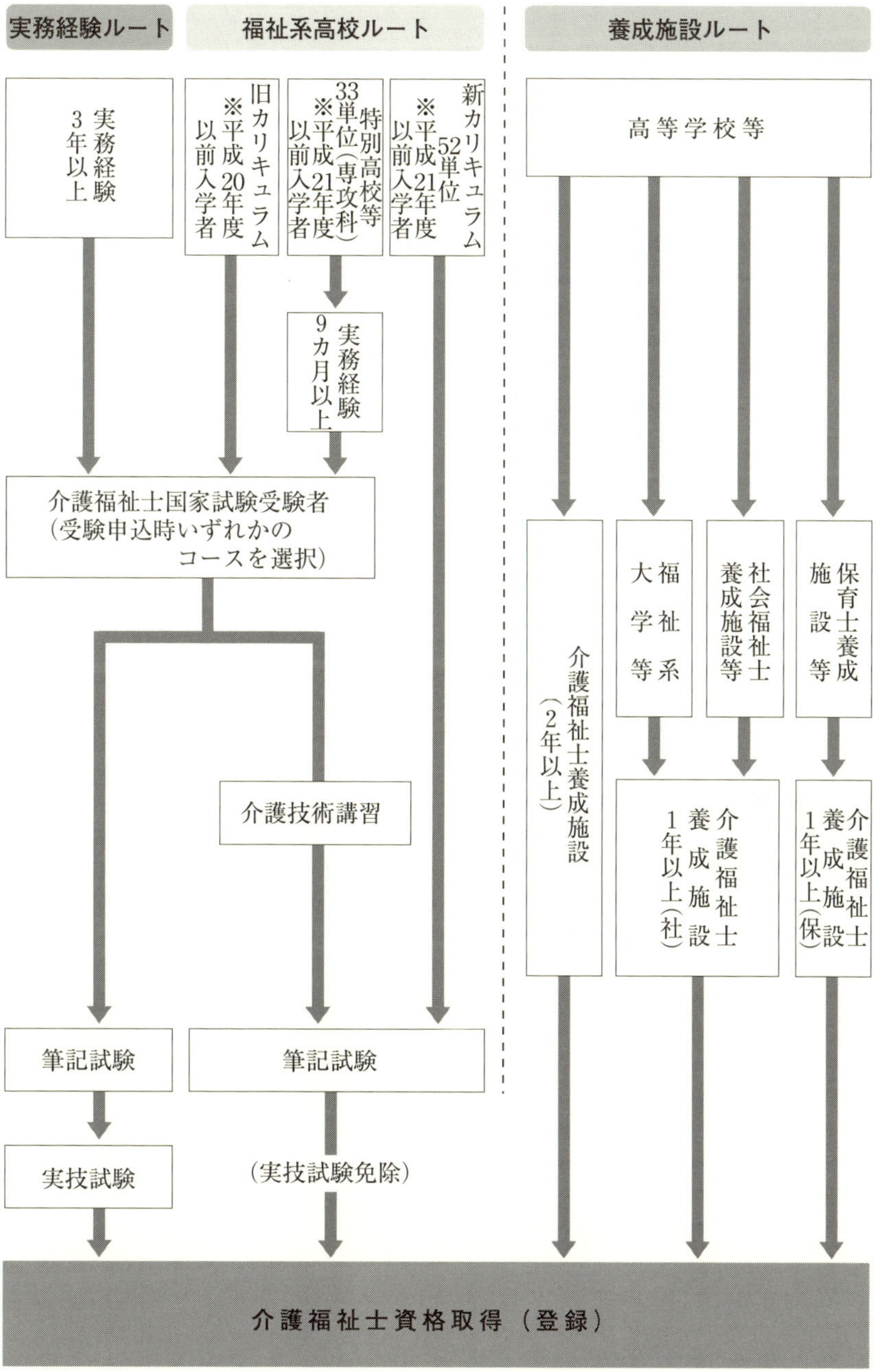
実務経験ルート
福祉系高校ルート
養成施設ルート
実務経験3年以上
旧カリキュラム ※平成20年度以前入学者
特別高校等33単位(専攻科) ※平成21年度以前入学者
新カリキュラム52単位 ※平成21年度以前入学者
実務経験9カ月以上
介護福祉士国家試験受験者(受験申込時いずれかのコースを選択)
介護技術講習
筆記試験
実技試験
筆記試験
(実技試験免除)
高等学校等
介護福祉士養成施設(2年以上)
福祉系大学等
社会福祉士養成施設等
保育士養成施設等
介護福祉士養成施設1年以上(社)
介護福祉士養成施設1年以上(保)
介護福祉士資格取得(登録)

表2　資格取得時の到達目標

（出典：介護実習・介護総合演習ハンドブック）

1	他者に共感でき、相手の立場に立って考えられる姿勢を身につける。
2	あらゆる介護場面に共通する基礎的な介護の知識・技術を習得する。
3	介護実践の根拠を理解する。
4	介護を必要とする人の潜在能力を引き出し、活用・発揮させることの意義について理解できる。
5	利用者本位のサービスを提供するため、他職種協働によるチームアプローチの必要性を理解できる。
6	介護に関する社会保障の制度、施策についての基本的理解ができる。
7	他の職種の役割を理解し、チームに参画する能力を養う。
8	利用者ができるだけなじみのある環境で日常的な生活が送れるよう、利用者一人ひとりの生活している状態を把握し、自立支援に資するサービスを総合的、計画的に提供できる能力を身につける。
9	円滑なコミュニケーションの取り方の基本を身につける。
10	的確な記録・記述の方法を身につける。
11	人権擁護の視点、職業倫理を身につける。

（2）養成施設での教育

二〇〇七（平成十九）年十二月に、「社会福祉士及び介護福祉士法」が改正されました。それに先立ち、「介護福祉士のあり方及びその養成プロセスの見直しなどに関する検討会」が開かれ、その報告書が二〇〇六（平成十八）年七月にまとめられました。その中で、先に述べました「求められる介護福祉士像」にできるだけ近づくために、養成施設の目指すべき教育の到達目標として、次の11項目があげられました。

このような養成プロセスの見直しの中、介護福祉士の教育内容は二十年間の教育内容を統合再編する形で、平成二十一年度より新しいカリキュラムに変わりました。介護ニーズの多様化に対応できる介護の実践力を身につける教育内容となるよう、従来のカリキュラムを生かしながらさらに充実・強化したものになりました。それに伴って、学ぶ時間数も従来のカリキュラムでは1650時間以上の教育内容だったものが、新しいカリキュラムでは1800時間以上となりました。

その教育内容の枠組みは、「人間と社会」、「介護」、「こころとからだのしくみ」の3つの領域からなります。「人間と社会」の領域では、介護を必要とする人に対する全人的な理解や尊厳の保持、介護実践の基盤となる教養や豊かな人間性を育んでいきます。「介護」の領域では、あらゆる介護場面で対応できる基本的な介護の知識や技術を学んでいきます。「こころとからだのしくみ」の領域では、介護実践に必要な知識や介護の根拠について学んでいきます。特に、この領域では医療的ケアがさらに求められています。医療技術の進歩とともに、介護の現場においても医療的ケアを必要としている人が増えているからです。

このように新しいカリキュラムでは、一人ひとりの介護ニーズに対し、その人らしい生活を支えるために介護福祉士として必要な専門的技術や知識を「介護」領域から学び、その必要な周辺知識を「人間と社会」、「こころとからだのしくみ」から学ぶという教育体系になりました。

介護福祉士になった際に、「求められる介護福祉士像」の力量が備わっているよう、「養成施設ルート」では、新しいカリキュラムの中で1800時間以上の学習をしていくことになります。さらに、各養成施設が用意している独自の教育内容もあり、豊富な知識と技術等を備えて資格をめざすことができます。

3　4年制大学で学ぶことの魅力

介護福祉士になるための方法として、主に「養成施設ルート」について述べてきましたが、その中でも4年制大学で学ぶことの魅力について触れたいと思います。

(1) 人をみる視点・応用力・創造力を育む

まずは、一般教養の教育が充実しているということです。これは介護福祉士の仕事をする上で非常に大切な学びとなります。つまり、介護福祉士はその人らしい生活を送れるよう1人ひとりのニーズに合わせて生活を支援します。その人らしく生活をするためには、その人の生きてきた歴史の中で培われた価値観やその人のもつ性格など精神性に触れます。つまり人間とは何か、という理解なくして介護福祉は学べません。人をみる視点は、専門的知識や技術からだけではなく、一般教養科目（歴史学、経済学、政治学、社会学、生物学、日本語・外国語など）を学ぶ中から磨かれていきます。

(2) キャリア形成

先にも述べましたが、福祉系の4年制大学では、介護福祉士と社会福祉士の資格を同時にめざすことができる養成施設があります。介護福祉士でありながら、福祉に関する相談に応じ必要なサービスを調整するソーシャルワーカーとしての実力も備えているということは、介護を必要とする人にとっても、また介護をする人からみても高い資質を備えた人材だといえます。そのことは、資格取得後のキャリア形成や賃金を始めとした仕事の評価においても大きな意味を持つことになるでしょう。

参考文献・引用文献

（1）川廷宗之『介護教育方法論』弘文堂、２００８年

（2）介護福祉士のあり方及びその養成プロセスの見直し等に関する検討会報告「新しい介護福祉士の養成と生涯を通じた能力開発」法研、２００６年

（3）寺島彰監修『介護福祉士をめざす人の本』38頁、成美堂出版、２０１１年

注

（1）在宅で介護を必要とする人に対して、その人の選択に応じて、訪問サービス、通い（通所）サービス、泊まり（宿泊）サービスを組み合わせて、入浴や排泄などの介護や機能訓練などを提供する新しいサービスをいいます。

（2）ケアプランとは、ニーズに基づいて援助の方針と目標を立て、それに対応するサービス内容や種類、回数、提供事業者などを決めたものをいいます。

（3）法の改変や動向を踏まえ、平成23年8月現在の情報を基にしています。

（4）養成施設の中には、夜間部（3年以上）を設置しているところもあり、働きながら学ぶこともできます。

第3章 ▶ 児童福祉

第1節▼子育てを取り巻く環境の変化

吉森恵▼保育学

はじめに

時代の変化は、社会構造の変化や人々のライフスタイルの変化など様々な変容をもたらしています。そのため、子育て環境や子ども自身を取り巻く環境も変わってきています。

ここでは、子育て環境などの子どもを取り巻く環境がどのように変容してきたのかという点について紹介します。環境の変化だけではなく、環境の変化がもたらしている問題や、その問題に対して親や子育て（保育）の現場に求められていることについて述べたいと思います。

1　子育て環境の変化

日本における保育事業の最初は明治時代と言われています。その後、母親の就労が増えることにより、次々に託児所が開設されました。農村では、農繁期には家族全員で農作業に取り組み、母親も長時間労働をせざるをえませんでした。そのため、乳幼児たちは、その期間農繁期託児所、季節託児所という形態で子ども達を一カ所に集めて保育するという形がとられていました。それまでは、乳幼児は、親の農作業の間、野放し状態になっていました。例えば、一日中室内におかれたり、あるいは、家業の忙しさのため叱り飛ばされ、幼児を帯で柱に縛って大人は野にでたり、田んぼの畦におかれて乳幼児は日射病にかかったり、雨に濡れ感冒に冒されたり、思わぬ怪我をしたりするなどの問題も出てきました。農繁期託児所ができてからは、親にもゆとりができ農作業の効率を上げることができるようになったのです。

また、大正時代には社会事業も盛んになり工場で働く女性のために企業による託児所も増えてきました。

昭和に入り、託児所設置の要望が増え、一九三八（昭和十三）年に厚生省が設置され、それ以降託児所は厚生省の所管となりました。一九四七（昭和二十二）年には、「児童福祉法」が公布されこれによって託児所の名称は、保育所に統一され保育所は児童福祉施設の一つとして位置づけられたのです。

一九五〇年代に始まった高度経済成長は、農村から都市へ人が移り住み、「核家族」が増加してきました。また、女性の就労が増えるとともに、保育所の増設運動が展開され、都市では近隣の住人を知らずに近所づきあいもないという家族孤立の状態も生まれました。そのため、母親が一人で育児をするスタイルが一般的になり、育児の負担感が増し、育児への自信を失う事態も生じ、子どもの欲求が理解できなかったり、わが子とどう向き合えばいいのか困惑し、いつのまにか虐待に繋がるケースも出てきています。

近年では、子どもを産んで仕事復帰をしようと思っても、都市部では保育所の空きがなく、待機児童の数が非常に多くなっています。また、少子化の傾向があり、図1のように特殊出生率の合計は、第2次世界大戦後、2回のベビーブーム（赤ちゃんの出生が一次的に急増すること）を比較すると269万6638人から209万1983人へと大幅に減少しており、概数値についても、第一次ベビーブームには4・32、第二次ベビーブームでは2・14になり、二〇一〇年には1・39と減少しています。

少子化の傾向は、多面的な傾向がありますが、なかでも雇用労働者の増大、とくに若い世代の女性の労働力率が上昇してきたことが影響していると考えられます。さらに、働く女性の増大は、仕事と子育てを両立できる環境が十分整っていないこともあり、晩婚化や晩産化に影響を与えています。また、男女双方の高学歴化も晩婚化に影響を与えています。図2のように平均女性の初婚年齢は、一九八〇年では25・2歳でしたが、その後少しずつ高くなり二〇一〇年では28・8歳になりました。その影響で、第1子出生時の母親の平均年齢も29・9歳になっています。

子育てに対しては、母親が一人で悩むのではなく、安心して子育てができる環境を整えることが必要なのです。また、出産してからも仕事を続けたいと考えている女性にとって、待機児童の改善が進まなければ、子どもを安心して預けることができないと考えてしまいます。現在では、父親も子育てに協力している家庭も増えてはいますが、まだまだ女性の負担は大きいと言えます。

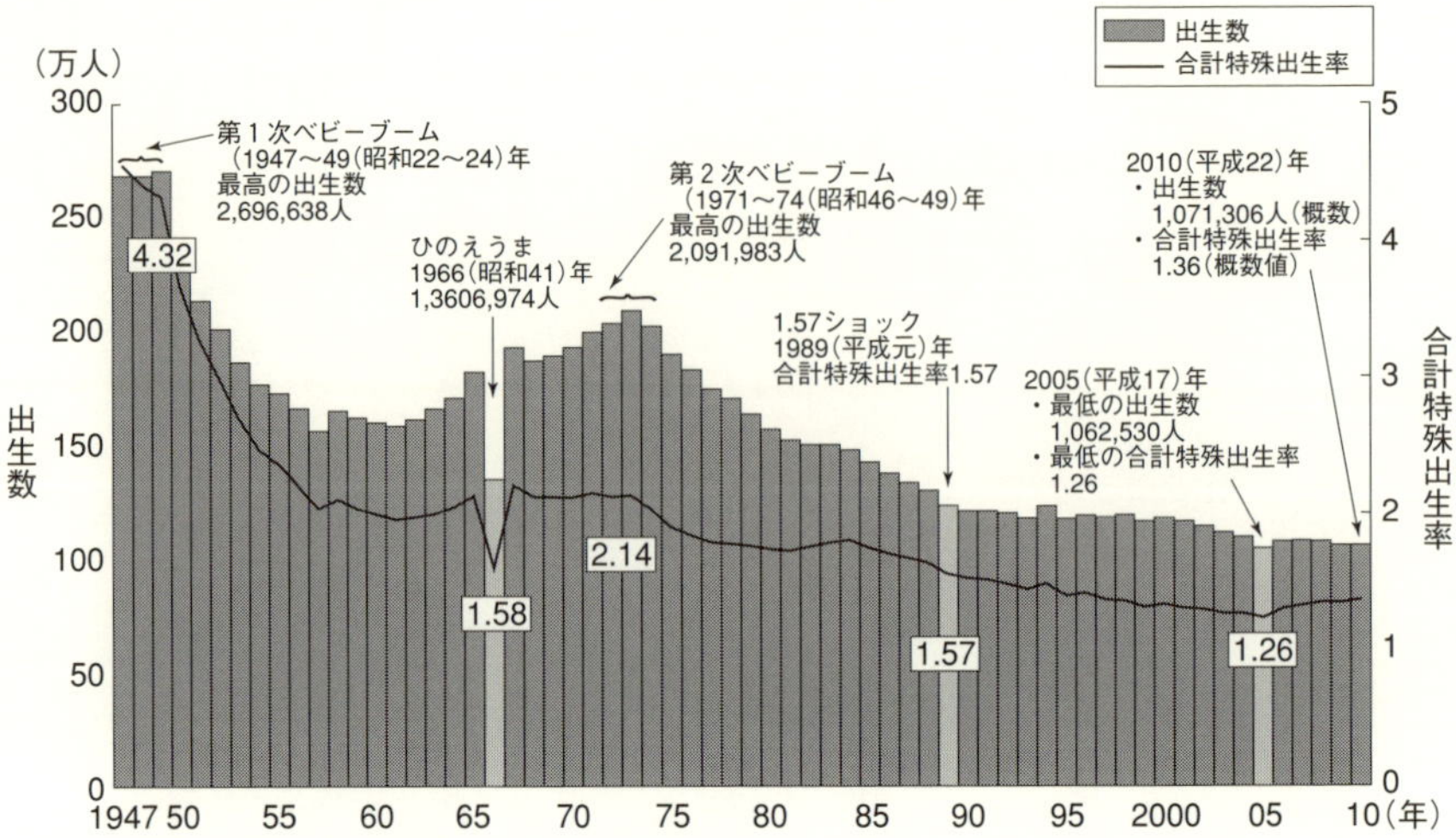

注：1947～1972年は沖縄県を含まない、2010年の出生数及び合計特殊出生率は概数

図１　出生数及び合計特殊出生率の年次推移

出所：2011『内閣府　平成23年版　子ども・子育て白書』内閣府、p.20

＊合計特殊出生率とは、その年次の15～49歳までの女性の年齢別出生率を合計したもので、１人の女性が、仮にその年次の年齢別出生率で一生の間に子どもを産むと仮定したときの子ども数に相当する。

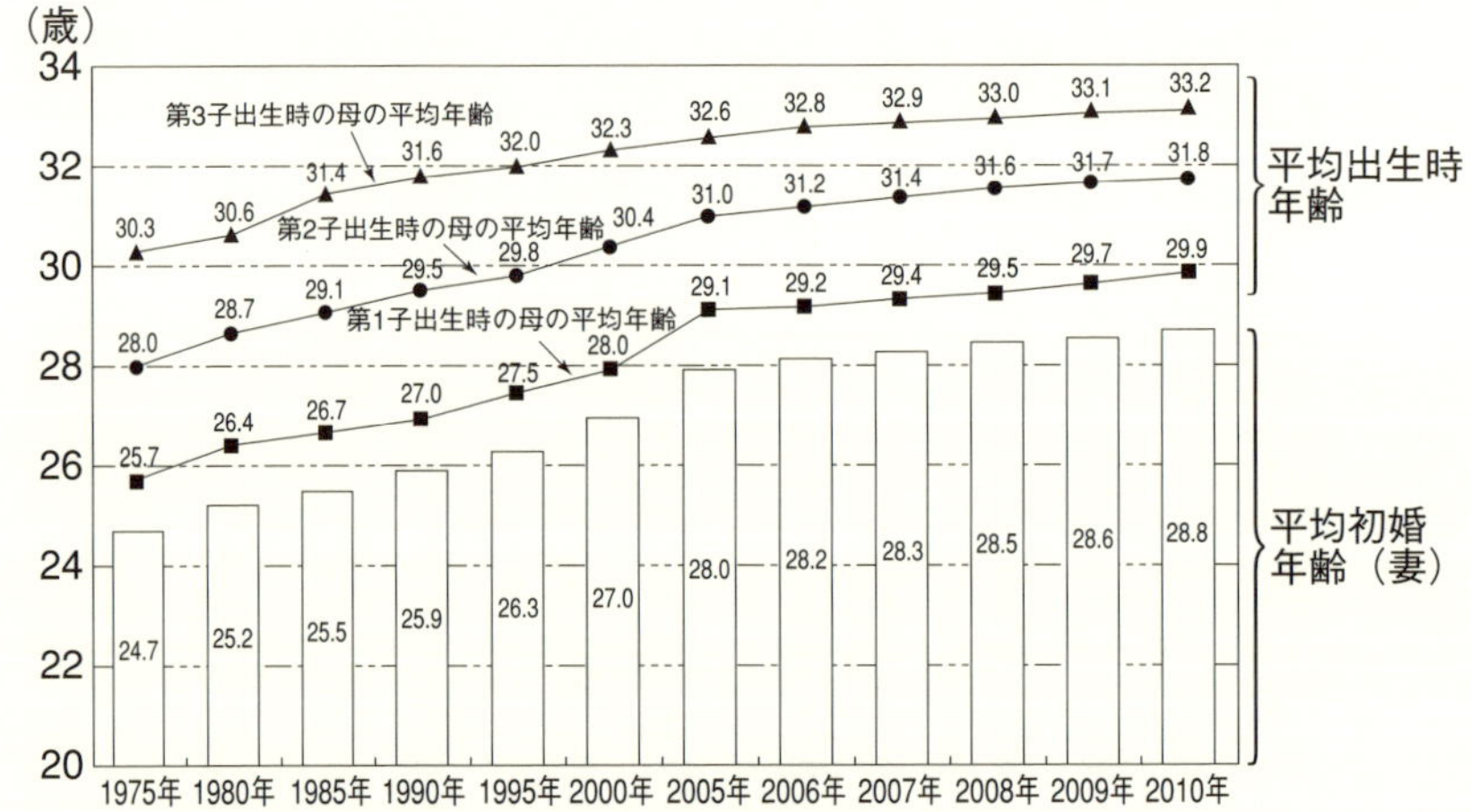

注：2010 年の平均初婚年齢（妻）、平均出産時年齢は概数値

図２　平均初婚年齢と母親の平均出生時年齢の年次推移

出所：2011『平成23年版　子ども・子育て白書』内閣府、p.29

2　子どもの遊びの変化

戦後の急激な都市化により、昔ながらの自然の遊び、鬼ごっこ、木登り、石遊び等は消滅し、子どもの遊び環境は年々変化してきています。以前は、自然環境の中で戸外での遊びが中心で、自分たちで遊ぶ場所を見つけ遊ぶ楽しさを味わっていました。しかし、かつての路地裏は、アスファルトに舗装され車が通るために整備され、子どもの遊ぶ場所が減少してきています。公園も地域によっては少なく、公園があっても敷地は草が生い茂って草の中にぽつんとジャングルジムだけが見えていて活用されていないところもあります。また、遊具の管理もきちんとされていない所もあり事故が発生した事実もあります。また、不審者等の出没等があり、一人で遊ばせることへの不安も大きくなり、保護者は、子どもを戸外で安心して遊ばせることができなくなってきています。そのため、地域の子ども同士のふれあいが少なく、異年齢の友達と遊ぶ機会も減少しています。

戸外遊びが減少している分、現在では、テレビ、ゲーム、コンピューター等の普及で、室内で遊ぶ機会が多くなりました。

3　子どもを取り巻く環境の変化がもたらす問題

日常生活の中で、子どもは時間的な余裕もあり、遊びの中からいろいろなことを体験し、自然の中で学ぶこともできました。

以前は他人の子どもであっても、間違ったことをしている子どもには、注意したり、叱ったりして隣近所で見守っていましたが、今では他人の子どもに対し無関心な大人が増えてきました。また、人間関係の希薄化で見て見ぬふりをせざるをえない状況になっています。

母親の中には、子どもの育児の方法が分からず、誰にも相談できず、育児ストレスから子どもを虐待してしまうこともあります。

子どもの生活習慣にも、変化が見られます。子どもの生活リズムについてみてみると、大人の時間に合わせて遅く寝る子どもが多くなっています。就寝時間についての調査によると（垣内ら２００３）、夜型の子どもの多くは家庭保育児であり、子どもの育ちに関する不安は、夜型の子どもの親のほうが多いとも述べています。その子ども達は、起きるのも遅くなり不規則な生活環境になっています。また、食育についても大きな問題になっており、朝食を食べない子ども達が増えています。

このように、子どもの基本的生活習慣の乱れも指摘されているのです。そして、空き地や広場の減少、交通事情の変化、凶悪な犯罪等もあり、安心して戸外で遊ばせることが出来なくなっているという現状があります。

4　環境の変化に求められる対応

環境の変化により、「子育ての不安」「子どもの遊び方や生活習慣の変化」により、親への子育ての負担が増大しています。このような子育ての負担を軽減する方法の一つとして、保育所などの現場からの支援が重要になってきます。保育の現場での子育て支援をするために何が必要で、どのような改革が必要なのかを考えてみたいと思います。

(1) 国における子育て支援の方法と対策

内閣府は『平成23年度版　子ども・子育て白書』の中で、地域における子育て支援の事業を挙げています。その内容は、核家族化が進み、子育てに不安を感じる保護者が誰にも相談できず孤立することを防ぐことも目標としています。

a　乳幼児の全戸訪問等（こんにちは赤ちゃん事業）

核家族化が進んでいる昨今、乳児がいる家庭では、母親は子育てに対し、悩むことも多々あります。育児書を読んでも、乳児は一人ひとりすべて成長が違います。育児書通りにならなければ、逆に心配になってしまう場合もあります。身近に相談できる人がいればいいのですが、そうでなければ不安が増してきます。そのため、孤立化防止や養育上の諸問題の支援のため、すべての乳児のいる家庭を訪問し、子育て支援に関する情報提供や養育環境の把握、相談援助等を行なっています。

b　地域子育て支援拠点の設置促進

子育て親子が気軽に集まって相談や交流ができるよう「地域子育て支援拠点事業」を促進しています。

取り組んでいる基本事業は、下記の4つがあります。

(ア) 子育て親子の交流の場の提供と交流の促進
(イ) 子育て等に関する相談・援助の実施
(ウ) 地域の子育ての関連事情の提供
(エ) 子育て及び子育て支援に関する講習会

具体的には、下記の3つの類型でそれぞれの特色をいかして事業を展開しています。

(ア)「ひろば型」公共施設の空きスペース利用
(イ)「センター型」保育所等において実施する
(ウ)「児童館型」民営児童館において実施する

このような地域における子育て支援の拠点については、地域の中で、共に支え合い、情報を交換しながら子育ての手助けができる場を提供しながら、地域子育て支援活動の原点として広がっていくことが大切になります。

c　ファミリーサポートセンターの普及促進

乳幼児や小学生の児童を有する子育て中の労働者や主婦などを会員として、送迎や放課後の預かり等の相互援助活動を行なうファミリーサポートセンターの設置促進を行なっています。二〇〇九年からは、病児・病後児の預かり、早朝・夜間等の緊急時の預かりなどの事業も実施されています。

d　一時預かり、幼稚園の預かり保育

就労形態の多様化に対し、一時的な保育や、専業主婦家庭等緊急時における保育等の一時預かり事業が実施されています。平成二十一年度では、全国での実施カ所数は６４６０カ所です。また、幼稚園における預かり保育として、通常の教育時間（標準4時間）の前後や長期休業期間中などに、地域の実態や保護者の要請に応じ希望者に、「預かり保育」を実施しています。平成二十年度六月現在、実施している幼稚園は、83％になっています。

e　商店街の空き地店舗や小中学校の余裕教室や幼稚園等の活用

地域の経済の中心であった商店街が、停滞傾向にあり、空き店舗の増加している地域があります。空き店舗の解消、活用は商店街における課題ともなっています。そこで、地域における子育て支援や親子交流等の機能を担う場を促進するために、商店街の空き店舗の活用が行なわれています。また、小中学校の余裕教室や幼稚園等、地域における子育て支援や親子交流等の機能を担う場として活用されています。

このように、子育て支援の拠点作りやネットワークの充実を図るためにさまざまな取り組みがされています。例えば、平成二十一年には親の子育てを支援するコーディネーターや地域の子育て支援事業に参画する人を養成するために、次世代育成支援人材養成事業が創設されました。地域の子育て支援の担い手となる人に必要な理解や知識などを得るための研修が全国で57カ所実施されました。また、子育ての経験豊かな高齢者が、地域における子育ての担い手として活躍されています。

このように、きめ細かい政策を打ち出していますが、それを実践するのは地域の人々、また、保育者に関わってきます。また、子ども園（仮称）として幼稚園・保育所の一体化も考えられ、保育に欠ける要件の撤廃等を取り払い、「すべての子どもへの良質な生育環境の保障」を目指しています。

(2) 保育現場において求められること、対応そして課題

地域住民で子どもの見守りが少なくなってきた現在、保護者支援の重要性が問われ、保育者の役割が大きくなってきます。

保育所では、大きく二つの保護者支援が求められています。その一つは、入所している子どもの保護者に対する支援です。もう一つは、保育所を利用していない子育て家庭も含めた地域における子育て機能です。地域子育て支援活動は、日々子どもを保育し、子どもや保育に関する知識、技術、地域の様々な人々との交流を生かした活動事業を進めなければなりません。

保育士の日常の業務、子どもの保育は当然のことですが、それ以外に子どもの保護者に対する支援が求められてきています。また、保育士が保護者支援をできるようにソーシャルワークやカウンセリングの力を要求されています。例えば、お迎えの時の保護者に対する関わりはとても重要になってきます。

保育士養成校では、二〇一一年度入学生から、新しい保育士養成課程が導入されることになり、「保育相談支援」が演習形態で必修科目として創設されました。柏女（二〇一一）は保育相談支援の定義は、『保育所保育指針解説書』（二〇〇八）において「児童の保護者に対する保育に関する指導」を「保育指導」とし、「保育指導とは、子どもの保育の専門性を有する保育士が、保育に関する専門的知識・技術を背景としながら、保護者が支援を求めている子育ての問題や課題に対して、保護者の気持ちを受け止めつつ、安定した親子関係や養育力の向上をめざして行なう子どもの養育（保育）に関する相談、助言、行動見本の提示その他の援助業務の総体」と述べています。

保育士は、保育や養護等の専門性を駆使しながら保護者支援をすでに行なっているのですが、まず、その専門性を保育士が意識し、専門技術を可視化し、体系化していくことが必要とされてきています。また、保育士は保育所だけに勤務するのではなく、それ以外にも、保育士の資格を生かして児童福祉施設に勤務する場合もあります。その場合も保育士の専門性を生かした保護者支援・保育相談支援をどの程度体系化できるか、保護者支援を意味する保育相談支援を保育士が意識し、意図的に実践し、その体系化を目指していくことが必要とされているのです。

保育所保育指針第6章には、子育て支援の機能と特性が7項目示されています。

(ア) 子どもの最善の利益を考慮し、子どもの福祉を重視すること。

(イ) 保護者とともに、子どもの成長の喜びを共有すること。

(ウ) 保育に関する知識や技術などの保育士の専門性や、子どもの集団が常に存在する環境など、保育所の特性を生かす。

(エ) 一人一人の保護者の状況を踏まえ、子どもと保護者の安定した関係に配慮して、保護者の養育力の向上に資するよう、適切に支援する。

(オ) 子育て等に関する相談や助言に当たっては、保護者の気持ちを受け止め、相互の信頼関係を基本に、保護者一人一人の自己決定を尊重する。

(カ) 子どもの利益に反しない限りにおいて、保護者や子どものプライバシーの保護、知り得た事柄の秘密保持に留意する。

(キ) 地域の子育て支援に関する資源を積極的に活用するとともに、子育て支援に関する地域の関係機関、団体との連携及び協力を図ること。

以上、保育士が子育て支援をする内容が盛りだくさん入っています。毎日の業務におわれるなか、保育所に入所する子どもの保護者支援や地域の子育て支援にも、職員間の連携を図りながら積極的に取り組むことがより大切になってきます。

社会の変化に伴い、今までの子どもだけを保育するという考えから、保育士の専門性を再認識し、保育士はもう一度資格の重さを感じる必要があるでしょう。

引用・参考文献

(1) 内閣府「こども・子育て白書（平成23年版）」20、29、94―97頁、勝美印刷、2011年

(2) 垣内国光・櫻谷真理子編著『子育て支援の現在―豊かな子育てコミュニティの形成をめざして』26―30頁、ミネルヴァ書房、2003年

(3) 柏女霊峰・橋本真紀編著『保育相談支援』10頁、ミネルヴァ書房、2011年

(4) 厚生労働省編『保育所保育指針解説書』179―198頁、フレーベル館、2008年

(5) 赤松昭子『神戸の保育園史Ⅱ』27―36頁、神戸市保育園連盟編、1988年

(6) 柏女霊峰『子育て支援と保育者の役割』14頁、フレーベル館、2004年

(7) 柏女霊峰・橋本真紀編『増補版　保育者の保護者支援』32―33頁、フレーベル館、2010年
(8) 北野幸子・立石宏昭編『子育て支援のすすめ』11―19頁、ミネルヴァ書房、2006年
(9) 長谷川眞人・神戸賢次・小川英彦編『子どもの援助と子育て支援―児童福祉の事例研究』2―3頁、ミネルヴァ書房、2001年
(10) 松田薫『兵庫県保育所の歩み』67―68頁、兵庫県保育所連盟編、1979年
(11) 山中六彦『農村更生叢書　保育事業と農繁託児所』101―102頁、日本評論社、1934年

第2節▼障がいをもつ子どもへの支援

吉森恵▼保育学

1　子どもの発達の気づき

子どもがお腹にいる時、両親は子どもの誕生を心待ちにしています。しかし、誕生してから「この子は目線が合わない」「じっとしていない」「興味のあることは何時間でもする」など何でだろうと思うことがあります。

出産後に市町村の行なっている乳幼児健康診査があります。最初は3カ月健診、6カ月健診、1歳6カ月健診、3歳健診等があります。地域によっては、4カ月健診、9カ月健診、1歳6カ月健診、3歳児健診と異なる場合がありますが、生まれてから定期的に健診を受け、子どもの成長を見守っています。そこで、ちょっとおかしいなと思われた場合、専門の病院を勧められ障がいがあることが判明する場合があります。健診の時には気がつかなくても、保育所などで保育士が障がいに気づく場合もあります。

また、出産前から障がいがあることがわかることもあります。例えば身体に障がいがある場合等です。お腹に子どもがいる時に身体に障がいがあると告げられた母親から直接話を聞く機会がありました。その母親は、障がいがあるとわかっているのなら、産まないほうがいいと随分悩んだそうです。しかし、「夫が、絶対産んでほしい、僕達の子どもとして命を授かったんだから一緒にこの子を育てようと言ってくれ、また、義母も、皆で協力するから産んでねと言ってくれました。その言葉でどれだけ産む決意ができたか、今産んで良かったと感謝しています」と言われていました。また、出産後にわかる障がいもあります。その場合、家族が障がいと受けとめるまでに葛藤が生じてきます。

わが子に障がいがあることを診断された時「そんなはずは

ない。なんでうちの子に限って、絶対に障がいなんて認められない」と目の前が真っ暗になり、取り乱して、否定したい思いでいっぱいになる母親もいます。また、受けとめられなく泣きわめく母親もいます。

その一方で、今までわが子の行動が理解できなかった母親の中には、理由がわかってほっとする方もいます。「この子は、障がいがあったからこのようにじっとしていることが出来なかったのですね」と言う母親がいました。この母親は、義母からあなたの育て方が悪いと言われ続けていたのです。それが、「自分の育て方が悪いのではなかった。子どもの落ち着きのなさ、子どもの言葉が出ないのは私のせいではなかったのですね。障がいがあったからだったのですね。気持ちが楽になりました。これからこの子と向き合ってがんばります」と言っていました。また、子どもに障がいがあることを受けとめることができないのは母親だけではなく、父親も同じです。しかし、関わりの多いのは母親です。いつも関わりをもっている母親に対し父親の支えがあれば母親も子どもも明るく前向きに過ごすことができるのです。

いずれも障がいは、その子のすべてではありません。障がい名もその子を表わすものではありません。障がいの前に一人の子どもです。近江学園の糸賀一雄の「この子らを世の光に」という有名な言葉は、「この子らに世の光を」と考える幼児の障がい観を覆し、障がいのある子どもを一人の人間として尊重する姿勢を示した意義深い言葉でした。

2　子どもの障がいを知る

障がいがあると分かった時、葛藤があって受け入れられないのではなく、子どもの障がいを知ることが大切です。受け入れることは難しいかもしれませんが、知ることによって、日々の生活の中で克服できることもあります。他の子どもより可能性が広がることもあるかもしれません。障がいをもつ子どもは健常の子どもとは異なる成長過程をたどることがあります。しかし、成長と共に少しずつ克服できることもたくさんあります。障がいと上手につきあいながら、その子が困っていることを減らしていく子育てをする必要があります。保護者は親であると同時に子どもの発達の支援者でなくてはなりません。

川岸（二〇一一）は、「身体や知的に、またはコミュニケーションに、困難があっても成長が遅れている子。もしかしたら5歳でも、知的の判定は1歳かもしれません。でもその子は1歳の赤ちゃんではありません。知的のレベルが1歳でも、生きてきた経験年齢は5歳です。心はちゃんと5歳になっているのです。ですから赤ちゃんのように、子どもを扱ってはいけません」と言っています。大切にするあまり、守りすぎることもあります。どんなに障がいがあっても成長したい、発達したいという要求にあふれています。大人は、その気持を大切にしなければいけません。障がいがあるから何でもしてあげるというのは、何もできない人にしてしまうということです。障がいがあっても大切なことは大切。駄目なことは駄目としっかり教えることが何より大切です。

障がい児施設で実習を行なった学生が次のような話をしていました。障がいがあるということで、幼児期に自由気ままに育て、親の手に負えなくなり、施設に来ている子どもがいました。自分の思い通りにならなかったら、誰にでも噛みつき、食事も好き嫌いが多く大変であったようです。施設で一生懸命支援をしても、自宅に帰ると気ままにさせてしまって、その繰り返しであり、もっと早い時期から支援をしていれば、生活習慣が早く身についていただろうと言っていました。障がいがあるから可哀そうなので、何でも子どもの好きなようにさせるという考え方は間違いであるといえます。大切なことは、障がいを知り障がいに合った支援をしていくことなのです。

3　さまざまな発達の障がい

近年「発達障がい」という用語がよく使われるようになりました。このことばの定義は明確に定まっていません。知的障がい、自閉症、学習障がい、注意欠陥多動性障がい、脳性まひなど、主として児童期までに発症する中枢神経系の原因にもとづくと思われる障がいをさすことが多いようです。「発達障がい」のある人は、特性に応じた支援を受けることができれば十分に力を発揮できる可能性があります。しかし、従来はその支援体制が十分ではありませんでした。このような背景を踏まえ、発達障がいについては社会全体で理解して支援を行なっていくために、二〇〇五年四月から「発達障害者支援法」が施行されています。

「発達障害者支援法」において、「発達障害」は「自閉症、アスペルガー症候群その他の広汎性発達障害、学習障害、注意欠陥多動性障害その他これに類する脳機能の障害であってその症状が通常低年齢において発現するものとして政令で定めるものをいう」と定義されています。

図1のように、障がいに応じてさまざまな特性があります。発達障がいは、人それぞれにいろいろな障がいが重なり合っています。一人ひとり違い、その症状は人それぞれの成長の

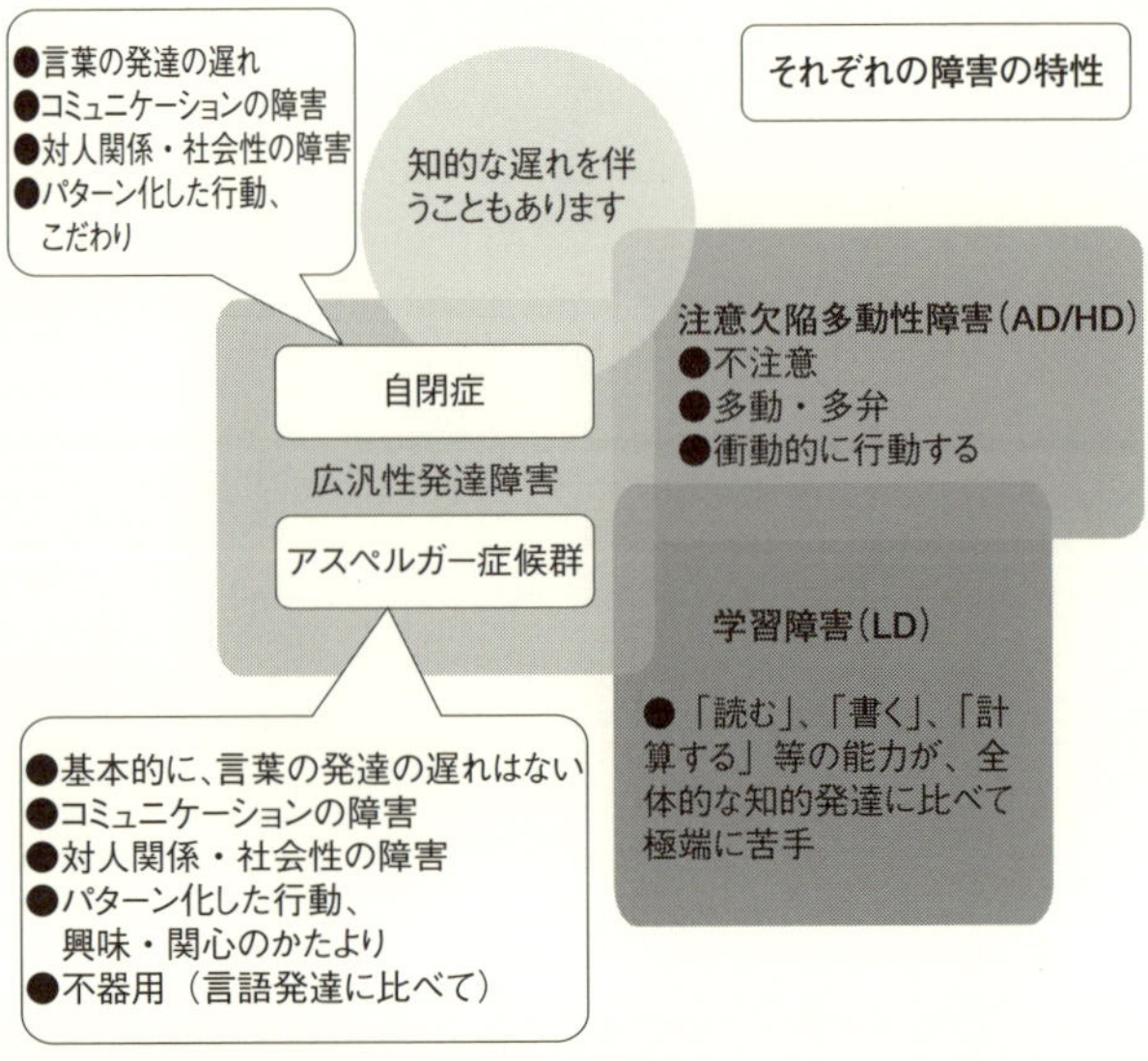

図1　障害の特性
出所：厚生労働省　発達障害の理解のために
www.mhlw.go.jp/seisaku/17.html

過程で変化していきます。このように、一人として同じ児・者はいないのです。しかし、その障がいの特徴は知っておくべきです。

　また、人の感覚には、視覚・聴覚・触覚・味覚・臭覚があります。これらを称して五感と呼んでいます。これ以外にも前庭感覚（重力と運動に関する感覚）、固有感覚（筋肉・関節に関する感覚）があります。障がいのある人は、この感覚統合の一部、あるいはすべての部分において困難をもっていることが多いのです。体がほんの小さな刺激をとても強く感じてしまう。また、感じる必要があるのにほとんど感じることができないなど、わざとしているわけではないのです。周りの人たちがそのことを知って理解することが大切なのです。

　その他にも、ことばの障がいがあります。子どものことばの障がいには、大きく分け発音と言語発達があります。これらのタイプによって訓練方法や母親への働きかけも少しずつ違ってきます。子どものことばの問題がどんなものかを知っておくことは、ことばの問題を改善・発達の促進をするために大変重要になってきます。

4　療育の場

「療育」とは「障がい児を中心に据えた」医療と教育の世界であり、そこでは「教育的視点を持つ医療」と「医療に接近した教育」が展開されています。障がい児のさまざまな援助活動が、地域の中にある種々の施設が協力し合いながら進めているのです。障がい児に必要な内容は、①診断と告知　②障がい診断と治療計画　③生命維持機能の発達　④発達促進と保育・教育　⑤前向きの家族建設の援助　⑥健康維持のための治療などがあります。高松（一九九八）は、「心身に障害がなく、よい医師にめぐりあって、例えばけいれんのみの治療を受けている場合でも、その時々に親も子も悩み、相談を求めるでしょう。まして、心身に障害があり、けいれんも難治であるとすれば、子育ては悩みに満ちたものになります。療育は、このような悩みを聞き、情報を与え、道案内をしてあげることから始まります」と述べています。

障がいをもっている子どもには、それぞれいろんな特徴があります。例えば、話をしても言っていることが理解できない、言葉が発することができなく自分で話すことができない、集中力がない、多動でじっとしていることができない、集団での活動が苦手、協調性がない、感情のコントロールができないなどがあります。なぜ子どもがそのようにふるまうかを知り支援をしていくことが重要になってきます。

次に、幼児期に育てておきたいことを少し挙げます。まず、生活のリズムの土台を作ることです。生体リズムと生活リズムと言う言葉があります。生活リズムが乱れると生体リズムも乱れます。早寝早起きという言葉がありますが、幼児期から習慣づけを行なう必要があります。幼児期から親の躾が悪いのではなく、障がいのある子は生活のリズムが乱れやすい場合があります。一人で悩まず相談しながら一緒に工夫して子どもの生活リズムを作っていくことが大切になります。

また、歩けるようになると、外に出て散歩に行きたいという気持ちが大変大きくなります。散歩に行くには靴を履きますね。靴の履き方を教えること以上に、散歩に行きたくて、自分で靴を履きたくなることが大事になります。子ども自身が靴を履きたい、自分一人で履けるようになったと心が動くことが大事なのです。障がい児通園施設で出会った子どもが、お母さんがお迎えに来ないと、ずっと泣き続けていました。その時お母さんの姿が見えるとピタと泣きやみ「靴を履いて帰ろうね」と言葉を掛けると自分で靴を履いていました。いつのまにか一人でできるようになっているのですね。こだわりのある子どもへは、分かりやすい日課に基づく見通しの持てる生活を心がけることが大切です。そのためにも、目的を持って動ける環境を工夫する、「楽しい」「やりたい」など期待が持てる活動など、子どもが試みと失敗を繰り返しながら次第に見通しを立てて、解決策や適切な方法を見いだしていくための支えになるように心がけることが大切です。

5　家族支援の大切さ

子どもへの支援で大切なのは、当然のことですが家族支援です。例えば、きょうだいに対しても同じです。母親は、障がい児だけをかまったり甘やかしたりするなど、きょうだいと差別した扱いをしている場合や、逆に障がい児に不必要に厳しすぎる場合などが含まれます。これは、障がい児だけでなく慢性疾患をもつ子どもがいる場合にも生じることです。

親にとって不安の大きい生活は、きょうだいにとっても同じです。家族全体を対象とした支援が必要になってきます。

障がい児療育施設の職員には、理学療法士、作業療法士、言語聴覚士など専門の資格を持った職員もいますが、保育士が主です。また、保育所の職員も子どもに関わるのは保育士です。親たちは、毎日自分の子どもと接する中で子どもの行動をどうとらえていくかは日々葛藤しています。そして、どう関わっていいのか悩むことが多いのです。そこで、保育士は、障がいに対する幅広い知識を得て親に接していかないといけません。保育所保育指針には、保護者に対する支援も書かれています。そのために、職員の資質向上、専門性の向上を図るように努めることが求められています。家族が安心して子どもを見守ることができるように日々努力していきたいものです。

引用・参考文献

(1) 鯨岡峻編『障害児保育』25頁、ミネルヴァ書房、2010年
(2) 中田洋二郎『発達障害と家族支援』43頁、学研、2010年
(3) 糸賀一雄『復刊 この子らを世の光に…近江学園二十年の願い』日本放送出版協会、2003年
(4) 川岸恵子『「障害をもつ子の育て方」がよくわかる本』31—36頁、現代書林、2011年
(5) 内閣府『平成23年版 子ども・子育て白書』86—88頁、勝美印刷、2011年
(6) 高松鶴吉『療育とはなにか』114—117頁、ぶどう社、1998年
(7) 小林康子、立岩栄子『保育者のための障害児療育』11—13頁、学術出版会、2011年
(8) 日本発達障害連盟『発達障害白書2011年版』日本文化科学社、2011年
(9) 全国保育士養成協議会『保育士養成課程の改正をうけて—子ども子育て新システムに関する中間とりまとめ(案)—』29頁、現代保育研究所、2011年

第3節▼

子どもの育ちと育ちなおし——児童虐待にどのように向き合うか

打田信彦▼児童福祉論

1　児童虐待

最近の子ども虐待事件で印象的なのは、二〇一〇年七月に大阪市で起こった23歳の母親による3歳と1歳の幼児餓死事件があります。また、二〇一一年一月には21歳の父親が生後3カ月の乳児に嫉妬して母親を取り合い、父親が乳児を虐待死させたという事件もあります。両方の事件ともに、少子化の中で親になるまで、子どもと接したことがほとんどない親の「子育て問題」でもあるといえます。だが、このような世の中の様子を見ていると、児童虐待事件が少しずつ特別なことではなくなってきているように思われますが、これはとても怖いことです。大学生とDVDで映画『誰も知らない』（是枝裕和監督）を鑑賞すると児童虐待の怖さを実感して、『児童虐待』は暴力的で身体的虐待をイメージしていたがネグレクト（養育放棄・子育てしない）という虐待もあるのか、そして虐待はこんなに怖いことなのか」とレポートする人も多いのです（同監督は前述の23歳の母親が幼い子どもを餓死させた現場を見て「映画よりむごい」と言った）。これが私たちの生きている日本の現状でもあります。

2　子どもの育ちと福祉の心

子どもはこの世に生まれ、成長するということはあたり前のことなのに、現代社会では子育てが大きな課題となってしまうのです。地域社会に子どもがいて、日常的に触れ合うことは自然なことですが、少子化で子どもたちの姿を地域で見かけることも少なくなりました。そのため、私たちの世代は次世代に「子どもの育ち」を伝えていないという思いもします。

子どもの育ちを理解するために幼児期（前期：0～3歳、後期：3～6歳）、児童期、思春期（反抗期）の3つの段階に分けてみます。親は子どもの社会的自立（社会参加）を願って子育てしますが、子どもが育つには、幼児期、とりわけ幼児期前期のかかわりが大切になってきます。この時期は子どもと親との関係が特に重要で親から十分に愛情を得ておくことが大切です。ここで甘えられ愛情をたっぷり受けて育った子どもは幼児期後期になると周囲のことに関心を持てるようになり、少しずつ親から離れて遊ぶようになります。

ところが子どもにとって親との関係が大事なこの時期に、親の不安定な気持ちを子どもに向けてしまうと、それは虐待につながってしまいます。その結果、前述した虐待死という悲しい事件になりかねません。子どもの「心を傷つけ」、「自己否定」（自分はいらない子と思ってしまう）へと導いてしまうことになり、その結果生きる意欲が無くなってしまうこともあります。

このような心の傷つきをかかえた子どもは、次の段階で獲得しなければならない学びが獲得できず、思春期を迎え自分の思いを過度に発散させ、問題行動を起こしてしまいます。

ですから親は子どもの思いとのズレに気づき、早期に親のほうから子どもに寄り添うことが必要なのです。これが育て直しです。

モンテッソーリは子どもの育ちの中での敏感期の重要さについて論じています。それは、子どもにとって「育つ」その時その時が重要で意味があると言っています。私たちはそうしたことを次世代にどのように伝えたらいいのでしょうか。

祖父母が近距離に住んでいて、何かあると子育て支援が求められる等、血縁地縁などのつながりのある社会がより豊かな社会であるにもかかわらず、多くの学生に問うと「彼の両親の近くで住むのは嫌」とはっきりいいます。「子育ては親が近くにいるほうが、いろいろ援助してもらえるから良いだろう」というけれど学生は否定します。

そうした傾向を裏付けるように二〇一一年八月二日の朝日新聞朝刊は「夫の実家、仮面の笑顔」という特集記事を掲載しました。夫の実家に行くのは1年のうち盆とか正月の数日なので「当たり障りない関係」をとっていることを記事にしています。なるほどと思いますが、それならば核家族化・少子化の中では、次の世代に「子どもの育ち」や「福祉の心」を教育の中でしっかりと伝えなければなりません。

3　本当の豊かさ

二〇一一年三月に東北地方が大震災に見舞われました。私たちは原子力発電の怖さを知り、住む場所も再生可能なエネルギーも今、全国で模索中で日本の社会は大きく揺れています。私たちは価値観の変革が迫られています。生き方の変革が迫られているともいえましょう。こうしたことから本当の「豊かさ」とは何かということを考え直す時に来ているのではないでしょうか。

一九八九年に暉峻淑子（てるおかいつこ）は『豊かさとは何か』[1]の中に「日本の豊かさがじつは根のない表面的な豊かさにすぎず、板子一枚下には地獄が口を開けており、砂上の楼閣のようなもろさに支えられたぜいたくが崩れる予感を、多くの日本人が心中ひそかにかんじているのではないかと思われてならない」と、二〇一一年の日本の状況を言い当てているような文章があります。さらに「日本人は、すべてを経済に特化するために、他のすべてを捨ててきたからである」とし、福祉について「『あなたの国で誇りに思うことは？』ときかれたとき、スウェーデンの若者の62％が『福祉』と答えている（日本で福祉と答えたのは6％）。」「西ドイツでは、経済の発展と同時に、国民の住宅や都市環境が美しく整備され、社会資本や社会保障制度の充実とともに文化的整備に対してゆきとどいた公的補助が行われている」[2]。日本は豊かな国になったというが、道路状況をみると車がわがもの顔で走り、人も自転車もすみの方においやられている。豊かな社会とは人がもっとゆっくり、ゆったりと歩け、ベンチに腰掛け「思索出来る」場所が必要だろうと思われます。

スイスでは電車に自転車を乗せて目的地まで行き、そこで愛車（自転車）をこいで自然と戯れています。そのような生活が遊び心に満ちた豊かな社会のように思えるのです。日本の進むべき社会は、福祉が発展したゆとりと心豊かな社会ではないでしょうか。

日本の若い世代に福祉を誇り、福祉を勉強したいという熱い思いを持つ者は、前述のように多くはいないのです。それは福祉には「心と心の感情の交流の豊かさとか楽しさがあること」が伝えられていないからです。私たちはもっと希望の持てる心豊かな社会を目指そうではありませんか。コミック誌『ヘルプマン』[3]では、介護の仕事をする若者の姿が生き生きと描かれています。ぜひ読んでほしいと思います。

4　子どもの育ちに必要なもの

児童福祉論について学ぶ時、「子どもの育ち」を抜きに出来ません。人間は育つその年代、年代で体験しなければならないものがあります。ところが児童虐待とは、育ちの段階で心に深い傷を負ってしまうことです。特に幼児期の段階で心の傷つきがあると、その人は一生の課題を抱えることになります。そのため、早期に育て直しが必要なのです。

しかし、後からかかわろうとすれば多くの時間とエネルギーを必要としますが効果は乏しく、育て直しには非常に厳しいものがあります。

幼児期前期の虐待体験は、「自分が悪いから親が叱ってくれている、自分はダメな人間だ」といった自己否定感に陥ってしまいます。愛する親から虐待を受け愛着障がいになると、なかなかその感情を充足させることは難しく、健全に歩むことが困難になります。子どもの育ちには、「あなたはあなたでいい」という自己肯定感を得ることが必要です。

アメリカの児童虐待を描いた本に、ディヴ・ベルザー著『Ｉｔと呼ばれて』[4]という本があります。その内容はとても読み続けられないほどむごたらしい虐待を受けながら、そこから抜け出していった児童虐待の実話です。しかしそんな子どもたちが多くいる社会は豊かな社会とはいえません。

5　日本の現状と課題

二〇一〇年児童相談所が対応した児童虐待件数は5万5152件に達しました。前年より1万件以上増え、増加傾向に歯止めがかからないとメディアは報道しました。これは何を意味するのでしょうか。関心が高まって通告件数が増加したからでしょうか。児童虐待件数が増加したからでしょうか。不安定な家庭が多くなったからでしょうか。

私たちが経済的に貧しかった頃、心は豊かであったと思われます。明治時代に東北を旅したイギリス人の女性、イザベラ・バードは『日本奥地紀行』の中で心豊かな日本人の姿を紹介しています。「私はこれほど自分の子どもをかわいがる人々を見たことがない。子どもを抱いたり、背負ったり、歩く時には手をとり、子どもの遊戯をじっと見ていたり、参加したり、いつも新しい玩具をくれたり、遠足や祭りに連れて行き、子どもがいないといつもつまらなさそうである」[5]と書いています。

日本ではこれまで子育て相談は市町村とか児童相談所に来所してもらって対応してきました。ところが、本当に相談に来てほしい人が来ないという課題が出てきました。前述の虐待対応件数に見られるように、社会的養護（何らかの事情で家庭で子育てが出来なくなった子どもを保護者とともに社会で育てること）が求められる中で、訪問支援（アウトリーチ）が課題になってきているのです。前述の23歳の母親も早期の訪問支援が必要だったのです。

6　福祉を誇れる社会に

私たちは心豊かな社会を創るために、社会福祉を目指す若者を多く育てたいという思いです。子育てに不安な親に「子どもの育ち」が伝えられる福祉の専門家を養成したいという思いなのです。こうして社会福祉を学んだ若者が地域で子育て支援をする専門家になり、すべての人が福祉に関心を持つ社会を目指したいのです。

今、福祉を学んでいる大学生に接していると、生きることにワクワク感を発している人がいます。こうした若い人たちがもっと多く出てきて福祉を学び語ってほしいのです。そして「福祉を誇れる社会」にすることを目標にしたいものです。そうした取り組みが、私たちが生き易い豊かな社会になる道行きだと思うのです。

現代の社会は、そうではないように思えます。父親のリストラで子どもが貧困になり、母親は働いてもパート就労で低賃金だったりします。私たちは豊かな社会を目指してきたはずですが、現実はそうなってはいません。グローバルな社会になればなるほど格差は進行しています。この問題は私たちのこれからの課題といえましょう。

これからどのような方向に向かっていくのか、人間の有り様について考える時「福祉の力」は大きいものがあります。大学でソーシャルワークについて学び、社会福祉を求めている人たちのニーズに応えられるように共に考えていきたいと思います。そうした道行きが心豊かな社会に向かうということだと思います。

引用文献

（1）（2）暉峻淑子著『豊かさとは何か』6—7頁、岩波新書、1989年

（5）イザベラ・バード著『日本奥地紀行』131頁、平凡社、2000年

参考文献

（3）くさか里樹著『ヘルプマン』1～18巻、イブニングKC、講談社

（4）ディヴ・ペルザー著『Ｉｔと呼ばれて』、ヴィレッジブックス、2002年

第4節▼咀嚼の効用　噛めば賢く、噛まねば……

豊山恵子▼栄養学

1　咀嚼とは

「ソシャク（咀嚼）」とは、広辞苑によれば「噛み砕いて味わう」ことです。咀嚼は単に食べ物の消化を助ける手段という程度にしか考えない人が多いようですが、乳幼児期の歯の成長を促し、歯の健全さを保つ重要な運動でもあります。さらに咀嚼は、食べ物の消化・吸収を助けるだけでなく、脳を成長・発達させ、脳を活性化させる重要な役割も担っています。つまり、人間は咀嚼することであごが発達し、発達したあごで噛み砕くことで食べ物を消化・吸収しやすくし、脳をも活性化させているのです。

一般的に人間は体重の2～3倍の力で噛んでいるといわれます。従って、しっかり噛めなくなると栄養が悪くなって、健康が損なわれることになりかねません。最近の種々な研究で、咀嚼は体の栄養に関係するばかりでなく人間の脳のはたらき（知能）とも関係が深いこと、つきつめれば人間の生きがいとも関係していることが次第に明らかになってきました。

かつて、日本人は田畑を耕して農作物を収穫し、大麦、黍、稗、粟などの雑穀を主食としていました。こうした食べ物は必然的に多くの咀嚼回数を必要とします。しかし、現代人は、白米を主食とするため咀嚼回数が減少し縄文人、弥生人よりもあご骨が細くなり退化しているといわれます。現代人の咀嚼回数が減った原因は、硬い食べ物を食べる食文化から軟らかい食べ物を好んで食べる食文化に変わったことがあげられます。

現代の幼児期の子どもに見られる「噛めない子」「噛まない子」の問題は、咀嚼機能の発達を軽視した食行動に起因するものです。つまり、噛まなくても食べられる簡単で手間のかからない、嗜好にあった食事で満足しているといった日頃の食生活習慣が背景にあります。幼児期の早い段階から軟らかい食べ物しか食べないでいると、あごが発達しなくなります。このような食べ物の選び方、食べ方が、咀嚼機能の低下に大きな影響を及ぼしているのです。

東洋医学の古典に「呼吸と咀嚼が完全ならば、百歳まで生きられる」とありますが、この意味するところは、咀嚼の大切さに気づき、歯というものを通して、自分の体を知ることです。歯の命を知ることで、私たち自身の生命の尊さも知るきっかけにしてほしいものです。

2 咀嚼の発達

私たちの健康にとって大切な働きをする咀嚼の発達はどのようになされるのでしょうか。咀嚼は、胎児期からトレーニングが始まっているといわれます。赤ちゃんは、胎児期から咀嚼のために口のまわりの筋肉を鍛えています。お母さんの胎内で羊水に浮かび、へその緒から栄養をもらって羊水をさかんに飲んでいます。

これは生まれてすぐお乳を飲むための準備と、乳離れした後の本格的な咀嚼に備える筋肉の訓練につながっているのです。

新生児期の赤ちゃんは、哺乳反射によって、乳汁を摂取しています。口周辺に触れたものに対して口を開き、おっぱいを探してチュッチュッと吸う動きをします。これを哺乳反射といいます。この哺乳反射も6～7カ月頃には少しずつなくなり、次第に赤ちゃんは自らの意思によっておっぱいを吸うようになります。この時期から離乳食を開始します。咀嚼機能の発達のためには、離乳食の進め方も大切です。

乳幼児期からたくさん咀嚼することで、あごは発達して消化を助け、唾液の分泌を促進します。ことに幼児期における咀嚼は、歯の根を成長させるために欠かせないもので、永久歯が正しい位置に出てくるのも助けます。このように歯に必要な栄養と、咀嚼という運動を加えて、初めて健全な歯へと成長していきます。

井上らは「噛めない子・飲み込めない子」の原因の一つが哺乳様式にあるとし、乳房哺乳に比べて哺乳瓶哺乳の出現率が高いことを指摘しています。そしてこの問題の鍵は乳児期の母乳の飲み方と哺乳瓶からの飲み方によるあごの発達に大きな原因があることを明らかにしています。新生児が未熟な筋肉で、乳房からでも哺乳瓶からでもオッパイを飲むという吸引運動には、連動してダイナミックなあごの運動が伴います。噛んで飲み込む行動の発達の原点が生まれてすぐ始まる哺乳運動であることを強調しています。

一方、細谷らは離乳食に関係する親の知識のバラツキや時間の決め方、進め方なども要因の一つであるとして、健やかな成長・発達に対して食環境が重要であることをあげています。離乳食を卒業した2歳頃からは軟らかいものだけでなく、よく噛む必要のある食べ物を少しずつ与えていきます。

3 咀嚼と歯の成長

咀嚼の機能は歯の成長に合わせて発達します。歯の芽は受精して26日もすると生まれています。お母さんがまだ妊娠したことにも気づかない時期です。胎児とすら呼ばれない胚子の時期に、乳歯の芽が生まれているのです。歯も他の臓器と同じように非常に早い時期に形成が始まっています。妊娠8カ月には永久歯の芽が出現します。

赤ちゃんの歯が生え始めるのは、生まれて7~8カ月からですが、その頃には上あごと下あごが合わさるようになり、9~11カ月になると前歯が生えてきます。その生えてきた前

歯の生える順序

生える順番と本数はほぼ決まっていて全部で20本、次のようになります。

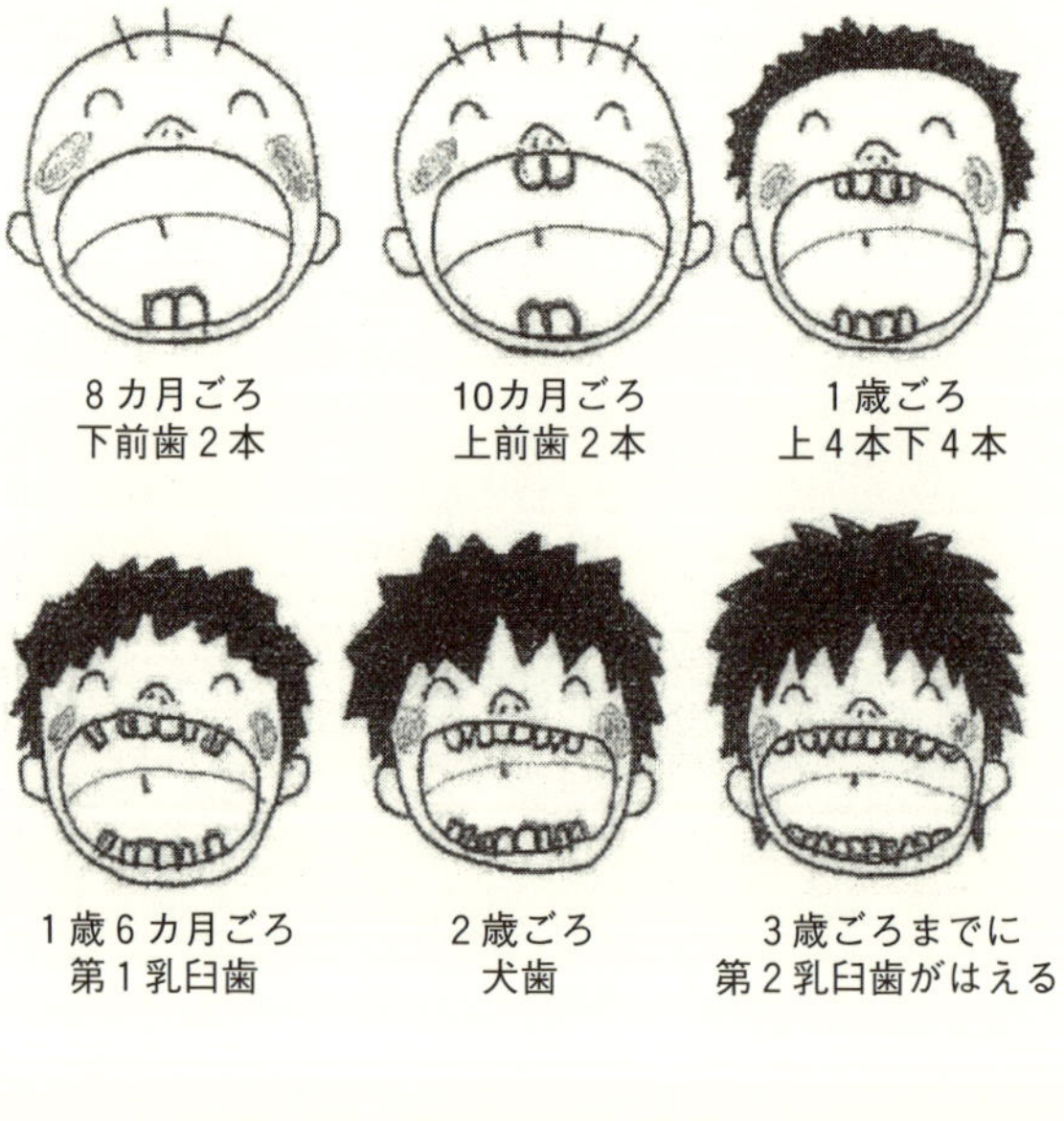

歯でかじりとって一口量を覚え、舌の上と上あごで潰せない物を歯茎の上で潰すことができるようになります。1歳前後には前歯8本が生え揃い、2歳6カ月～3歳6カ月頃には奥歯が生え揃います。手づかみで上手に食べ、スプーンなどを持って食べることが出来るようになります。

次に永久歯ですが最初の歯が6歳臼歯、その永久歯がすべて生え揃うのが18歳頃です。最後が一番奥の第三大臼歯、つまり親知らずです。現在は生えない人もいます。

歯は根づいてから外にでるものではなく、外に出ながらしっかりと根づいていきます。そのしっかりした根づきを助けるのが咀嚼です。時期がくれば乳歯は永久歯に生え変わりますが、それを助ける大切な役割も咀嚼が担っています。乳歯から永久歯に代わり始めた頃から永久歯が生え揃うまでの間は、特に意識して咀嚼を心がけ、あごを発達させるようにしたいものです。乳歯のときよく噛むことは永久歯の歯根をしっかりさせ、歯並びの助けをすることになります。成長期にある子どもには、日頃から歯ごたえのある食べ物を食べさせることで、あごの骨を成長させることが出来ます。小さい頃から歯ごたえのあるものを食べる習慣をつけておきたいものです。

4 咀嚼と脳の活性化

よく噛んで食べることは消化吸収を助けるだけでなく、脳を活性化するともいわれています。食べ物を食べることが生命の維持に不可欠であるということはいうまでもありませんが、そのためそれに関わる歯・口・喉・筋肉などにたくさんの感覚器があり、そこから多数の情報が中枢である脳に送られ、調和のとれた咀嚼運動が行なわれていると考えられています。いいかえれば、咀嚼によって脳はたくさんの刺激を受けているということです。

咀嚼をすると脳の血流の流れがよくなる（血流量が増える）という研究報告があります。集中力を高めると同時にストレスを緩和します。例えば、眠い時にガムを噛めばすっきりし、スポーツでは集中力が高められるといわれています。近年、野球選手等が試合中にガムを噛んでいる光景を目にすることが多くなりましたが、こうした咀嚼の効果が広く理解されるようになったからです。

咀嚼には脳内とあごの血流を活性化させる働きがあり、噛むことが脳の働きに密接に結びついているのです。逆に噛まないと脳の働きを低下させるかもしれません。学齢期では、食べ物をきちんと噛む子どものほうが、噛まないで飲み込むような子どもより、学業成績が良いという報告や、歯を抜いて噛めなくするとねずみの学習能力は低下するという動物実験もあります。

さらに咀嚼は、大脳を刺激して認知症を予防するともいわれ、高齢者の方が入れ歯をして、噛んで食べられるようになると表情が生き生きとして、家族の顔がわかるようになり、痴呆の進行が止まったという報告もあります。咀嚼機能の改善向上が脳の活性化を促進したよい例です。人間らしく生きるために、またＱＯＬ（生活の質）を保つためにも、いかに咀嚼が大切かがよく理解できます。

植物人間として、咀嚼なしで何年も生き続けると血液の供給が不充分となり、脳が萎縮してきます。咀嚼が脳内血流に深く関わっているということです。若い時は、意欲的な学習と労働のために、脳をいつも活性化させておく必要があり、年をとればボケないためにもますます咀嚼は重要になってきます。

チューブで栄養を補給されている方はどうでしょうか。食事・睡眠・排泄などの本能的・根本的欲求は、生命維持のために第一にあげられるものです。口から食べる意欲が、生きる意欲の源ですが、チューブで栄養を補給されているということは、この最も基本的な口から食べるという最初の欲求を絶たれ、生きる意欲まで失いかねません。

5 「噛ミング30（カミングサンマル）」のすすめ

食べる機能はライフステージからみると3つのステージに大きく分けられます。①食事を通して、健やかに成長・発達がなされる食べ方を育てる乳幼児・学齢期のステージ、②栄養のバランスを考えた食の選択、よく噛んで食べることで生活習慣病の予防などに繋げた成人期のステージ、③加齢により減退する食べる機能に対して口腔機能の維持・向上を促し、誤嚥・窒息を予防する高齢期のステージの3期です。

これらのライフステージにおいて、しっかり噛んで食べることの重要性を周知するために、一口、食べる毎に30回以上の咀嚼をめざそうとする「噛ミング30（カミングサンマル）」運動が、平成二十一年七月厚生労働省「歯科保健と食育のあり方に関する検討会」により提唱されました。この運動は学校、家庭、職場、地域などさまざまな領域において、栄養、安全性、地産地消、食物の生産など「食物」に関する食育や、味わい方、咀嚼、食習慣など「どのようにして食べるか」という食べ方の視点からみた食育を推進しようとするものです。食が健全な心身の糧となり、心の和む美味しく安全な「食べ方」となっていくことで「食」を選択する力を育むことをめざしています。

体は小さな宇宙です。天体の動きには一定の秩序があり、からだの小さな細胞一つ一つまで規律正しく秩序が保たれており、その仕組みの巧妙さには驚かされます。わたしたちの命は、受精した瞬間から輝きを与えられ絶えず成長しています。咀嚼はその一翼を担います。

赤ちゃんからお年寄りまで咀嚼の効用・噛むことの大切さをもっと理解して、「噛ミング30（カミングサンマル）」を毎日の食生活で実践し、身近な人たちに咀嚼の効用をすすめていただきたいものです。

参考文献

(1) 松平邦夫『コワーイ歯なしの話し』29—40頁、美健ガイド社、１９９５年

(2) 厚生労働省　歯科保健と食育の在り方に関する検討委員会報告書『歯・口の健康と食育～噛ミング30を目指して～』１—６頁、２００９年

(3) 向井美恵『特集　食べることは生きること、ライフステージごとの食べ方—噛ミング30のすすめ—』日本栄養士会雑誌五三(八)、12—14頁、２０１０年

(4) 細谷京子、川島佳千子「幼児の咬合力に関する実態」足利短期大学研究紀要一五(一)、99—109頁、１９９４年

(5) 井上直彦、伊藤学爾、亀谷哲也『咬合の小進化と歯科疾患』21—70頁、第一出版、１９８６年

(6) 井上直彦「いわゆる discrepancy についてⅡ、discrepancy の成因」日本歯科評論、449、151—161頁、１９８０年

(7) 加藤武彦『口腔ケアの最前線—口で食べるから元気になる』42—55頁、雲母書房、１９９８年

(8) 田端恒雄、三上周二『お年寄りの歯の悩み口腔ケアQ＆A』133—137頁、ミネルヴァ書房、２００２年

(9) 岡崎光子『子どもの食と栄養』67—79頁、光生館、２０１１年

(10) 坂田利家「よく噛み、健やかに生きる、総説特集　おいしさと健康—８」日本味と匂学会誌一〇(二)、223—228頁、２００３年

第5節▼

児童福祉分野でのキャリア形成・資格取得方法、そのガイダンス

打田信彦▼児童福祉論

知的障がいを持つ人たちは私たちに力を与えてくれる存在です。『福祉の思想』(1)の中で糸賀一雄（以下、糸賀という）は「この子らを世の光に」という言葉で表現しました。「この子らに」世の光があたるようにということではありません。「この子らを」なのです。人間と生まれ、その人なりの人間となっていくのです。それはこの子らを支援している者が育てられているということなのです。

どういう意味なのか実際に若い人たちに知的障がい児とかかわる機会をもってほしいと願っています。福祉の仕事とは、本来こうした「心が豊かになる仕事」なんだということを、私たちはこれまで伝えてこなかったように思います。今こそ「豊かな社会とは何か」という問いかけをしなければならないし、福祉の仕事がしたいという意識の若者を育てたいと思っています。

最近、「チャレンジド」という言葉をよく耳にするようになりました。「障がいをもった人のこと」で近年、アメリカで「ハンディキャップド」に代わって用いられるようになっています。神様からチャレンジという使命を与えられた人、試練に挑戦する使命を与えられた人という意味です。これはすべての人間は生まれながら自分の課題に向き合う力が与えられているということです。しかもその課題が大きければ大きいほど、向き合う力もたくさん与えられているという考え方に基づいて作られた新語です。インターネットを検索すると載っています。また、大学生に障がい者理解について、「人間として大事なことは何か」という問いかけをしますが、鳥取県の医師が二〇一一年八月十三日（土）朝日新聞朝刊『声』欄に「白血病の野球少年を忘れぬ」と病気と闘った少年からの学びを投稿しておられます。それには「君たちが教

えてくれた尊いものを僕は忘れない。今でも変化しないもの、それは熱い友情。家族の愛。変わらない絆。僕は決して忘れない」と尊いものをあげています。

「生来的な人間の能力差にたいする差別観はどうしたら克服することができるものであろうか。それはこれからのちの人類に課せられた大きな課題であるといえよう(2)」。糸賀は人間の価値観についてこのように問いかけます。私たちに「差別感はどうしたら克服することができるか」というのです。私たちは相対的評価をすることが多いのです。だからこそ人間は常に自分に問いかけ続ける必要があるように思います。そしてもう一つの視点として人間にとって尊いことは「自分の持っている力を最大限発揮すること」であるといっています。こう考えると知的障がい児の尊さが理解されます。こうした福祉の心を伝えられる専門家でありたいと思います。

児童福祉施設の種類と主要専門職員は以下の表の通りです。

福祉系大学を卒業すると社会福祉主事の任用資格が得られます。また、国家試験に合格した社会福祉士資格取得者は、児童相談所の所長の職、児童福祉司の任用資格があります。これらは任用資格ですので、こうした専門職に就くには公務員試験を受験しなければなりません。社会福祉主事資格で児童養護施設の児童指導員の仕事に就くことが出来ます。もちろん、こうした福祉の専門職として相談援助業務（ソーシャルワーカー）に就くには、基礎知識と実務経験が必要です。社会福祉援助を求める人のニーズを的確に理解し応えるためには、多くの知識が必要です。就労後、日々の事例研究を通しての自己研鑽が求められます。そうした努力が、社会福祉のサービスを求める人たちへの相談援助（ソーシャルワーク）として活かされるのです。

引用文献
（1）（2）『糸賀一雄著作集』45、271頁、日本放送出版協会、1983年

児童福祉施設の種類と主要専門職員

（太字は就職可能職種）

施設の種類	職務の内容	専門職員
乳児院	乳児の養育、家族・家庭支援への援助	医師、看護師、栄養士、**保育士**、**児童指導員**、**家庭支援専門職員**（※）、心理療法を担当する職員
母子生活支援施設	生活指導、相談、ソーシャルワーク、保育、自立支援、退所者支援	母子指導員、心理療法を担当する職員 **少年指導員**、**保育士**、医師（嘱託）
保育所	一般的保育、病児、障がい児等特別支援、育児相談、地域交流	**保育士**、医師（嘱託）
児童養護施設	一般養育、生活指導、学習指導、遊びの指導、ソーシャルワーク、心理治療、自立支援、退所支援	**児童指導員**、**保育士**、職業指導員、医師（嘱託）、心理療法を担当する職員、**家庭支援専門員**（※）
知的障害児施設	介護・介助、生活指導、訓練・治療、学習指導作業訓練・指導、ソーシャルワーク、地域ケア	**児童指導員**、**保育士**、職業指導員、精神科医師（嘱託）
自閉症施設	医療、心理治療、生活指導	医師、看護師、**児童指導員**、**保育士**
知的障がい児通園施設	介護・介助、生活指導、訓練・治療、ソーシャルワーク	知的障がい児施設に準ずる
盲児施設	介護・介助、生活訓練、機能訓練、作業訓練・指導	**児童指導員**、**保育士**、職業指導員、医師（嘱託）
ろうあ児施設	介護・介助、生活訓練、機能訓練、作業訓練・指導	**児童指導員**、**保育士**、職業指導員、医師（嘱託）
難聴幼児通園施設	介護・介助、生活訓練、機能訓練	**児童指導員**、**保育士**、聴能訓練担当職員、言語機能担当職員、医師（嘱託）
肢体不自由児施設	医療、機能訓練、生活指導	医師、看護師、理学療法士、作業療法士、**児童指導員**、**保育士**、医師（嘱託）
肢体不自由児通園施設	医療、機能訓練、生活指導、ソーシャルワーク	肢体不自由児施設に準ずる
肢体不自由児療護施設	養育、生活指導、訓練	**児童指導員**、**保育士**、職業指導員、医師（嘱託）、看護師
重症心身障がい児施設	医療、介護・介助、生活指導、訓練	医師、看護師、理学療法士、作業療法士、**児童指導員**、**保育士**、心理指導を担当する職員
情緒障がい児短期治療施設	医療、心理治療、生活指導、ソーシャルワーク、退所者支援	医師、心理療法を担当する職員、看護師、**児童指導員**、**保育士**、**家庭支援専門相談員**（※）
児童自立支援施設	生活指導、学習指導、職業指導、ソーシャルワーク、心理治療、自立支援、生活支援、退所者支援	**児童自立支援施設長**（※）、**児童自立支援専門員**（○）、**児童生活支援員**（○）、職業指導員、精神科医師（嘱託）、**家庭支援専門相談員**（※）、心理療法を担当する職員
児童家庭支援センター	児童、家庭等からの相談に応じ、必要な助言を行う。	相談・支援を担当する職員、心理療法等を担当する職員
児童館	遊びの指導、地域活動育成、子ども家庭相談	**児童の遊びを指導する者**（□）
児童遊園	遊びの指導、グループワーク、地域活動育成	**児童の遊びを指導する者**（□）

福祉士養成講座編集委員会編集　新版・社会福祉士養成講座4「児童福祉論」第3版

（※）児童に関係した経験が必要（○）1年以上、児童に関係する職務経験が必要（□）保育士資格に研修が必要

第4章 健康・スポーツ

第1節▼運動やスポーツと福祉との関わり

中井聖▼スポーツバイオメカニクス、エナジェティクス

この章では、カラダを動かすことが好きな人や小さい頃からスポーツに親しんできた人、現在学校のクラブやスポーツクラブで競技スポーツに取り組んでいる人、将来運動やスポーツに関係した仕事を志している人を対象に、運動やスポーツと福祉との関わり、生涯にわたってスポーツに取り組むことの意味や、すべての人がスポーツに取り組むことのできる環境づくりの大切さについて学んでいきます。そして、スポーツと自らの将来とを結び付けてデザインし、具現化する実現方法について論じていきます。

1 生涯スポーツと福祉

まず、運動やスポーツと福祉との関わりについて考えていきましょう。みなさんは「運動」「スポーツ」「福祉」という言葉を聞いてどのように感じますか。運動やスポーツは福祉とは直接結びつかないとは思いませんか。

スポーツ（sport）という言葉は、「心の状態を嫌な・暗い・塞いだ状態からそうでない状態に移す」という意味のラテン語 deportare が語源です。つまり元々は「気晴らしする」とか「遊ぶ」とかという意味なのです[1]。スポーツは「遊び」「競争」「身体活動」という3つの要素から成ると定義されています[2]。未開社会では狩猟と採集による生活の合間の余暇として、走る・跳ぶ・投げることを競ったり、格闘技やボールを使ったゲームが楽しまれたりしていました。

近代になるとルールが制度化され、スポーツは「決められたルールの中で競い合い、勝敗を楽しむ身体活動」となりました。本来「遊び」であったスポーツが、一部の人々が身体能力や技能を競う「競技スポーツ」となったのです。

一九七〇年代には「スポーツ・フォー・オール（すべての

人にスポーツを)」という考え方が生まれ、世界中に広がりました。これを契機に、わが国でも「いつでも、どこでも、誰でも、いつまでも」スポーツに親しみ、健康で幸せな人生を送るライフスタイルを体得するという考え方が定着しました[3]。生涯にわたってスポーツに取り組むことは、健康を増進するだけでなく、わたしたちのQOL(Quality of Life、生活の質)を高めることにつながります。このような考えのもとに行なわれるスポーツは、競技スポーツに対して「生涯スポーツ」と呼ばれています。

ところで、「福祉」という言葉の意味を辞書で調べてみると、「幸福。特に社会の構成員に等しくもたらされるべき幸福」とあります[4]。すべての人が幸せな人生を送れるようにすることが福祉の目的だとすれば、すべての人が健康で幸せな人生を送れるようにするという生涯スポーツの考え方の中には、まさしく福祉のエッセンスが流れていると言えるでしょう。

2 年代ごとの効果と意味合い

幼児や子どもから成人、高齢者まで生涯にわたって運動やスポーツに取り組むといっても、それぞれの年代ごとにその意味合いは変化します。幼児や子どもにとって、運動やスポーツは心身の健全な発育や発達を促します。しかし近年、遊びの形態の変化から子どもたちの生活は以前と比べて大きく様変わりしました。そして、安全に遊べる場所や運動に自然に親しむことができる環境は少なくなり、子どもたちの体力は著しく低下しています。このことについては、第2節で詳しく述べることとします。

成年期の人々の生活も子どもたちと同様に大きく変化しました。運動習慣や喫煙、飲酒、不適切な食事、睡眠、精神的ストレスなどによる生活習慣の変化は、肥満や高血圧症、糖尿病、脂質異常症などの生活習慣病、さらにそれらの症状が合併したメタボリックシンドロームを引き起こす原因となっています。定期的に運動を行ない、身体活動量を増やすことが、これらの予防や改善につながるとされています。

高齢者にとって、運動の実施は骨粗しょう症や転倒の予防になるとされています。骨粗しょう症になるとちょっとした転倒でも骨折してしまい、寝たきりの原因となってしまうこともしばしばです。適切な運動は骨に適度なストレスを与え、骨を強くしたり、筋力や神経機能を維持したりする効果があります。すべての人にとって健康的な生活を営むためには運動やスポーツを行なうことが大切ですが、年代によってもたらされる効果は異なるのです。

3 アダプテッド・スポーツ

次に、障がいのある人にとってのスポーツとはどのようなものなのか考えていきたいと思います。例えば、下半身に障がいを持つ人とともにスポーツをする機会があったとします。みなさんの中には、その人が歩けないとか走れないと思い、一緒にスポーツすることなどできないと考えてしまう人もいるかもしれません。

ここで発想を転換してみましょう。障がいが理由となってあるスポーツができないと考えるのではなく、その人ができることに注目してその人ができるスポーツを考えてみるのです。つまり、その人の身体的な条件や心身の発達段階に合わせた身体活動となるよう工夫するのです。そうやって工夫された身体活動が障がいのある人にとってのスポーツとなるわけです。同じような考え方は、高齢者や妊婦など健常者と同じ条件でスポーツを行なうことが困難な人にもあてはまるでしょう。このような考え方の下に行なわれるスポーツはアダプテッド・スポーツと呼ばれています(5)。

アダプテッド・スポーツはその人の特徴に合わせてルールや用具を改変したり、新たに考案したりして行なわれます。工夫さえすれば、障がいのある人とない人が同じスポーツを行なうことも可能です。障がいがある人もない人も、老いも若きも一緒になって同じスポーツを楽しむことができるということは、すべての人に平等にスポーツの機会を与えることになります。これは社会全体のノーマライゼーションともつながる考え方と言えるでしょう。

アダプテッド・スポーツではスポーツの技術の向上だけでなく、個々の人間的な成長に重きが置かれた指導がなされています。また状況が刻々と変化する試合やゲームの中で、自分で考えて判断や決定をし、行動していけるよう支援する指導が行なわれています。このような考え方は、障がいがある人の自立生活の支援や権利擁護という福祉の考え方に非常に近いと言えます。個人のパーソナリティの尊重やノーマライゼーション、個々の自立を促すというアダプテッド・スポーツの考え方は、まさに福祉の考え方の下にあるといっても過言ではありません。アダプテッド・スポーツの具体的な取り組みや実施上の留意点については、第3節で詳しく述べたいと思います。

4 福祉との関わり

ここまで、競技スポーツとは少し観点が異なる生涯スポーツやアダプテッド・スポーツの考え方や取り組みについて取り上げてきました。その中で福祉と直接結びつかないような運動やスポーツが、実は福祉と深く関わるような一面を持っているということが理解いただけたのではないかと思います。

文献

（1）寒川恒夫・石井昌幸「スポーツの起源と歴史」『教養としてのスポーツ科学』2―17頁、早稲田大学スポーツ科学部編、大修館書店、2004年
（2）ベルナール・ジレ著、近藤等訳『スポーツの歴史』、白水社、1952年
（3）荒井貞光「生涯スポーツ、（社）日本体育学会監修『スポーツ科学事典』387頁、平凡社、2006年
（4）松村明編『大辞林第2版』2241頁、三省堂、1995年
（5）藤田紀昭『障害者スポーツの世界』14～43頁、角川学芸出版、2008年

第2節▼子どもの体力低下と発育発達段階に応じたトレーニングの必要性

中山忠彦▼トレーニング学、スポーツ指導者論

1　子どもの体力低下

近年わが国では、出生率の低下や平均寿命の延長に伴い、少子高齢化が著しく進行しています。また、子どもたちの運動能力や体力が著しく低下していることや大人たちの中で生活習慣病が急増していることは大きな社会問題となっています。精神的なストレスに対する抵抗力の低下や要介護者の増加などの問題も加わり、これらのことは社会全体の活力の低下を引き起こしています。

最近、子どもたちが運動をしているときにすぐに転んだりぶつかったりする光景を多く見かけます。また転んだ時に手をうまくつくことができず、ケガをするという話もしばしば聞かれます。これらは以前と比べて子どもたちが自分の体をうまくコントロールできなくなっていることが原因と考えられます。一昔前、子どもたちは毎日の外遊びの中で、鬼ごっこや缶蹴り、木登り、竹馬、ゴム跳びなどさまざまな遊びを行なっていました。その中で、俊敏さや柔軟性、バランス能力などの運動能力が自然に身に付いていて、とっさの時に危険を回避できるような動きができていました。

現在の子どもたちを取り巻く社会環境は、子どもたちの健全な発育や発達にとって適切な環境とは言えません。塾通いなど学校外の学習活動やテレビゲームなどの室内遊びの時間が増え、外遊びや運動に費やす時間は年々減少しています。子どもたちの生活スタイルの変化に加え、自然と親しむことのできる環境や安全に遊べる場所が減少したことが、子どもたちの日常生活での身体活動量の減少を招きました。このような状況の中では、自分の体をうまくコントロールできない子どもが増えるのは当然の結果と言えるでしょう。

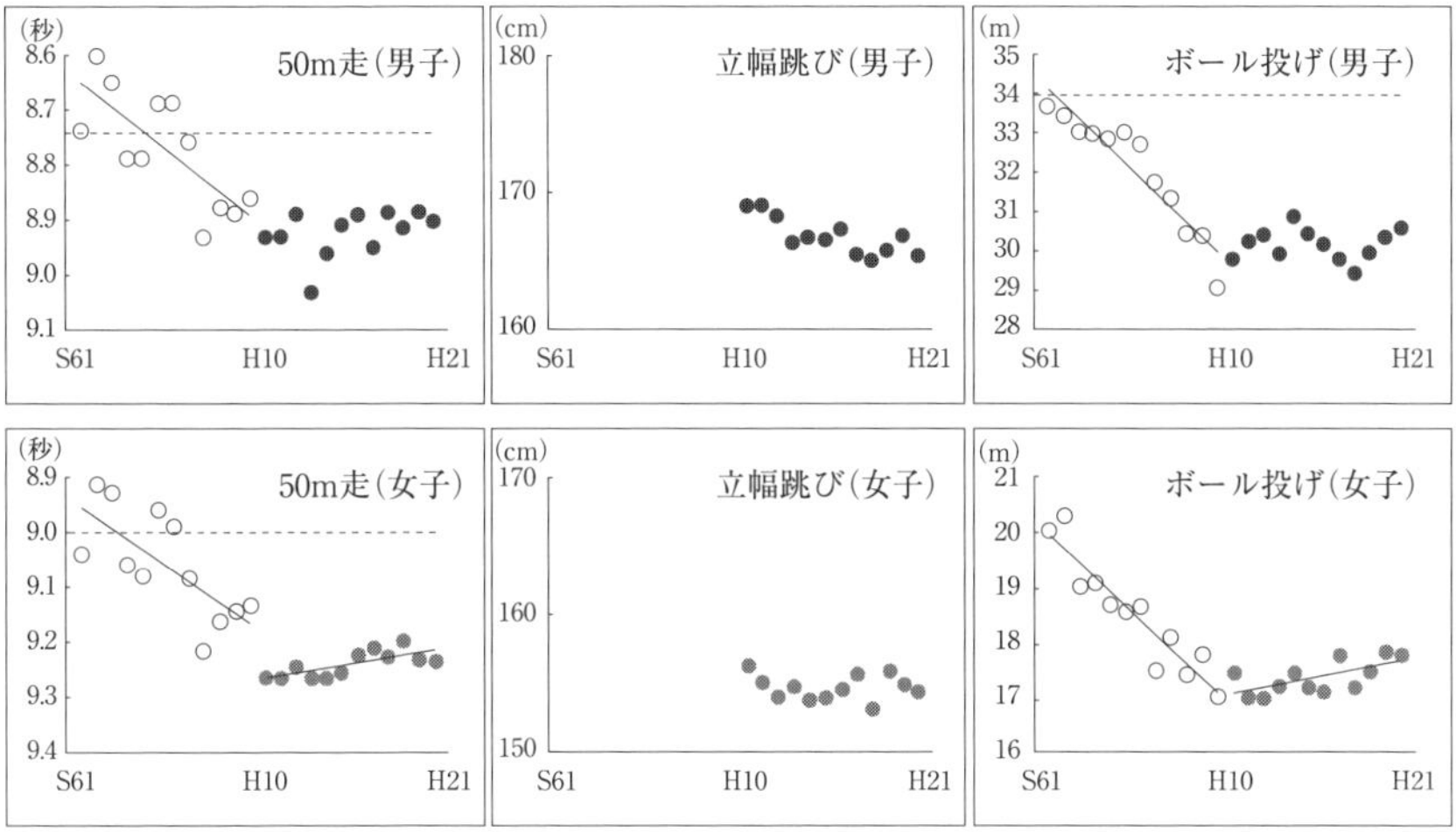

上に示した図は、昭和60年度から平成21年度の体力テスト結果の年次推移を示している。直線が引かれている部分は低下または向上の傾向が確認された箇所、点線は昭和60年度の水準を示している。

図4.2.1　長期的(昭和60〜平成21年度)にみた小学生(11歳)の走跳投能力の変化
(文部科学省、2009より)

図4・2・1は、小学生の走・跳・投といった基本的な運動能力の年次推移を示しています[1]。昭和六十年（図中の点線）に比べ、現在の小学生の各運動能力は大幅に劣っていることが分かります。このように基本的な運動能力が低い子どもたちが将来大人になるときには、現在にも増して、社会全体の運動能力や体力の大幅な低下、それに伴うさまざまな問題の発生が懸念されます。これらの状況を受け、小学校における体育の授業時間数は、二〇〇二年改訂の学習指導要領では従前の年間１０５時間から90時間に減じられていましたが、二〇一一年の新学習指導要領からは1年生は１０２時間、２〜４年生は１０５時間に増加されました[2]。

2　コーディネーション能力の向上

さまざまな状況に応じて体をうまくコントロールする能力は「コーディネーション能力」と呼ばれています。コーディネーション能力は**表4・2・1**のように7つの能力から成り[3]、運動やスポーツではこれらの能力が複雑に絡み合って機能し、その場面に最適な「動き」が生み出されます。コーディネーション能力は複雑な動作を習得するための準備や土台となり、これらが身に付いていれば、後にそれぞれのスポーツで求められる複雑で高度な動作や技術を容易に習得すること

表4.2.1　コーディネーション能力に関わる７つの能力（ハルトマン、2009より）

識別能力	タイミングを合わせ、程よい力加減で綿密な行為をするために、身体各部を正確に、無駄なく互いに同調させる能力（巧緻性、ボール感覚）
定位能力	絶え間なく動いている味方、相手、ボールならびにゴールとの関係で、自の身体位置を時間的・空間的に正確に決める能力（情報処理）
バランス能力	空間や移動中における身体バランスを維持したり、崩れを早く回復させる能力
反応能力	予期された信号、あるいは予測されなかった信号に対して合目的的なプレーを素早く開始する能力
リズム能力	自分の運動リズムを見つけたり、真似したり、さらには、決定的なタイミングをつかむ能力
連結能力	ボールを操作する個々の技術・戦術的行為を空間的・時間的かつダイナミックにつなぎ合わせる能力（コンビネーション能力）
変換能力	プレーの最中に突然知覚した、あるいは予測された状況の変化に対して、運動を切り換える能力（先取り、予測）

表4.2.2　コーディネーション能力の役割（泉原、2008より）

1．日常生活や普段の労働で正確な動きを実現する

2．運動を身につけ、さらに上達させ、より安定したものへと仕上げるための前提条件の役割（レディネス）を果たす

3．筋力や持久力など、フィジカル的な能力を最大限に発揮する

4．イメージ通り動けるように自らの運動を上手にコーディネートする

5．健康を維持し、怪我を予防する

6．幼少期における運動の発達を促し、体を思い通りに動かすためのベースをつくる

7．高齢期以降においても安全に動けるよう日常的な運動のレベルを維持する

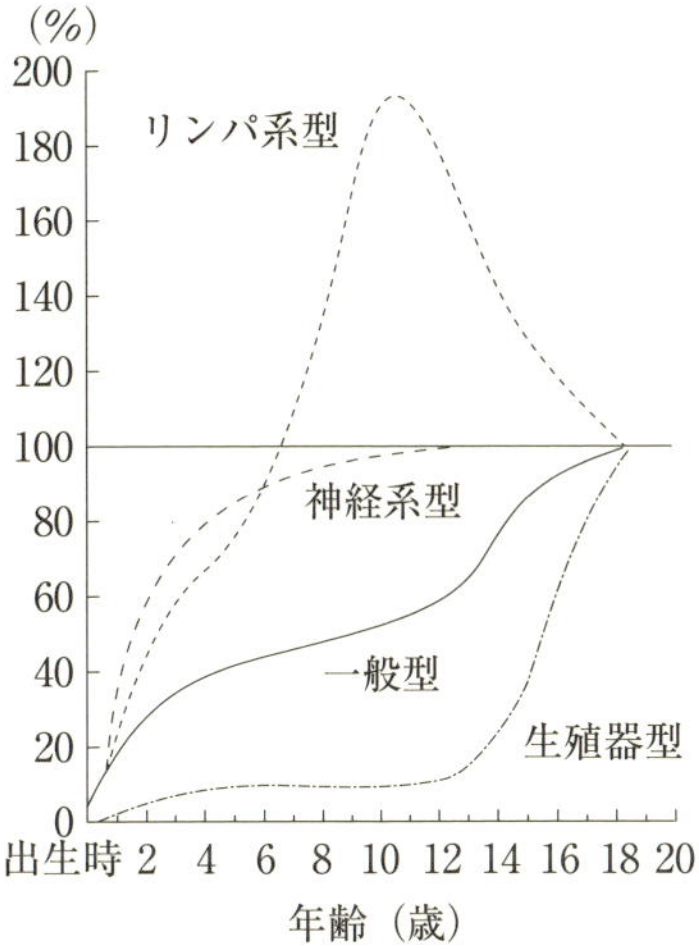

体組織の発育の4型、図には20歳（成熟時）の発育を100として、各年齢の値をその100分比で示してある。

一般型：全身の外形計測値（頭径をのぞく）、呼吸器、消化器、腎、心大動脈、脾、筋全体、骨全体、血液量

神経系型：脳、脊髄、視覚器、頭径

生殖器型：睾丸、卵巣、副睾丸、子宮、前立腺など

リンパ系型：胸腺、リンパ節、間質性リンパ組織

図4.2.2　スキャモンの発育発達曲線（松尾保、新版小児保健医学第5版、p.10、1996より）

ができます。また、**表4・2・2**に示したようにコーディネーション能力は子どもたちだけに関係しているのではなく、運動を安全に実施できるという点で高齢者にとっても必要な能力とされています[4]。したがって、コーディネーション能力の向上はすべての人にとって健康で自立した生活を送るために大切だと考えられます。

それでは、子どもたちのコーディネーション能力はどのようにして改善していくべきなのでしょうか。**図4・2・2**は20歳を１００％とした場合の年齢ごとの身体の諸器官の発達率を表わしており、スキャモンの発育発達曲線と呼ばれています。子どもたちの身体機能の発達の中で、特に注目すべき点は神経系の発達です。神経機能は4歳頃には大人の80%、6歳頃には90%、10歳頃には大人とほぼ同じレベルまで発達していることが見て取れるでしょう。

一方、他の体力要素はどのように発達していくのでしょうか。**図4・2・3**は各体力要素の年間発達量を示しており、「神経系」「呼吸循環器系」「筋系」と順を追って発達していくことが分かります。特に動作の習得に関わる神経系は「プレゴールデンエイジ」と呼ばれる6歳〜10歳頃に顕著に発達し、先ほど述べたコーディネーション能力の獲得には非常に重要な時期とされています。10歳〜12歳頃は「ゴールデンエ

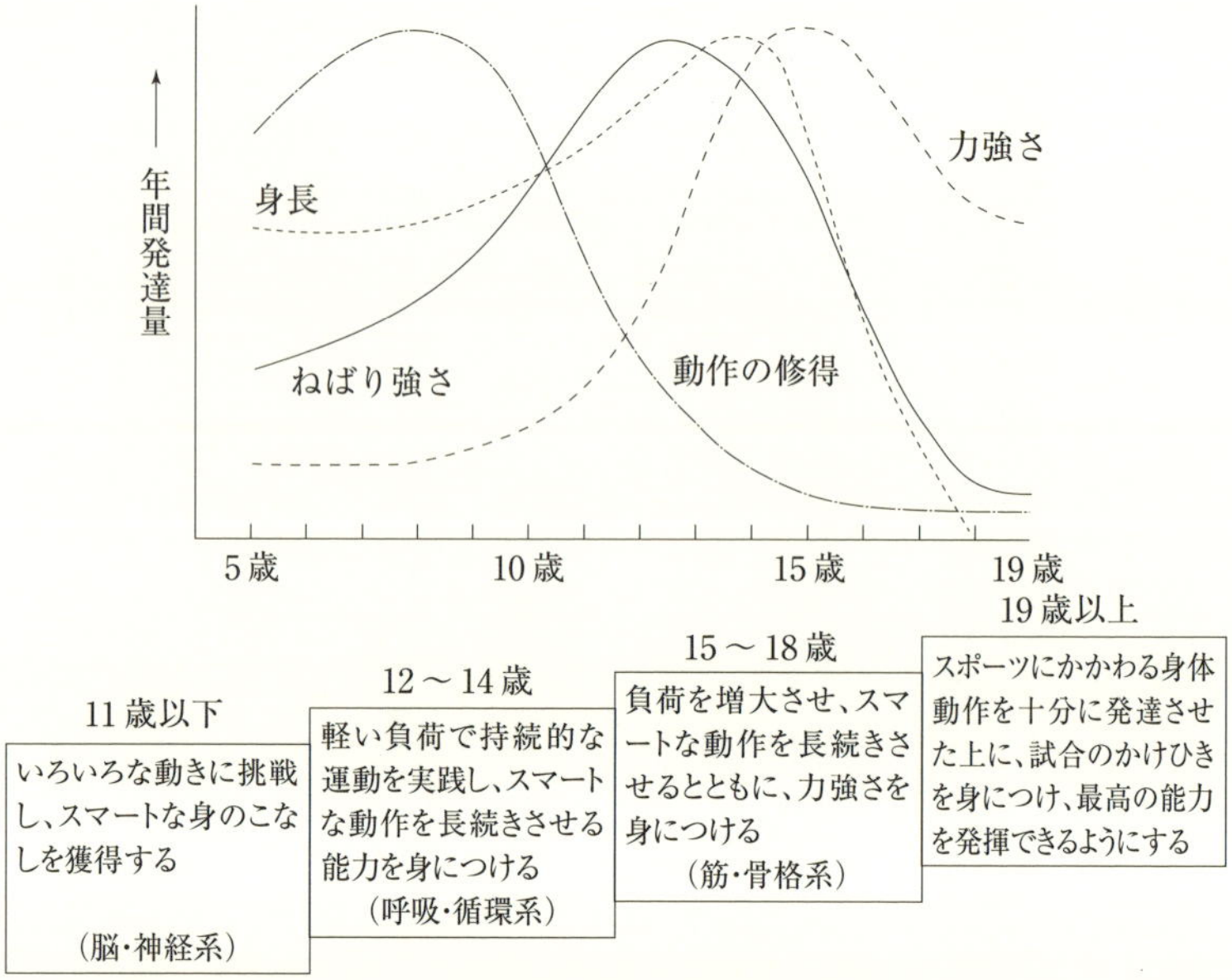
年間発達量
身長
力強さ
ねばり強さ
動作の修得
5歳
10歳
15歳
19歳
19歳以上
15～18歳
12～14歳
11歳以下
いろいろな動きに挑戦し、スマートな身のこなしを獲得する
（脳・神経系）
軽い負荷で持続的な運動を実践し、スマートな動作を長続きさせる能力を身につける
（呼吸・循環系）
負荷を増大させ、スマートな動作を長続きさせるとともに、力強さを身につける
（筋・骨格系）
スポーツにかかわる身体動作を十分に発達させた上に、試合のかけひきを身につけ、最高の能力を発揮できるようにする

図4.2.3　年齢に応じたスポーツに必要な能力の発達と目的（宮下充正、小児医学、第19巻、p.897、1986より）

イジ」と呼ばれ、一生に一度しかない「即座の習得」がなされる時期です。すなわち、この時期の子どもは大人になるとなかなか身に付けることのできない複雑な動きや運動が比較的容易に習得することができるのです。

　しかしそのためには、プレゴールデンエイジの子どもたちにさまざまな動きを経験させてコーディネーション能力を高めて、さらに複雑な運動が習得できる土台作りをしておくことが大切です。筆者は長年にわたりプレゴールデンエイジの子どもたちにサッカーの指導を行なってきました。この世代の子どもたちにサッカーの指導を行なう場合、ボールを蹴るだけでなく、鬼ごっこ（**写真4・2・1**）や日常動作では行なわれないようなさまざまな動作（**写真4・2・2**）をさせることでサッカーに必要な動きづくりを行なったり、手でボールを投げてキャッチするまでに手を叩いたり、ボールの上を足の裏で片足ずつ交互にリズムよくタッチしたりするような（**写真4・2・3**）コーディネーション能力の向上を図るトレーニングを行なうことが非常に有効です。こうして土台作りができた子どもたちがゴールデンエイジを迎える時には、さらに高度なサッカーの動作や技術を習得する準備ができているのです。

　ゴールデンエイジを過ぎて13歳頃になると、身長に加え、

写真4.2.1　鬼ごっこ

写真4.2.2　フープを使ったトレーニング

写真4.2.3　ボールタッチ

呼吸循環器系の発達がピークを迎えます。個人差は見られますが、この時期は骨格の急激な成長に対して筋力の発達が伴わず、円滑な動作ができなくなる場合もあります。新たな技術を習得するには不向きと考えられるこの時期には、技術練習よりも心肺機能を高めるようなトレーニングを行ない、ねばり強さを身に付けることが有効でしょう。15歳頃になると筋系の年間発達量がピークとなり、速筋線維が顕著に発達します。この時期に最大筋力や短時間で大きな力が発揮できるような筋パワーを高めるトレーニングを行なえば、それまでに習得した技術をより速く、より力強く行なうことが可能となります。

このように、子どもたちの運動能力や体力はそれを身に付けるための最適な時期があり、またその時期はそれぞれの子どもによって異なっています。したがって、スポーツ指導者は子どもたちが今どのような身体機能や運動能力が発達する時期なのかを十分に理解した上で、それぞれの子どもに合わせた適切なトレーニングを行なうことが、子どもたちの将来的な運動能力の伸長にとって重要だと言えます。

3 SAQの向上

ここまで子どもたちの運動能力を高めることについて考えてきましたが、次に競技スポーツで求められる能力を高める方法について考えていきます。多くの競技スポーツでパフォーマンスを高めるためには「速さ」が必要とされています。しかし、これまで「速さ」は漠然と扱われており、その構成要素を細分化して考えるということはありませんでした。

そこで、パフォーマンスを発揮する上で必要とされる「速さ」をスピード（Speed）、アジリティ（Agility）、クイックネス（Quickness）という3つの能力に分解し、それぞれの能力をトレーニングするという考え方が提唱され、これら3つの能力の頭文字を取ってSAQと呼んでいます。スピードとは直線走におけるトップスピードのことであり、さまざまな競技スポーツにおいて要求される基本的な走能力です。アジリティとは敏捷性のことで、素早く方向転換したり動作を切り替えたりしながら、前後左右へ速く移動する能力です。クイックネスは静止状態から素早く動く能力で、反応時間もこれに含まれます。SAQは、前に述べたコーディネーション能力に速さが加わった「あらゆる状況の中で神経と筋を合理的に調整し、身体をうまくコントロールして巧みに速く動く能力」であり、多くの競技スポーツにとってパフォーマンス向上になくてはならない能力です。

SAQのトレーニングでは、筋を制御する神経系を活性化するだけでなく、正しい動作を身に付けることが目的とされており、[5]単に素早く動作するだけでなく、正確な動作で行なうことを心がけることが大切です。素早く力強い動作を行なう時には、関節や筋などに非常に大きな負荷がかかります。正確適切でない動作は障害発生の原因ともなりかねません。正確に素早く動作を行なうことを意識するとともに、体幹を保持する筋力や動作の安定性を生むバランス能力、短時間で大きな力を生み出す筋パワーなどをトレーニングすることで、SAQは総合的に向上します。

4 トレーニングの必要性

以上のように、本節で取り挙げたコーディネーション能力やSAQは、本来子どもたちの外遊びや運動の中で自然と身につけていた運動能力でした。しかしそのような機会が減少している現代では、スポーツ指導者がこれらの能力について専門的な知識を持ち、トレーニングの仕方を十分に理解して運動やスポーツの指導にあたることが必要です。このような取り組みは子どもたちの健やかな発育・発達を促すだけでなく、将来の運動能力や体力を高めることにもつながり、すべての人が運動に親しみ、健康で幸せな人生を送ることに貢献すると言えるのではないでしょうか。

文献

（1）文部科学省　調査分析の観点、平成21年度体力・運動能力調査結果の概要及び報告書、2009年
http://www.mext.go.jp/component/b_menu/other/__icsFiles/afieldfile/2010/10/12/1298223_6.pdf
（2）文部科学省。新学習指導要領・生きる力、2011年
http://www.mext.go.jp/a_menu/shotou/new-cs/index.htm
（3）クリスチャン・ハルトマン「コーディネーション理論」コーチング・クリニック、四、48—52頁、2009年
（4）泉原嘉郎「兵庫県サッカー協会リフレッシュ研修会資料」2008年
（5）特定非営利活動法人SAQ協会編『スポーツパフォーマンスが劇的に向上するSAQトレーニング』ベースボールマガジン社、2007年

第3節▼アダプテッド・スポーツとは

高田友▼アダプテッド・スポーツ

この節では、アダプテッド・スポーツのこれまでの経緯や具体的な取り組み、指導する際の留意点について述べ、さらにこれからのアダプテッド・スポーツについて考えていきます。

1　経緯と取り組み

まず、わが国におけるアダプテッド・スポーツの取り組みについてお話ししていきます。わが国での障がいのある人を対象とした体育やスポーツ活動は3つの出来事を経て発展してきました。第一は一九六四年に行われた東京パラリンピックであり、現在の障がい者スポーツの原点となった出来事といえます。第二は一九七九年に実施された養護学校（現在の特別支援学校）の義務教育化であり、心身に障がいのある児童や生徒が体育やスポーツに参加する契機となりました。第三は一九九八年に行なわれた長野冬季パラリンピックです。この大会を機に障がい者スポーツは本格的な競技スポーツに発展し、今日に至っています[1]。

障がい者スポーツと聞けば、障がいのある人だけのためのスポーツと考えがちですが、第1節でも述べたとおり、ルールや使用する用具に工夫を凝らして実施することによって、障がいがある人もない人も同じスポーツに参加できるようになります。

下肢に障がいのある人と健常者が一緒になって競技できるよう工夫したスポーツの例を見てみましょう。ゴール型のスポーツでは、障がいの有無によって目標となるゴールの高さや大きさを変えることが可能です。障がいの程度によって異なる高さの2対のゴールを用いて行なうようにしたものが車いすツインバスケットボールです。ネット型のスポーツでは、

車いすバスケット

車いすテニス

車いすマラソン

通常ワン・バウンドで打ちかえすところをツー・バウンドで打つよう工夫することも可能です。このようにして打ち返すまでの時間の余裕を持たせたテニスが車いすテニスです。

障がい者と健常者が全く同条件で行なうスポーツもあります。健常者が伴走者となり、伴走者が持つロープを握って走る視覚障がい者のマラソンがこれにあたります。二〇〇二年、日本陸上競技連盟の競技規則に「視覚障がい者の伴走は助力に当たらない」という一文が付け加えられました。参加条件を健常者に合わせることによって、視覚障がい者が一般のマラソン大会にも出場することができるようになったのです。

このように、スポーツのルールや使用する道具を障がいの種類や程度に適合（adapt）させることによって、障がいのある人はもちろんのこと、幼児から高齢者、体力の低い人であっても同じスポーツに参加することが可能となるのです。今日では国際的に障がい者という名称を使わない傾向にあり、このようなスポーツを総称して「アダプテッド・スポーツ（Adapted Sports）」と呼んでいます。アダプテッド・スポーツは、障がいのある人とない人が共にスポーツを楽しめるよう、実施する環境や条件に配慮してシステムを統合したスポーツなのです。(2)

2　指導する際の留意点

次に、障がいのある人に運動やスポーツを指導するにあたって具体的に考慮すべき点について述べていきます。一つ目は、「その人が身体運動をする際の問題点を正確に把握し、それに合わせた運動プログラムを提供する」(3)ことです。一言で障がいと言っても、その状況は人によってさまざまであるので、状況に応じてルールを変えるなどの対応が必要です。例えば、車いすを使用して卓球を行なう場合、動ける範囲は健常者よりも狭くなります。それに対しては、コートの広さや高さを変えたり、打ち返しやすくするためにラケットを大きくしたり、握りや形を変えたりする工夫が可能です。また、対戦人数を調整すれば（例えば2対1など）、ラリーが容易に続くようになります。

知的障がいのある人に実施する場合は、個々の運動能力に応じた運動遊びとし、自発性を促すようなプログラムとして提供することが有効です。ただし、指示がうまく理解されない場合もあるため、できないことを指摘するのではなく、できたことを賞賛するような指導が求められます。このような外発的な動機づけは、障がいのある人の自信や達成感、有能感を高め、こころの発達や安定を促します。

二つ目に必要なことは、「コートの中で、チームとして、大会として障がいのある人とない人とを統合する」ことです。テニスのニューミックスや車いすダンス、シッティング・バレーボールなどは、障がいの有無にかかわらず同じコートで一緒にプレーするスポーツです。つまり、障がいのある人とない人とがコートの中で統合されるのです。チームとして統合する取り組みとしては、障がいのある人とない人が同じチームとして参加し、障がいのある人だけが走る区間を設けた駅伝や決まった時間帯で車いすを用いるようにしたバスケットボールがあります。また、障がいのある人を対象としたスポーツに障がいのない人が参加することは、大会として障がいのある人とない人とを統合することになります。例えば、車いすを使ったバスケットボールやマラソンに障がいのない人の参加を認める取り組みがこれにあたります。

三つ目は、「障がいの有無にかかわらず、お互いを理解しあうこと」です。障がいのある人が何かに困っているという状況に出会ってもその人になかなか声をかけられなかったという経験がある人は少なくないでしょう。「障がいについてあまり知識のない自分が声をかけたりしたら迷惑じゃないか」「何をどのようにしてあげればいいのかわからない」などということが、障がいのある人に声をかけづらい原因となっているようです。スポーツの現場でも同じようなことが見受けられます。

障がいのある人と一緒にスポーツを行なうときに積極的に関わるためには、次のようなことに配慮しながら行なうとよいでしょう。一緒にスポーツをする際には、相手に何ができて何ができないのかを率直に尋ねます。次に、できることを活かしてできないことをカバーするためにはどのような工夫ができるかを一緒になって考えます。このように相手とコミュニケーションを取り、理解して進めることが重要となります。相手のことを十分理解せずに実施すると、その人に配慮したルールにしたはずが、実際には面白みに欠けたスポーツとなってしまいかねません。第1節でも述べたように、スポーツとなるには「遊び」「競争」「身体活動」の三つの要素が含まれている必要があります。障がいがあるためにできないことへの配慮は大切ですが、できることを活かして「遊んだり、競い合ったりして十分カラダを動かす」ようにすることで、スポーツ本来の面白さを維持することが可能となります。そのためには、その都度話し合い、お互いの理解の下に協働してスポーツを作り上げていく取り組みが大切です。

3 これからのアダプテッド・スポーツ

最後に、これからのアダプテッド・スポーツについて考えていきましょう。アダプテッド・スポーツは、長い間医学的なリハビリテーションの手段と考えられてきました。しかし現在では、すべての人が心身の機能向上や健康維持を図る手段として、純粋に楽しむためのスポーツとして、また障がいのある人が社会参加する手段として普及し、発展しています。さらに競技スポーツとして、パラリンピックやスペシャルオリンピックスなどの世界大会も開催されています。冒頭でも述べたように、アダプテッド・スポーツは障がいのある人だけのスポーツではありません。幼児から高齢者、体力の低い人であっても参加できるスポーツがアダプテッド・スポーツなのです。アダプテッド・スポーツでは、さまざまな相手の状況にAdapt（適合）する気持ちを持ち、スポーツを通して積極的なコミュニケーションや関わりを持つことが大切であり、福祉の考え方にも通じるものがあります。このような考え方の下に、アダプテッド・スポーツをすべての人のためのスポーツとして発展させていくことが必要ではないでしょうか。

一方、アダプテッド・スポーツを本来の意味である「障がいのある人のための生涯スポーツ」として発展させることも必要です。そのためには、国や地方自治体と各障がい者スポーツ協会とが連携し、障がいのある人がスポーツを楽しめる機会を増やし、スポーツ施設の利用を促進する施策が必要となります。また障がい者スポーツの指導者を養成して各スポーツ施設に配置し、障がいのある人にもない人にも同じようにスポーツ指導を図ることのできる環境づくりが求められます。アダプテッド・スポーツの考え方や取り組みをスポーツの世界だけではなく、社会全体のノーマライゼーションに寄与していくよう、今後発展させることが望まれます。[4]

文献

（1）矢部京之助・草野勝彦・中田秀雄「アダプテッド・スポーツの科学～障害者・高齢者のスポーツ実践のための理論～」3頁、市村出版、2004年

（2）矢部京之助「アダプテッド・スポーツの提言」2011年 http://www.dinf.ne.jp/doc/japanese/prdl/jsrd/norma/n197/n197_017.html

（3）藤田紀昭『ディサビリティ・スポーツ―ぼくたちの挑戦』58頁、東林出版社、1998年

（4）厚生労働省「障害者スポーツ」2011年 http://www.mhlw.go.jp/seisaku/2011/01/01.html

第4節▼ジュニア・スポーツ選手にとってのセカンドキャリア

中井聖▼スポーツバイオメカニクス、エナジェティクス

ここでは、現在部活動やクラブチームで競技スポーツに取り組んでいる人を対象に、自らの将来をどのようにデザインしていけばよいのかということについて学んでいきます。

1 現状の分析

まず、現在の自分の生活について振り返ってみましょう。部活動やクラブチームでの活動など競技スポーツに関わる時間、学習に費やす時間、クラスの仲間や友だちと遊びに行ったり、話をしたりして一緒に過ごす時間、ゲームをしたりパソコンに向かったりして1人で過ごす時間など、みなさんの1日はさまざまな時間で構成されています。

図4・4・1にはそれぞれの時間の割合が異なる例を示してあります。（a）はスポーツに費やす時間が大半を占め、学習に費やす時間やその他の活動の時間が少ないパターン、（b）はスポーツ、学習、その他の活動に均等に時間を費やすパターン、そして（c）はスポーツや学習に費やす時間よりもその他の活動にあてる時間が多いパターンです。みなさんの生活はどのパターンにあてはまりますか。現在選手としてスポーツに取り組んでいる人の大半は（a）にあてはまるのではないでしょうか。（c）にあてはまる人はおおよそ胸を張って「スポーツしています」とは言えない状況にあるはずですので、すぐに自分の選手生活を見直すことをお勧めします。それでは、みなさんの中に（b）にあてはまる人はいるでしょうか。また、みなさんの周りにそのような選手がいるとしたら、ややもすれば「二兎を追うものは一兎をも得ず」と考えがちではありませんか。

次に、今みなさんに高校生として、また選手として何が求められているか、プロや実業団に所属している選手とみなさ

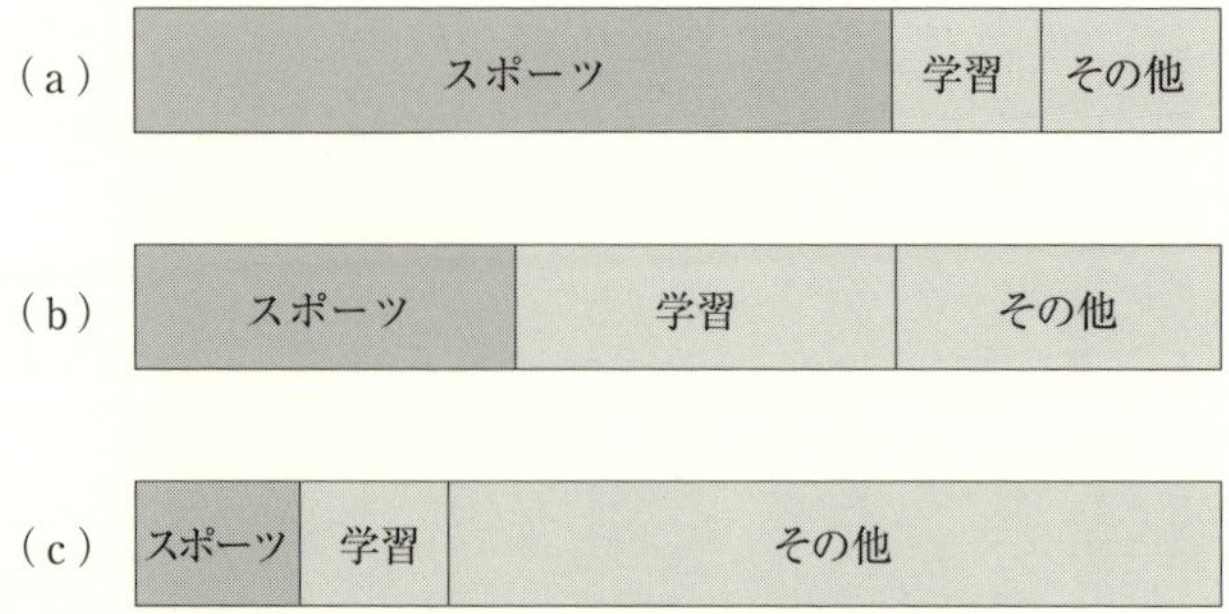

図4.4.1　みなさんの生活はどのパターンにあてはまりますか？

んとを比較して考えてみましょう。**図4・4・2**を見ながら考えてみてください。競技成績の優れた選手は会社やスポンサーと契約を結び、プロや実業団の選手として収入を得ています。会社やスポンサーはその選手の競技活動をサポートするという一面も担っていますが、実際は競技成績に加え、その選手が持つ広告塔としての価値を評価し、会社や商品の宣伝効果、消費者への波及効果を狙って選手と契約を結んでいます。選手は会社やスポンサーからの収入を基に競技活動を行ない、競技成績を維持・向上させ、契約の延長を目指します。すなわち、プロや実業団の選手には収入の対価として競技成績が求められていることになります。

それに対して高校生の場合、一部のトップ選手を除いては、ユニフォームやシューズなどの用具にかかる費用、遠征や合宿の費用など競技活動にかかる費用を援助しているのは保護者でしょう。そして、みなさんが競技活動を継続できるか否かを決めておられるのも保護者であるケースが多いはずです。みなさんが高校生として競技活動を行なう上で、保護者はスポンサーのような役割を担っていると言っても過言でありません。それでは、保護者はみなさんに援助をする対価として何を求めているのでしょうか。プロや実業団の選手と同じように競技成績を求めているのでしょうか。この節の最後

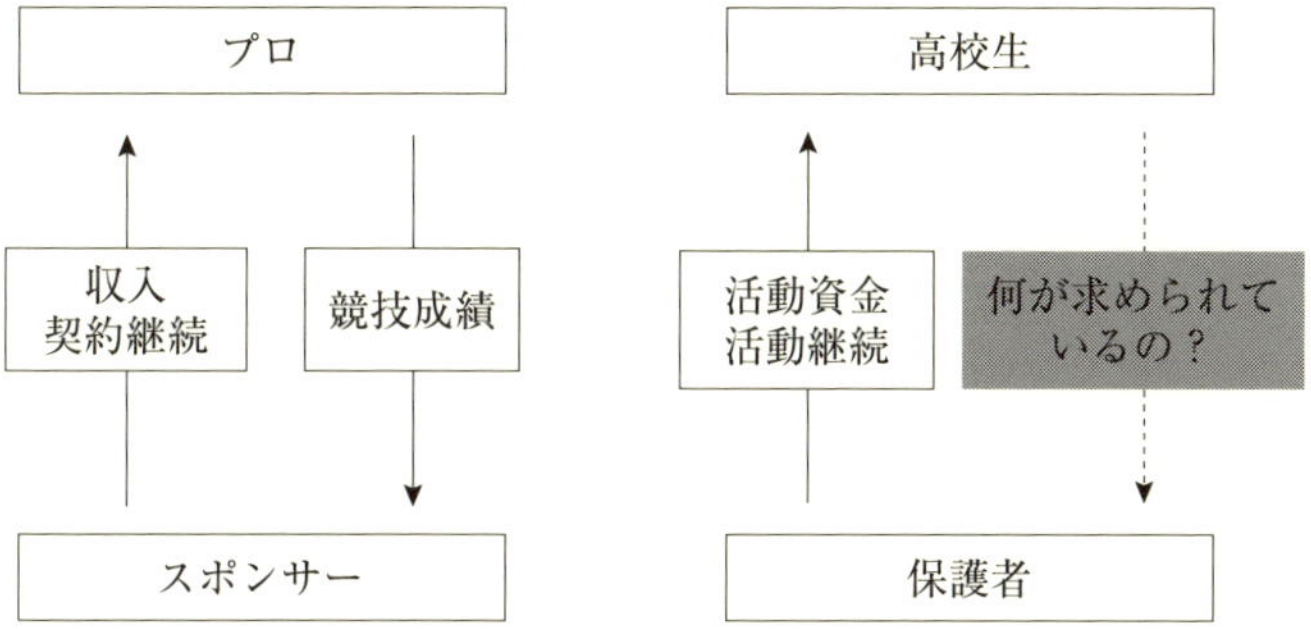

図4.4.2　選手としてみなさんに今求められているものとは……

に自ずとその答えは見えてくるでしょう。

2　セカンドキャリアとは

ところで、選手にとって競技生活の終わりはいつやってくるのでしょうか。ケガや病気などの身体的な理由、スランプや人間関係などの精神的な理由、進学や経済状況などの社会的な理由から、みなさんの競技生活にも必ずいつかは終わりが訪れます。プロの選手の場合、ケガや競技成績の低迷が原因となって競技生活を断念せざるを得ないケースが多いと言えます。プロの選手にとって選手として活躍できる時間は決して長くありません。代表的なプロスポーツ選手の引退時の平均年齢は、サッカー・Jリーグでは25・8歳、プロ野球では29・9歳とされています[1]。プロとしての競技生活がどんなに充実したものだとしても、人生の大半を占める競技引退後の生活がうまくいかなければ意味がありません。Jリーグ選手の80％[2]、プロ野球選手の74％[3]が引退後の生活について不安を感じているというデータもあります。すべての選手にとって引退後にどのような生活を送るか、またどのようにして生活を送るかということは大きな問題となっています。

プロスポーツの世界では、競技生活を第一の人生、競技引退後の生活を第二の人生と考え、引退後の人生や仕事のことを二番目の職業という意味の言葉を用いて「セカンドキャリア」と呼んでいます[4]。競技成績を維持・向上するためには、競技生活自体を充実させることが求められ、競技に集中することが必要です。しかしそのことが「スポーツしかしていない」「スポーツしかできない」という状況を生み出してしまい、引退後の生活を始めるにあたっての障壁となっているのです。著名であった選手が犯罪や薬物に手を染め、ニュースとして取り上げられることも珍しくありません。引退した選手が第二の人生を歩み始めるにあたって直面するさまざまな困難をうまく乗り越えられるようサポートすること、特に職業としての第二のキャリアをスムーズに獲得できるような取り組みが必要だと考えられます。このような状況から、近年引退した選手が自立して社会生活を営んでいけるようバックアップする体制を整える必要性が叫ばれ、二〇〇二年にJリーグキャリアサポートセンターが設立されました。また、二〇〇七年にはプロ野球もセカンドキャリアサポートを開始しました。しかしその中での取り組みには、挨拶の仕方や面接の受け方、パソコンの使い方を学ぶというようなことも含まれているようです。これらは元トップ選手が今さら学ぶべきことなのでしょうか。

3　二兎を追って二兎を得る

ここで日本のプロスポーツ界だけでなく、海外のスポーツ界にも目を向けてみましょう。スポーツジャーナリストとして有名なマーティ・キーナート氏は、一流スポーツ選手から医者や弁護士に転身した海外の「文武両道」の秀才アスリートを数多く取り上げ、海外と日本のスポーツ選手のセカンドキャリアの考え方の違いについて紹介しています[5]。例えば、男子スピードスケートのエリック・ハイデン選手は一九八〇年のレークプラシッド・オリンピックで500m、1000m、1500m、5000m、10000mの全種目で金メダルを獲得しました。彼は引退後、スタンフォード大学の医学校に進学し、現在は整形外科医として活躍しています。アメリカンフットボールのスティーブ・ヤング選手は、NFLで最優秀選手を2回、スーパーボウルでMVPも獲得した一九九〇年代のNFLを代表する名クォーターバックでしたが、引退後は弁護士を務めています。女性のトップアスリートにも同じような選手がいます。デビ・トーマス選手は、一九八八年のカルガリー・オリンピックの女子フィギュアスケートで銅メダルを獲得しました。引退後、彼女は医師となり、現在はアメリカオリンピック委員会の医学委員を務めています。

　一方、日本では海外で見られるような「文武両道」の秀才アスリートはあまり見受けられません。高校で活躍した選手の多くが大学へ進学しますが、競技成績が優秀で大学に誘われて進学したものの、選手の中には大学を「スポーツをするところ」と考えている人も多いようです。そのような場合、競技活動が中心となり学業が疎かになってしまうこともあるでしょう。さらに大学院まで進学するトップ選手もいますが、残念ながら大学院の本来の目的である研究を志して進学する選手はほんの一握りです。

　キーナート氏は取り上げていませんが、実は日本にも「文武両道」の秀才アスリートは存在します。八十祐二《やそゆうじ》さんは、神戸大学を卒業後、Ｊリーグのガンバ大阪やヴィッセル神戸などでサッカー選手として活躍しました。その後、ＪＦＬへ移籍し、数年後に引退しました。引退後は司法試験に合格し、現在は弁護士を務めています[6]。結城匡啓《ゆうきまさひろ》さんは、スピードスケート選手として一九九二年のワールドカップ５００ｍで銅メダルを獲得しました。引退後は研究の道に進み、スポーツ科学の博士号を取得しました。現在は大学教員として、また全日本チームのコーチとして活躍しています[7]。彼らこそ日本で数少ない「文武両道」を極めたトップアスリートではないでしょうか。

　これらのケースにおいて総じて言えることは、彼らは競技生活中や引退前後に自らのセカンドキャリアに関して明確な目標を設定していたこと、また目標達成のために努力を積み重ね、自分の第二の夢を勝ち取ったということです。「二兎を追って二兎を得た」わけです。これらの選手の中には、選手として競技生活を送る傍ら、試合や練習が無い日、オフシーズンを利用して、学業に取り組んでいた選手もいます。先ほど示した**図４・４・１**の（ｂ）のような配分で生活を送っていたのでしょう。（ａ）のように、日本では脇目もふらず一つのことに取り組み、それを極めることが美徳とされているところがありますが、スポーツの世界ではそのことが競技引退後に思わぬ落とし穴を作ってしまうことがあるようです。

4　引退後の生活に向けて

　さて、みなさんの競技生活の終わりはいつやってくるのでしょうか。高校、大学、それとも社会人になってからでしょうか。さまざまなことがきっかけとなり、みなさんの選手生活にも必ず終わりが訪れます。現在の選手生活を充実させることに留まらず、その後の社会生活をうまく過ごすこと、つまりセカンドキャリアをうまく獲得すること、それがまさに競技生活を支えてこられた保護者の方々がみなさんに求めていることだと思います。そのためには、引退後の生活について今のうちに考えておくことが必要です。また「引退後にどうすべきか」「今何をしておくべきか」ということについて十分情報収集しておくことに加え、実現のための努力を今から着実に積み重ねていくことが大切です。

文献

（1）リクルートエージェント「プロアスリートへのキャリア支援」２０１１年、http://www.r-agent.co.jp/corp/csr/athlete.html
（2）日本プロサッカーリーグ「Ｊリーグキャリアサポートセンター」２０１１年、http://www.j-league.or.jp/csc/about/
（3）リクルートエージェント「現役プロ野球選手へ「セカンドキャリア」に関するアンケート実施」２０１１年、http://www.r-agent.co.jp/corp/news/100115.html
（4）原田宗彦「セカンドキャリア」『知恵蔵』１０１７―１０１８頁、朝日新聞社、２００７年
（5）マーティ・キーナート『文武両道、日本になし』早川書房、２００３年
（6）日本プロサッカーリーグ「Ｊリーグキャリアサポートセンター・ＯＢレポート・八十祐治」http://www.j-league.or.jp/csc/report/report_yaso_2nd.html
（7）信州大学「Shinshu University Researcher Directory・結城匡啓」２０１１年、http://soar-rd.shinshu-u.ac.jp/profile/ja.OhnFbmLh.html

第5節▼健康スポーツ分野でのキャリア形成・資格取得の方法、そのガイダンス

中井聖▼スポーツバイオメカニクス、エナジェティクス

この節では、将来運動やスポーツに関係した仕事を志している人を対象に、現在取り組んでいるスポーツと自らの将来との結び付け方、その実現の仕方について述べていきます。

1 スポーツを「支える」仕事

みなさんはスポーツに関わる仕事に就くとしたら、どのような仕事に就きたいと思いますか。**図4・5・1**にスポーツに関わる人たちの関係について示しました。みなさんが思い描いた仕事は図の中のどれにあてはまるでしょうか。スポーツが行なわれているとき、そこには「スポーツをする人」「スポーツを支える人」「スポーツを見る人」の3種類の人が存在します。スポーツを「する人」の周りにはそれを「支える人」がいて、「する人」「支える人」たちによって行なわれるスポーツを「見る人」がいます。競技スポーツの場合、少数の選手が行なう競技を複数の人が支え、その競技を多数の観客が見ているというわけです。

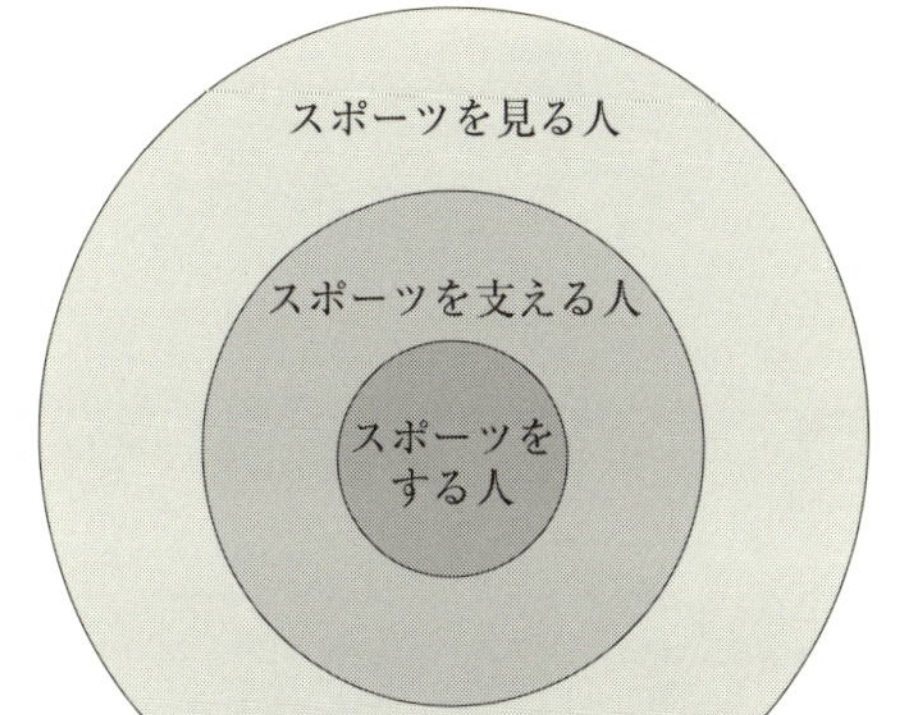

図4.5.1　スポーツに関わる人たち

競技スポーツを「する」「支える」「見る」ことに関わる仕事には次のようなものがあります。競技スポーツを「する」のは、競技をすることで収入を得ているプロや実業団の選手などの競技者で、ごく少数の人数でしかありません。みなさんがスポーツに関わる仕事について考えたとき、大多数の人の頭に浮かんだのは、これらの選手を「支える」仕事ではないかと思います。

それでは、**図4・5・2**で具体的に選手を支える仕事について整理してみましょう。コーチ（Coach）は選手に戦略や戦術を指示したり指導したりする役割を担っています。トレーナー（Trainer）は選手の健康や体調の管理をするだけでなく、トレーニングプログラムを作成したり、技術的な指導を行なったりします。カウンセラー（Counselor）は選手の心理的な問題に対して相談に応じ、適切な援助を行ないます。ドクター（Doctor）は選手の健康管理やスポーツ外傷・傷害の予防・診断・治療・リハビリを行ないます。ドクターはその名のとおり医師が務めます。マネジャー（Manager）は選手やチームが最善で競技に臨めるように全体のマネジメントを行ないます。その他にも、選手の食事や栄養の管理にあたる栄養士や、選手の契約交渉などにあたる代理人などの仕事があります。

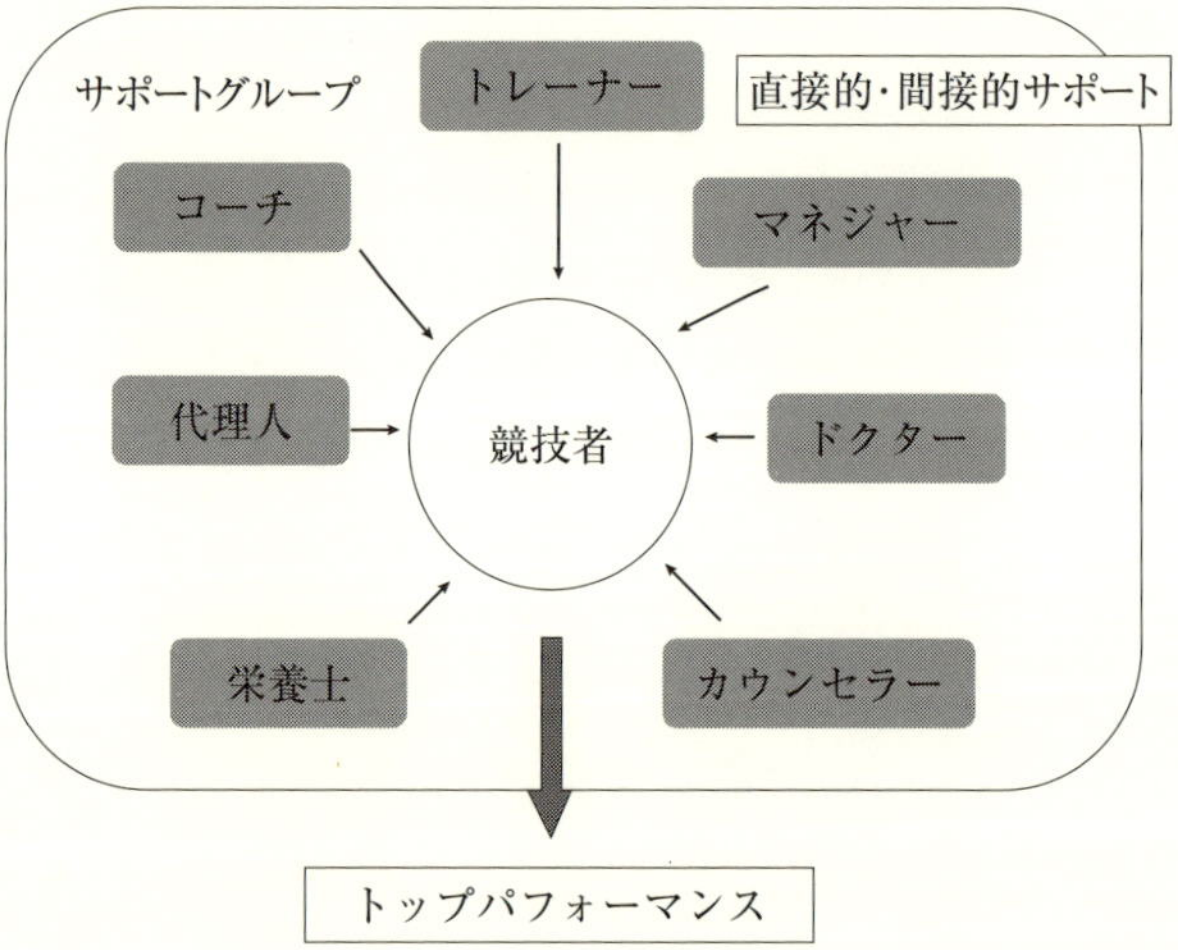

図4.5.2　競技者を支える人たち（奥野ほか、2003[4] より改変）

これらの仕事に就くためにはどうすれば良いのでしょうか。コーチは（財）日本体育協会公認スポーツ指導者資格[1]を有する元選手が務めることが多いでしょう。各競技団体に推薦され、養成講習会を受講すれば、公認スポーツ指導者として認定されます。トレーナーの場合、競技スポーツ経験を有し、(財) 日本体育協会の公認アスレチックトレーナーに加え、理学療法士や作業療法士、柔道整復師、鍼灸師などの資格を取得しておくことが有利に働くでしょう。カウンセラーには専門的な知識や技術を用いて対処することが求められ、学会認定の臨床心理士やスポーツカウンセラーなどの資格がこのような専門的知識や技術を身に付けている証しとなります。ドクターになるには、医師免許取得後5年を経過し、(財) 日本体育協会が行なう認定講習を受け、公認スポーツドクターとなる必要があります。栄養士としてスポーツに関わるには、管理栄養士の資格を取得し、(財) 日本体育協会の公認スポーツ栄養士となることが好ましいでしょう。しかし、それぞれの仕事に求められる絶対的な人数は限られており、直接公募されることが少ないのが現状です。

2 スポーツ科学

競技スポーツではこれらの人々がサポートグループを形成し、直接的また間接的に選手をサポートしています。選手がトップパフォーマンスを発揮できるようにそれぞれの役割を担う人々がうまく協働するためには、スポーツに関する共通した認識や理解が必要となります。その共通言語となるのがスポーツ科学です。すなわち、スポーツに関して共通した認識や理解を持つためにはスポーツ科学を学ぶ必要があるということです。

スポーツ科学は、**図4・5・3**に示したような学問体系から成っています。スポーツ科学は基本的には基礎学問を運動やスポーツの場面に適用した応用科学です。例えば、スポーツ生理学の基礎学問は生理学であり、運動やスポーツ中にヒトのカラダにどのような生理的変化が起こるのかを学ぶ学問です。本や雑誌などでもスポーツ科学の知識を得ることは可能ですが、実際には時々刻々とスポーツ科学の常識は変化しています。スポーツ科学の基盤作りにはスポーツ科学の研究者が関わっており、その大半が大学教員です。大学教員は大学でスポーツ科学の研究を進め、常に最新の研究結果を基にした教育や選手の指導を行なっています。したがって、既存の知識だけでなく最新の知識を得るためには、スポーツ科学や健康、運動を冠した大学の学部・学科で学ぶことをお勧めします。

プロや実業団の選手に携わる競技スポーツの仕事は実際には非常に少ないですが、スポーツ科学を学んだのに活躍の場がないというわけではありません。スポーツ科学の知識を幅広く持つことが求められ、中学生や高校生などジュニア世代の競技者を複数のスポーツ科学的な側面からサポートする仕

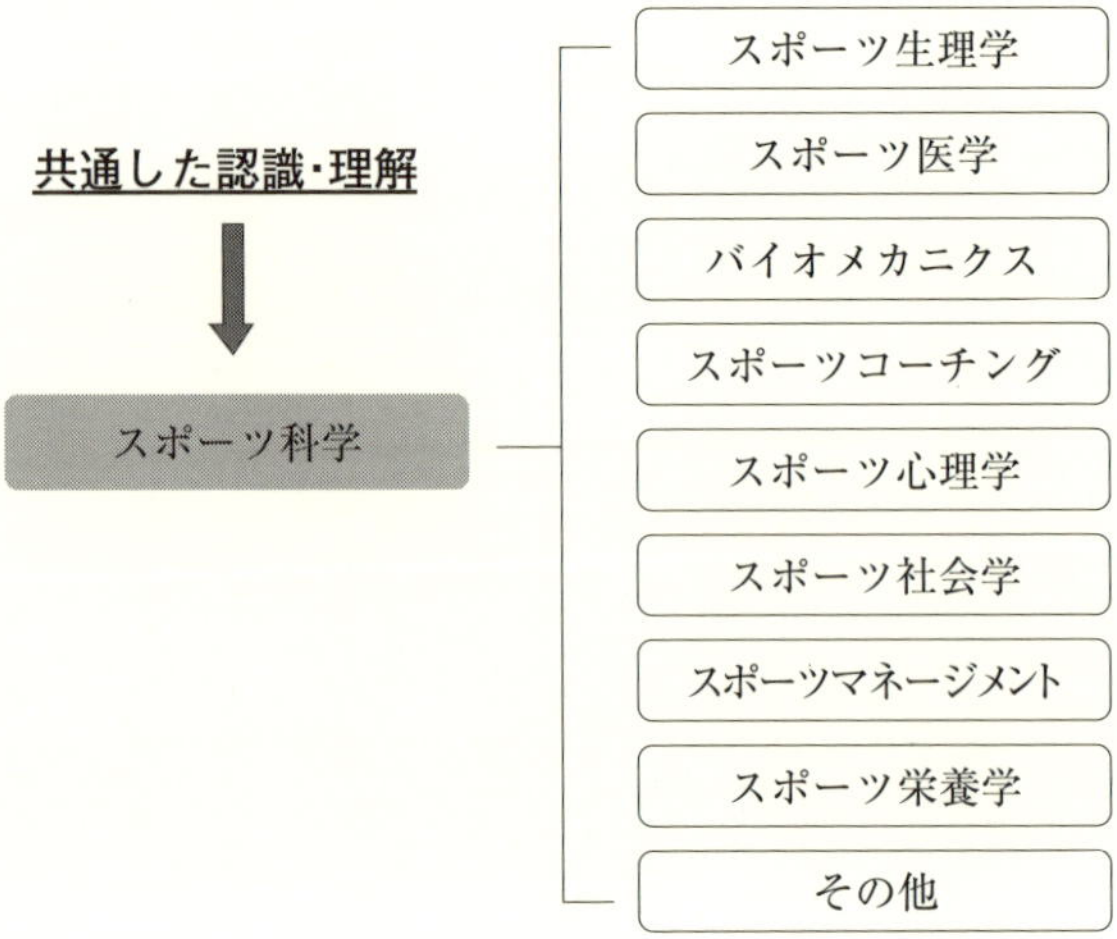

図4.5.3　サポートシステムの共通認識・理解としてのスポーツ科学
（奥野ほか、2003[4]より改変）

事、それが中学校や高等学校の保健体育科教員です。保健体育科教員になるためには、中学校の場合は中学校教諭免許状（保健体育）、高等学校の場合は高等学校教諭免許状（保健体育）を取得することが必要となります。保健体育科教員の養成課程がある大学や短期大学で所定の単位数を履修することで、大学では一種免許状、短期大学では二種免許状を取得することができます。これらの資格を取得した後、各都道府県や市町村、私立学校などが行なっている教員採用試験に合格すれば、晴れて保健体育科教員になることができます。なお、保健体育科教員は保健体育科の授業やクラス経営、学校の仕事が本来の仕事であり、クラブ活動の顧問として競技に関わるだけではないことをお忘れなく。

3　スポーツと「見る人」をつなぐ仕事

また、スポーツを「する人」や「支える人」によって行なわれているスポーツと「見る人」をつなぐ人も存在します。例えば、スポーツ番組の制作者、スポーツジャーナリストやスポーツ雑誌の編集者などがそれにあたります。映像や写真、文字を用いて、実際のスポーツの場面をリアルタイムで「見る人」に伝えたり、スポーツの一場面とその背景にある出来事を含めて振り返って伝えたりする仕事です。また、スポーツ用品メーカーや一般企業のスポーツ担当の仕事も、スポーツと「見る人」をつなぐ仕事として挙げられます。ある選手やチームのファンになってそのチームのグッズを買って応援したり、その選手が宣伝している商品を購入したりしたことがあるでしょう。このような仕事もスポーツとそれを見る人をつなぐ仕事なのです。これらの仕事に就くために特別な資格などは必要ありませんが、そのスポーツについての十分な知識や「見る人」にそのスポーツの良さを伝えたいという想いが必要ではないでしょうか。

4　生涯スポーツやアダプテッド・スポーツの指導者

次に、前節で紹介してきた生涯スポーツやアダプテッド・スポーツに目を向けてみましょう。生涯スポーツやアダプテッド・スポーツの対象者はすべての人であり、幼児から高齢者までの幅広い年齢層、また健常者から障がいのある人までさまざまな身体的条件や心身の発達段階に応じた指導が求められます。生涯スポーツに関わるためには、運動やスポーツを通して健康増進を図るために必要とされる科学的知識や専門的な指導法を身につける必要があります。それには、(財)健康・体力づくり事業財団が認定している健康運動指導士や健康運動実践指導者[2]を取得すればよいでしょう。健康運動指導士は「個々人の心身の状態に応じた、安全で効果的な運動を実施するための運動プログラムの作成及び指導を行なう者」、健康運動実践指導者は「積極的な健康づくりを目的とした運動を安全かつ効果的に実践指導できる能力を有すると認められる者」とされており、フィットネスクラブ、病院や診療所、保健所、老人福祉施設などが主な活躍の場となっています。財団が実施している講習会を受講するか、養成校となっている大学や短期大学、専修学校の養成講座を修了し、認定試験に合格することで、これらの資格が取得できます。また、健康づくりを促すための具体的な運動プログラムとして、エアロビクスやウォーキング、最近ではヨガやピラティスなどが行なわれています。これらの指導にあたるためには、各団体や協会が認定しているインストラクター資格を持っていた方が有利でしょう。

アダプテッド・スポーツに関わるための資格には、(財)日本障害者スポーツ協会が認定する障害者スポーツ指導員[3]があります。初級から上級までの種別があり、初級スポーツ指導員は「障がい者に対して導入を支援する地域で活動する指導者」とされており、協会が実施する講習会を受講するか、資格取得認定校となっている大学や短期大学、専修学校での講座を修了することで認定されます。中級スポーツ指導員は

「地域における障害者スポーツのリーダーとしての役割を担う指導者」とされており、初級スポーツ指導員として80時間以上の活動経験を積むと認定対象となります。

以上のように、運動やスポーツに関わる仕事は多岐にわたっています。しかし、どれもが専門的な知識や技術、指導が必要とされます。間違った知識や経験則だけに基づく指導は、怪我や故障を誘発するだけでなく、時には生命に関わる事態を引き起こす場合もあります。これから運動やスポーツに関係した仕事を志しているみなさんには、ぜひこのことを肝に銘じて、すべての運動やスポーツの基礎となるスポーツ科学を十分に学んで欲しいと思います。

参考文献

（1）（財）日本体育協会「カリキュラム・スポーツ指導者」２０１１年　http://www.japan-sports.or.jp/coach/qualification/curriculum.html

（2）（財）健康・体力づくり事業財団「健康運動指導士・健康運動実践指導者」２０１１年　http://www.health-net.or.jp/shikaku/index.html

（3）（財）日本障害者スポーツ協会「障害者スポーツ指導者の資格認定規程」２０１１年　http://www.jsad.or.jp/pdf/yousei/2011seido/sido_kitei.pdf

（4）奥野景介・太田章・佐々木秀幸・礒繁雄「トップパフォーマンスへの挑戦」『教養としてのスポーツ科学』85—94頁、早稲田大学スポーツ科学学術院編、大修館書店、２００３年

第5章 ▶ 臨床心理

第1節▼心理学って何？

柴原直樹▼心理学

　初対面の人に「私は心理学者です」と自己紹介すると、大抵の場合「私がどんな性格か分かりますか」とか「私の心が見透かされているようで怖い」といった言葉が返ってきます。心理学者が読心術の達人であるかのようなイメージを持っている人が意外に多いようですが、いくら心理学の専門家だといっても、他人が何を考えているかなどそう簡単に分かるものではありません。そもそも意識や心などは主観的なものであって、直接目で見たり手で触れたりすることのできないブラックボックスなのです。しかし、実験や観察あるいは調査などを行ない、その結果から得られた情報を基に間接的に「心のはたらき」について知ることは可能なのです。

　そもそも、心理学とは一体どういう学問なのでしょうか。また、心理学者は何を研究し、その研究結果が社会の中で一体どのように役立っているのでしょうか。心理学の一般的な定義は「行動と心的過程の科学的研究（the scientific study of behavior and mental processes）」という極めて抽象的なものですが、その研究内容はかなり広く、すべてについて具体的に語るとなると1冊の本でもまだまだ足りません。そこで、「見る」という単純な行為にしぼって、心理学者がこれまで研究してきた不思議な心の世界（心理学ワールド）の一端を覗いていくことにしましょう。そのために5つの扉を持つ「不思議な心の美術館」を用意しました。扉には順番に視覚力—注意力—判断力—潜在力—識別力というタイトルが付けてあります。これらの扉を一つずつ開けていくと、各部屋にはタイトルに即したいくつかの面白い展示物があります。これらを鑑賞することできっと心理学の面白さだけでなく心理学とは何かについて理解を深めていただけると思います。では、ご覧頂きましょう。

1　第1の扉（視覚力）

それでは第1の扉を開けてみましょう。最初に**図1**が展示されています。左右の図にそれぞれの考案者であるミュラー・リヤーとエビングハウスの名前が書かれています。まず、左図のミュラー・リヤーから見ていきましょう。2本の水平線が描かれていますが、上の線分は両側の矢羽根が内側を、下の線分は外側を向いています。それでは、矢羽根は無視し上下の横線の長さだけを比べてみてください。上の横線のほうが下の横線よりも短く見えるでしょう。しかし、実際は2本の横線は全く同じ長さなのです。右図のエビングハウスはどうでしょうか。左側の円はそれより小さい複数の円で囲まれていますが、右側の円はそれより大きい複数の円で囲まれています。左側の小円で囲まれている円と右側の大円で囲まれている円を比べてみてください。小円で囲まれている円のほうが大きく見えるでしょう。しかし、実際は2つの円は全く同じ大きさなのです。

次の展示物（**図2**参照）に移りましょう。4つの円柱が並んでいます。それぞれ灰色をしていますが、左から右へ行くにしたがって薄い灰色から濃い灰色の円柱に変化しているように見えます。ところが実際は4つの円柱はすべて同じ明るさの灰色なのです。同じ明るさの円柱でも、その背景が左から右へ向かって黒から白へと徐々に変化しているだけで異なった明るさに見えてしまうから驚きです。

3番目の展示物（**図3**参照）はどうでしょう。左図はカニッツァ、右図はヘルマンという学者によって考案されたものです。まず、左図のほうを見てください。中央に背景よりも明るい三角形が見えるでしょう。しかし、よく観察してください。この三角形を構成しているはずの輪郭線は客観的には存在していません。そのため主観的輪郭線などと言ったりします。このように、私たちは物理的に存在していないものを見ることがあるのです。右図にも同様に存在しないものが見えます。格子状に配列した黒い正方形の間にできた白線の交点に灰色の点が見え隠れするのが分かりますか。この灰色の点も実際には存在していません。不思議な現象ですね。

これまでの3つの展示物から何が分かったでしょうか。全く同一のものなのに、ある条件のもとでは両者の長さや大きさあるいは明るさが異なっているように見えます。また、存在しないものをあたかも存在しているかのように見てしまうこともあります。これらは一般に錯視と呼ばれる現象で、「私たちの見ている世界は、客観的な物理的世界の忠実なコピーではない」ということが分かります。

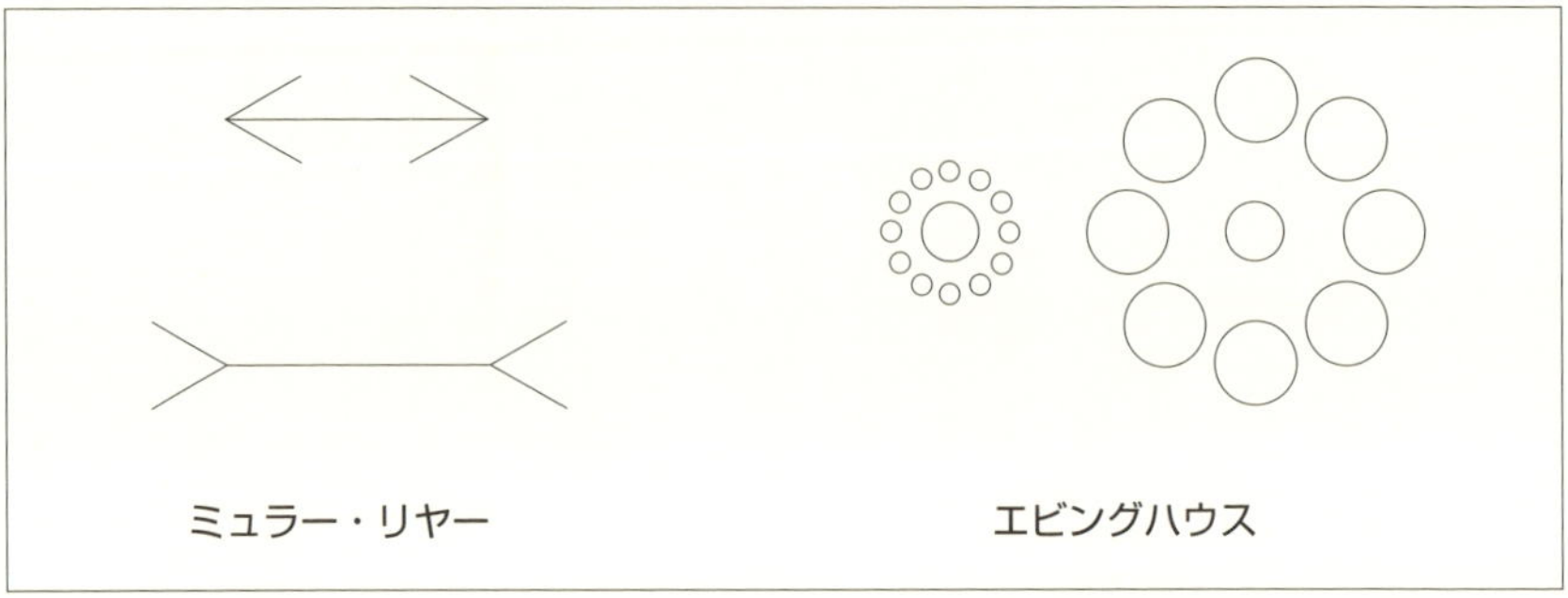

図１　線分と円

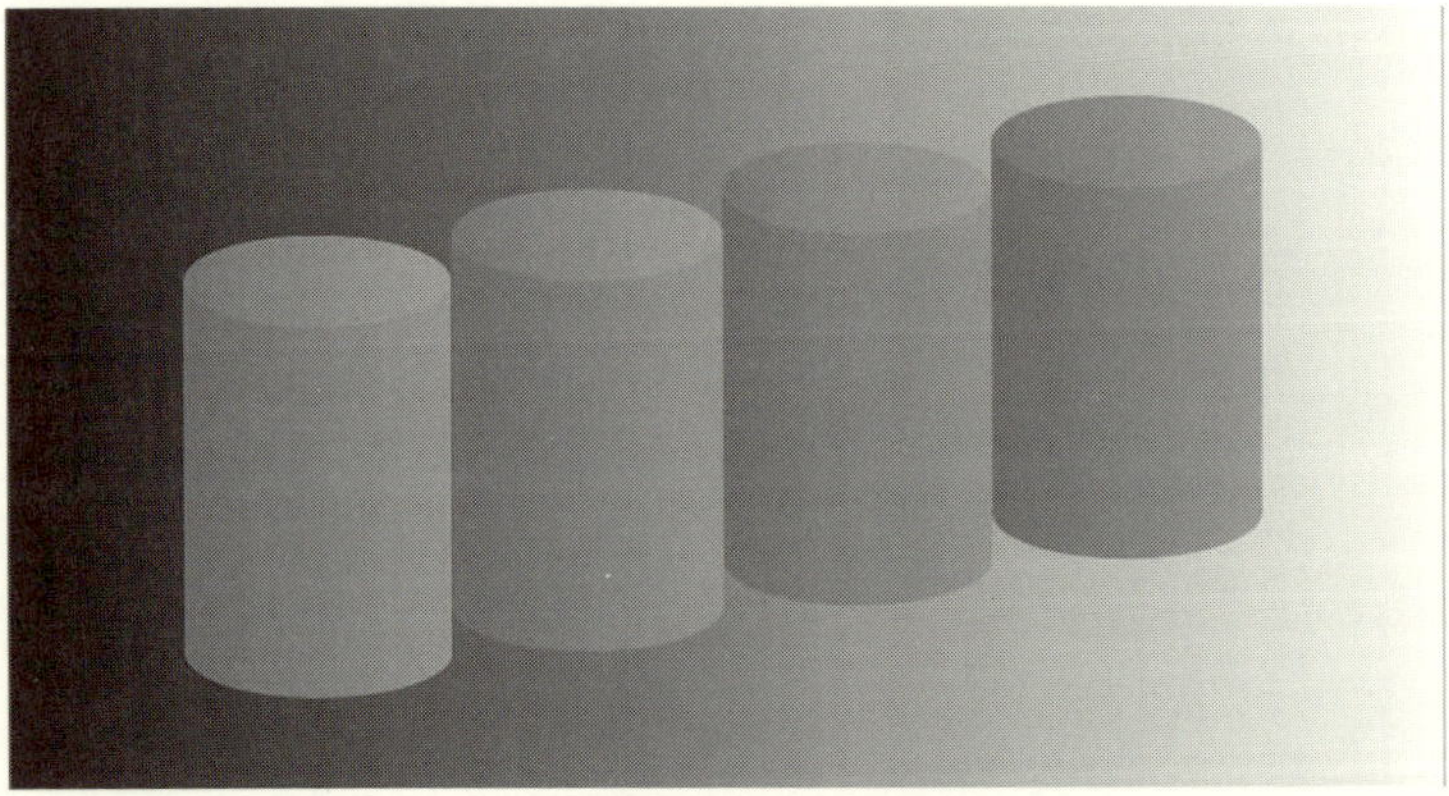

図２　４つの灰色の円柱

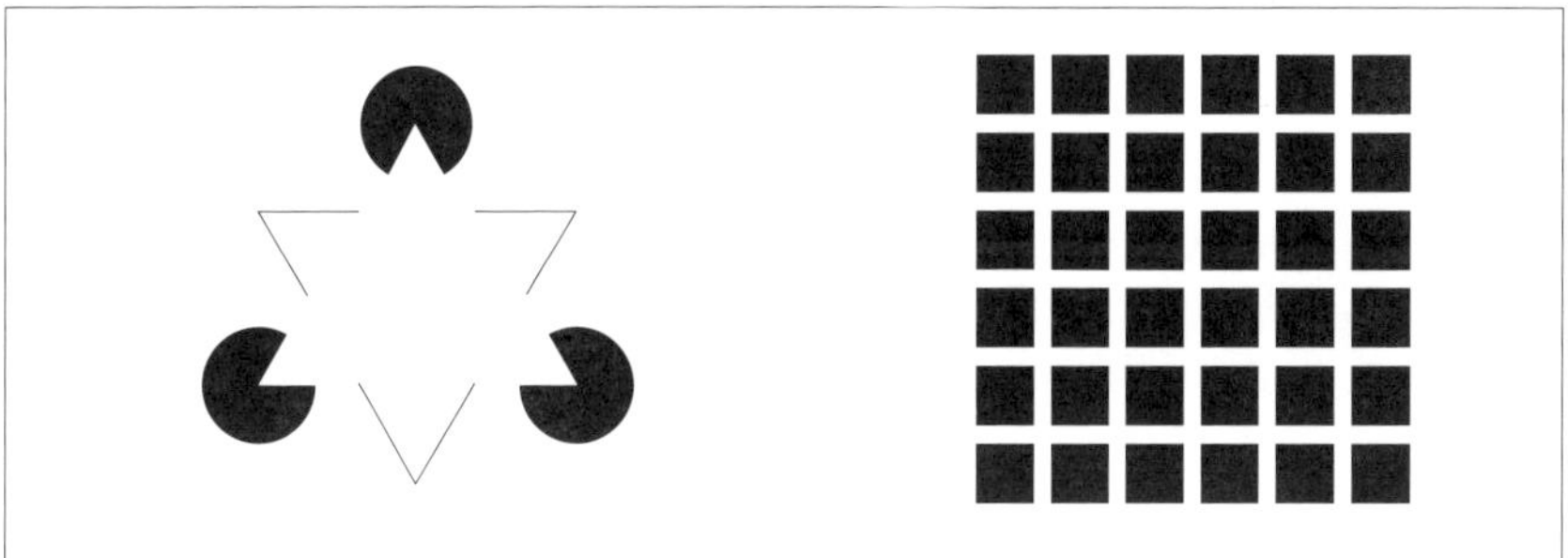

図３　存在しないものが見える

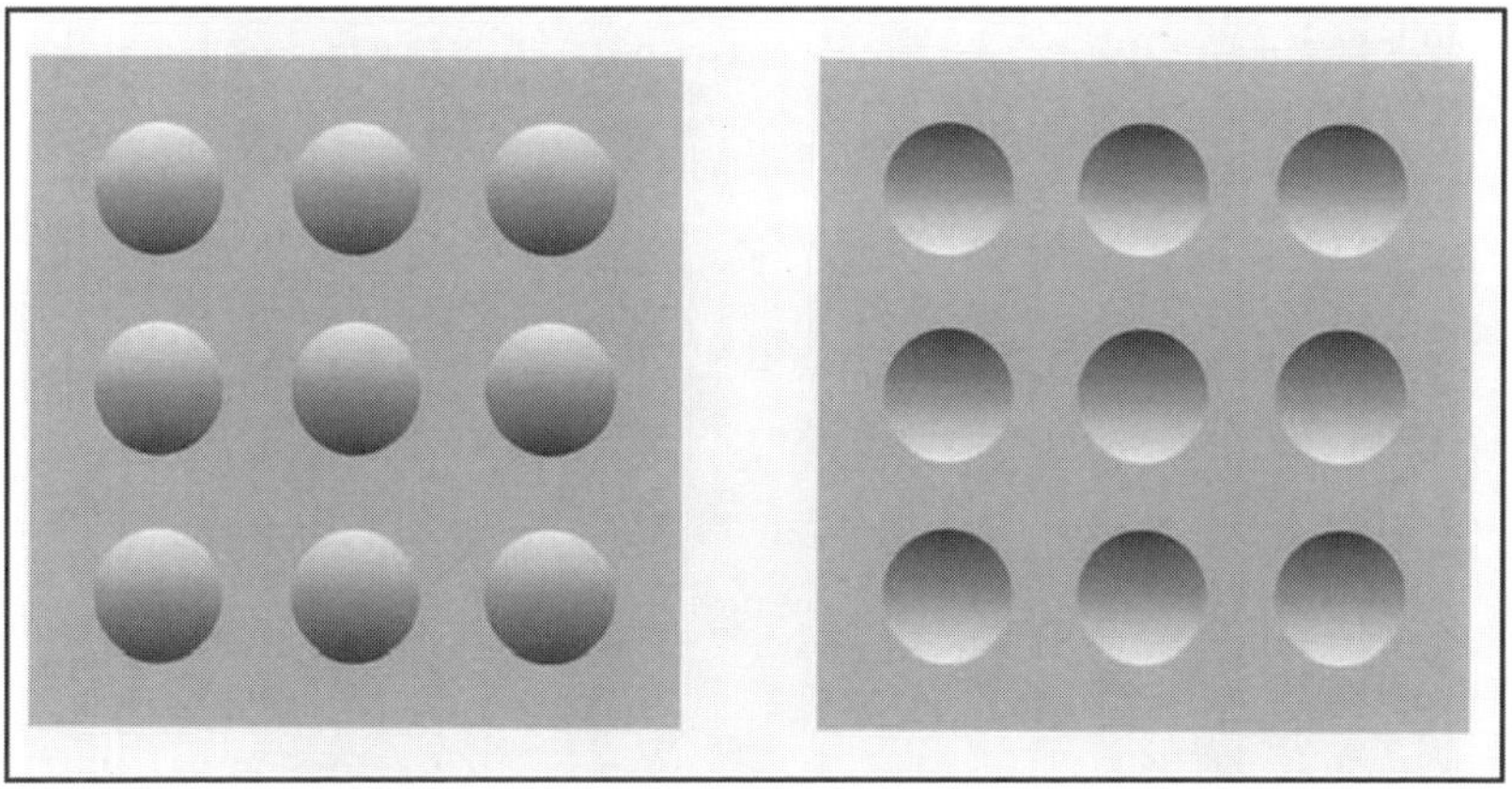

図４　クレーター錯視

どうしてこのようなことが起こるのでしょうか。ものを見るということは、目で捉えた情報を基に脳がそれを再構成するという極めて能動的な過程なのです。外の景色に目を向けてみてください。そこには、例えば山や川、あるいは家並みや道路を往来する車などが見えますが、私たちはそれらを奥行きのある3次元空間の中に存在するものとして見ています。しかし、私たちの目の網膜に映った外の景色は2次元の平面像に過ぎないのです。実は、私たちの脳が網膜に映った平面像から奥行きのある3次元空間を構築しているのです。2次元から3次元の世界を構築するためには網膜像だけでは情報が足りません。そこで、私たちの脳が適当に条件を設定して計算してしまうのです。しかし、この「適当さ」は無意味ではなく環境に適応するために重要なのです。客観的な物理的世界と私たちが実際に見る世界とのズレも、実はこのような脳の働きによるものなのです。

それでは、もう1つだけ展示物をお見せしましょう（**図4**参照）。これはクレーター錯視と呼ばれ、左図は右図を上下反転したものです。左図では円形の部分が出っ張って見えますが、右図では逆に引っ込んで見えます。一部例外を除いて日常生活では光源は常に頭上にあるため、出っ張りの上部は明るく下部は暗くなり、逆にくぼみの上部は暗く下部は明るくなるのです。クレーター錯視は、この光は頭上から来るという経験的事実を基に脳が目に映った網膜像を解釈した結果なのです。

2　第2の扉（注意力）

第2の扉を開けて中に入ってみましょう。そこは大きなホールになっていて、タキシードやドレスを着た大勢の紳士淑女が、それぞれのグループに分かれてカクテルやワインの入ったグラスを片手に談笑しています。ホール全体は非常にざわついていますが、それにもかかわらずグループごとに会話を楽しんでいます。それは、同時に入ってくる情報の中から任意のものに注意を向けて他を無視するという「選択的注意」の機能が私たちに備わっているからです。この現象はカクテル・パーティー効果と呼ばれています。私たちの注意には必要な情報を取り入れ、そうでないものは雑音として遮断するというフィルターの役割があるのです。

さて、ホールの正面には大きな写真（**図5**参照）が掛けてあります。白いTシャツと黒いTシャツを着たチームに分かれてバスケットボールをパスしている写真なのですが、中央に着ぐるみのゴリラが写っています。この写真を見た人は誰でも着ぐるみのゴリラの存在に容易に気づくはずです。実は

図5　ゴリラ登場

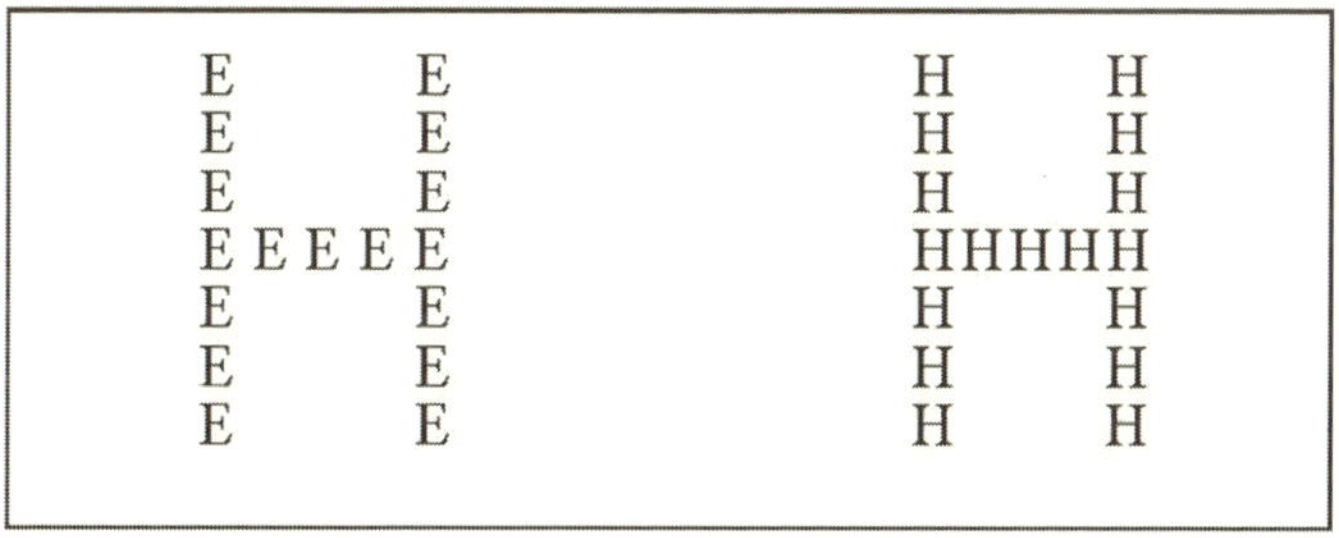

図6　大域文字と局所文字

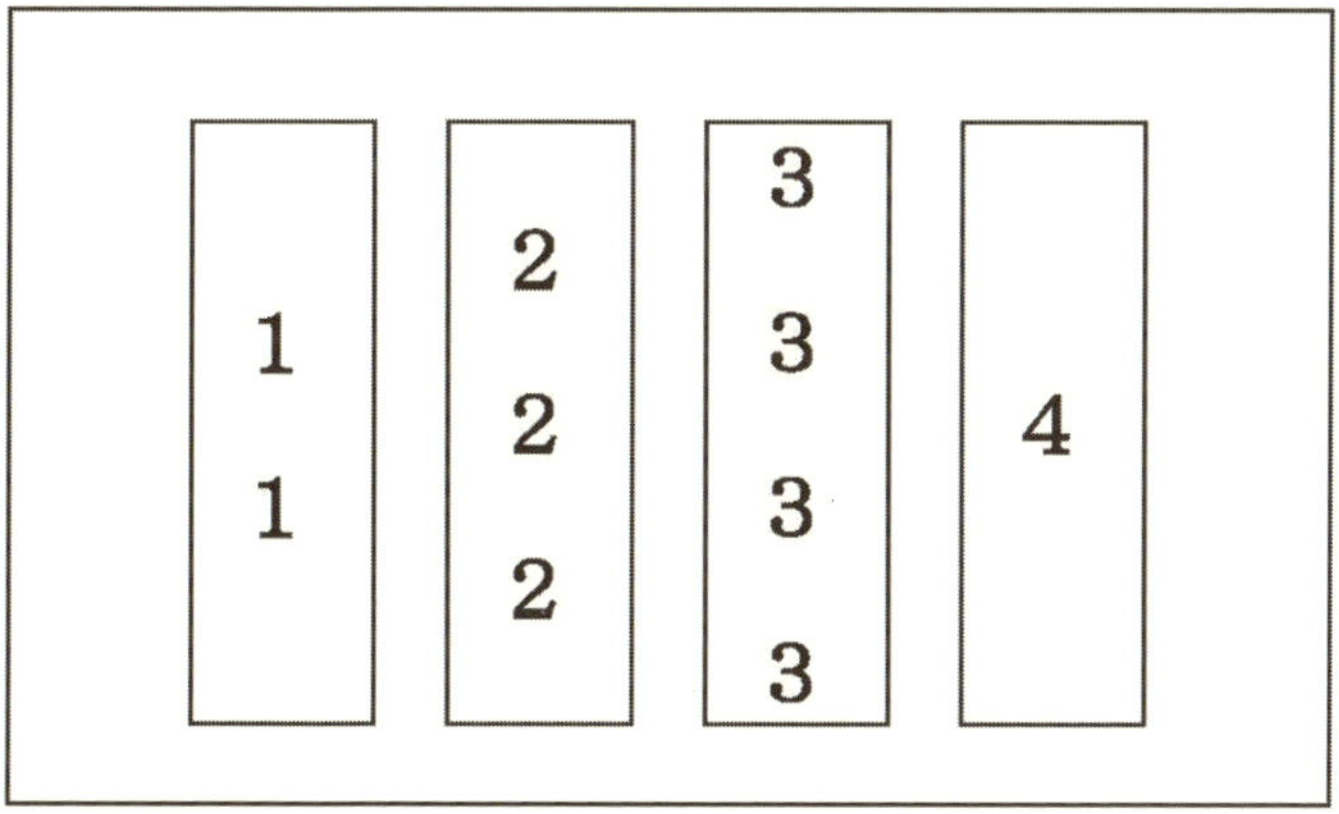

図7　数字と数字の数

この写真はあるビデオ映像のスナップショットなのですが、そのビデオには、バスケットボールのパス中に着ぐるみのゴリラが登場して彼らの間に入り込み、カメラに向かって胸を叩きそのまま立ち去るという映像が撮影されています。ここで、あなたはこのビデオ映像を見ながら、黒いTシャツのチームを無視し、白いTシャツのチームが何回パスするかを数えるように頼まれたとします。約9秒間登場する着ぐるみのゴリラにあなたは気づくでしょうか。絶対に気づくはずだと断言できるでしょうか。しかし、実際の実験では約半数の人が着ぐるみのゴリラを見落としています。このように目に映っているものを見落とす現象は「変化の見落とし」とか「変化盲」と呼ばれ、予期しないものに対する注意力の欠如によって生ずると言われています。注意を集中させているものは鮮明に見えると私たちは思い込んでいますが、注意力には限界があり、注意しているはずでも想定外の出来事は見落としやすいのです。まさに注意に要注意です。

次に、ホールの正面に向かって右側の壁には奇妙な図が掛けてあります（**図6**参照）。大きな文字Hが小さな文字H（右図）と小さな文字E（左図）の適切な配列によって作られています。「木を見て森を見ず」の喩えにあるように「部分に注意を集中するあまり全体を見失う」という傾向が私たちにはあるのでしょうか。まず、右図をみてください。大きな文字（大域文字といいます）と小さな文字（局所文字といいます）が一致していますね。この場合、大域文字がHであると判断する時間は局所文字がHであると判断する時間よりも短いのです。このことは、部分（木）よりも全体（森）の処理が優先されることを示しています。次に左図を見てください。今度は大域文字（H）と局所文字（E）とが一致していませんね。実験により、局所文字がEであると判断する時間は大域文字Hの影響を受けて長くなることが明らかになりました。たとえ大域文字を無視して局所文字に注意を集中しても、大域文字が優先的に処理されるために局所文字の処理は抑制されるのです。つまり、私たちは対象を見るにあたって、全体（森）から部分（木）へと分解する方法をとっているため、いくら部分に注意を向けても全体の影響は免れないのです。まさに、「森を見て木を見る」のです。

それでは、左側の壁に掛けてある展示物のほうに目を向けましょう（**図7**参照）。数字1、2、3、4が、それぞれ2つ、3つ、4つ、1つと長方形の枠内に縦に並んでいます。枠内の数字を読み上げるのは誰にでも簡単にできます。左から1-2-3-4と言えばいいのです。しかし、枠内の数字ではなくその個数を答えるとなると急に難しくなります。試してみてください。2-3-4-1とスラスラと簡単に言えたでしょうか。私たちは数字というものに非常に慣れ親しんでいるため、数字を見ればそれが何であるか即座に分かってしまいます。それでは個数を数える場合はどうでしょうか。物の個数を数えるといっても、例えば物が1つしかなければ、カウントする前に即時に個数は1個であることが分かります。おおよそ4つくらいまでなら、物の個数は即時に把握できることが実験で分かっています。つまり、図7の場合では数字にしても、その個数にして難なく即座に反応できるはずです。しかし、実際はそうは問屋が卸しません。数字の個数を答えようと注意を集中させても数字そのものが干渉してくるのです。持続的に注意を集中させるのは結構難しく、少しでも注意がそれると誤った回答をしてしまいます。これはストループ効果と呼ばれている現象の一種です。ただし、本来のストループ効果は、例えば「『白』という字は何色で書かれているか」を答えるとき、この「白」という漢字の意味によって正しい答えである「黒」という反応が抑制されてしまう現象のことを言います。

3　第3の扉（判断力）

第3の扉を開けると何が展示されているでしょうか。まず、標準刺激として左側に1本の縦線が、右側には比較刺激として長さの異なる3本の縦線が描かれています（**図8**参照）。それではこの図を見て、左側の線分と同じ長さのものを右側の3つの線分の中から選んでみてください。あなたは簡単に正しい線分を選ぶことができたはずです。しかし、もしあなたを含めた複数の人が集団でこの実験を行ない、あなた以外の人が「わざと間違った回答」をしたとしたら、あなたは彼ら（いわゆるサクラ）の圧力に屈せず正しい判断ができるでしょうか。それともあなたは自分の判断を無視し、彼らに同調して誤った回答を選択しようとするのでしょうか。私たちは一般に精神的孤立を嫌って仲間と一緒にまとまろうとする傾向があります（社会的同調性）。したがって、他人に同調せず自分の判断に自信をもって正しく回答をすることはなかなか難しいのです。それでも4分の1の人は同調しなかったという実験結果が報告されています。

次は7つの「形容詞」のリストが上下に書かれた展示物があります（**図9**参照）。これらの形容詞はある人物A氏とB氏の性格的な特徴を表わしています。まず、上の7つの形容詞を順番に読んでみてください。A氏に対してどういう印象を持たれたでしょうか。同様に、下の7つの形容詞を順番に読んでB氏の印象について判断してみてください。実は、A

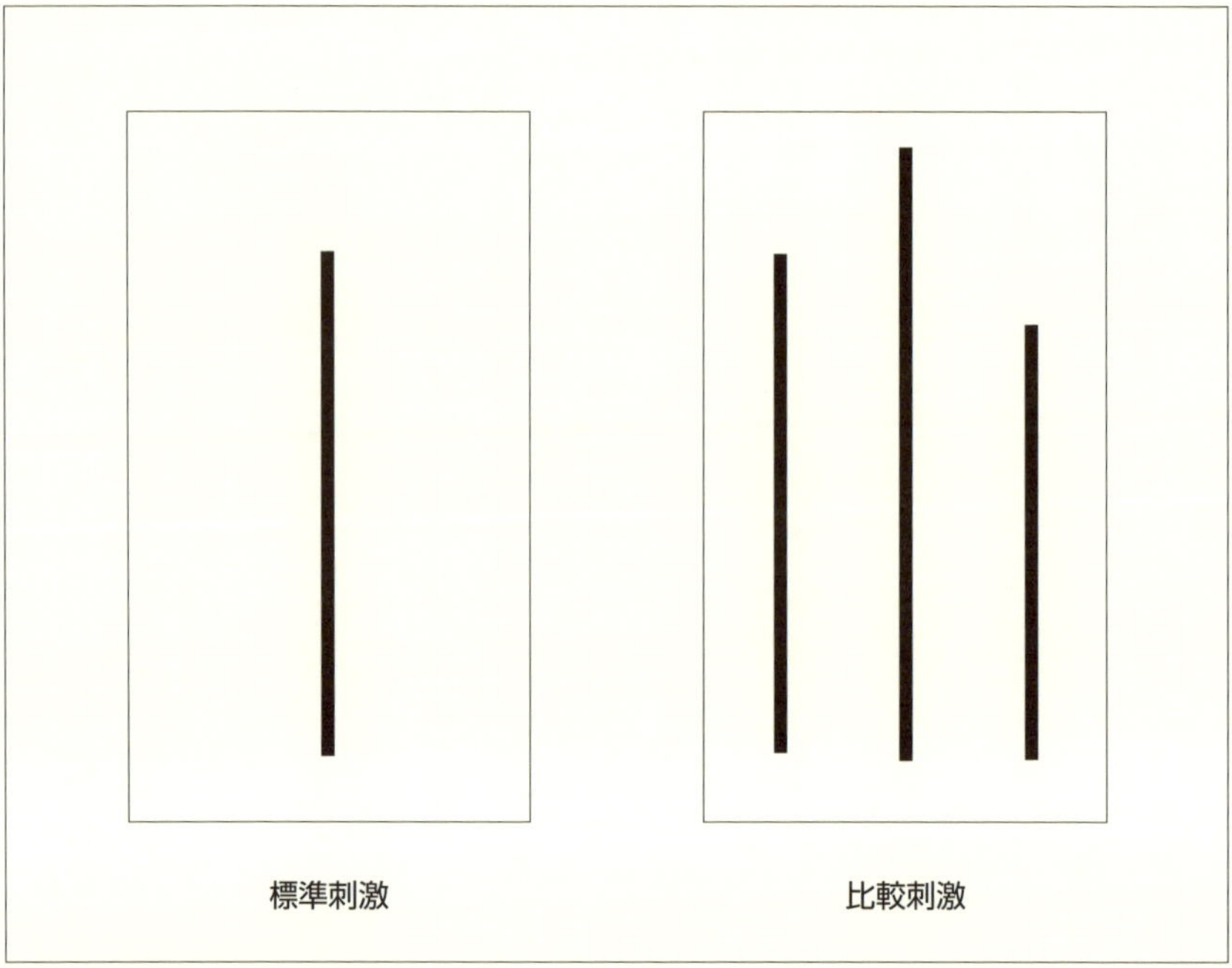

図 8　線分の長さの比較

A氏：

知的な－器用な－勤勉な－温かい－決断力のある－実際的な－慎重な

B氏：

知的な－器用な－勤勉な－冷たい－決断力のある－実際的な－慎重な

図 9　A氏とB氏の印象

氏とB氏の性格特徴を表した形容詞は4番目に出てくるもの以外はすべて同じものなのです。4番目の形容詞がA氏では「温かい」となっており、B氏では「冷たい」となっていることから、A氏は好ましい人物でありB氏は好ましくない人物であるという印象が形成されやすくなります。また、印象形成においてすべての形容詞が同等の重みをもつのではなく、「温かい」とか「冷たい」といった中心的な役割を果たすものがあり、これを中心特性と呼んでいます。こういった中心特性によって初対面の人の印象は判断されるのです。

一つの例を挙げましょう。あなたはどちらの人とお付き合いしたいですか。

1「Xさんは少し根暗で気が利かないところがあるのよ。一流大学出ではないけど、でも心の温かい人なのよ。ちょっと不器用なところもあるんだけど、どう?」

2「Yさんは陽気で決断力もあるのよ。高学歴なんだけど、ちょっと心の冷たい人なの。でもなかなか器用なところもあるのよ、どう?」

3つ目は何が展示されているでしょう。上から下へ順番に５００円、１００円、10円と書かれていて、それぞれの右側に3つの円が配列されています（**図10**参照）。それでは実験をやってみましょう。財布から５００円、１００円、10円硬貨を取り出して下さい。まず５００円から始めてみましょう。あなたが手にした５００円硬貨と同じ大きさの円を、５００円の右側にある3つの円の中から選んでください。同様に、１００円硬貨、10円硬貨についても行なってください。実際の硬貨の直径は、５００円が26・５㎜、１００円が22・６㎜、10円が23・５㎜となっており、正しい答えはすべて一番右側の円です。硬貨というものは社会的に見れば価値があるため、その大きさの判断は個人の主観的な欲求度に依存するのです。貧しい人のほうが裕福な人よりも硬貨の大きさを過大評価する傾向があることも実験的に証明済みです。もし、あなたの今の生活が貧しいか、あるいはあなたのお金に対する欲求が強いなら、硬貨の大きさは過大に評価されるでしょう。試してみてください。

最後に**図11**を見てください。上にアルファベットが3文字、下に数字が3文字書かれています。読んでみてください。上はA—B—Cと読み、下は12—13—14と読んだはずです。しかし、よく見てください。あなたが「B」と読んだ文字と「13」と読んだ文字は、実は全く同型の文字です。何故、同じ文字でも一方は「B」で他方は「13」と判断したのでしょうか。刺激に対する私たちの判断は、その刺激が提示された文脈に依存するからです。

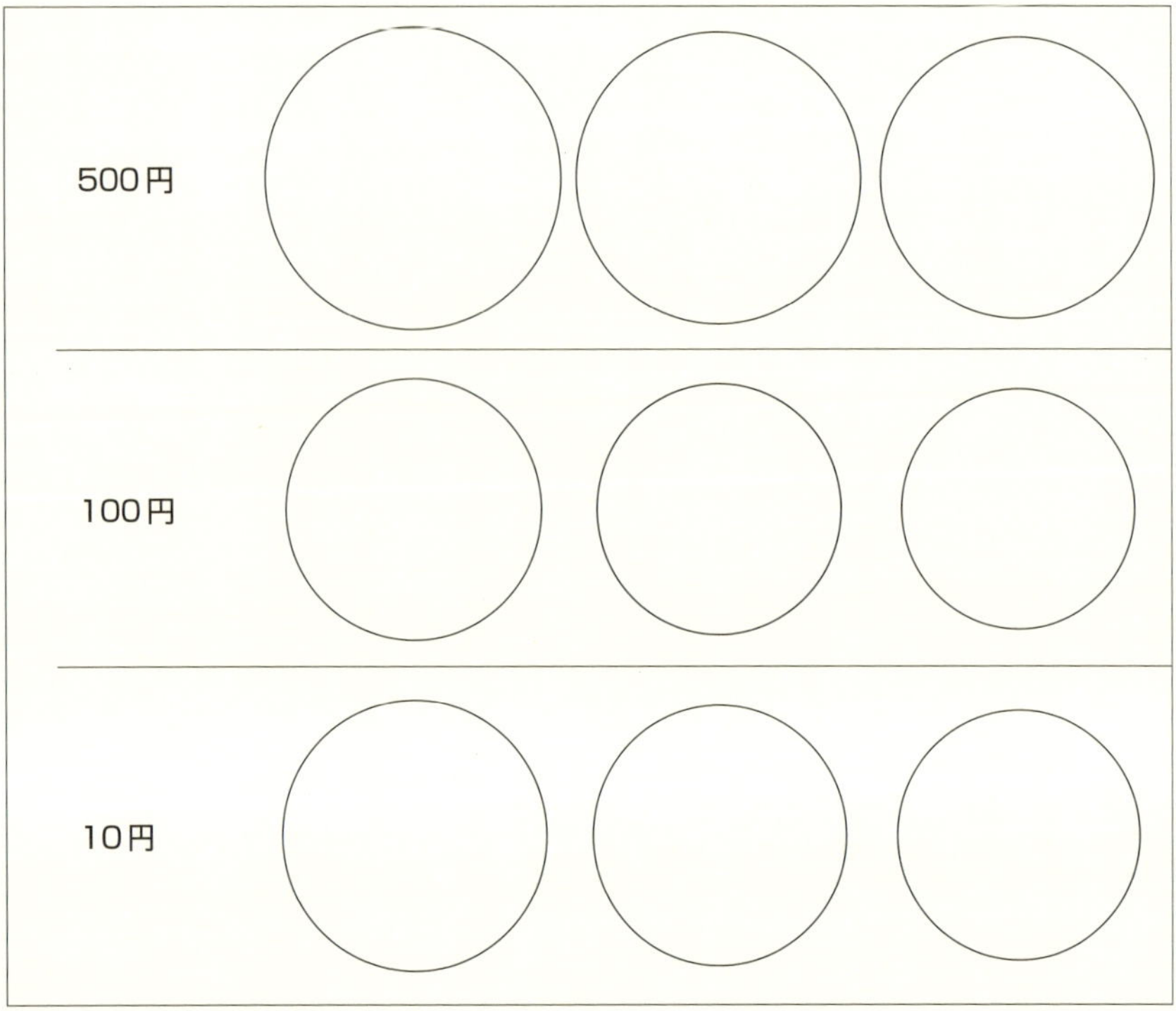

図10　コインの大きさ

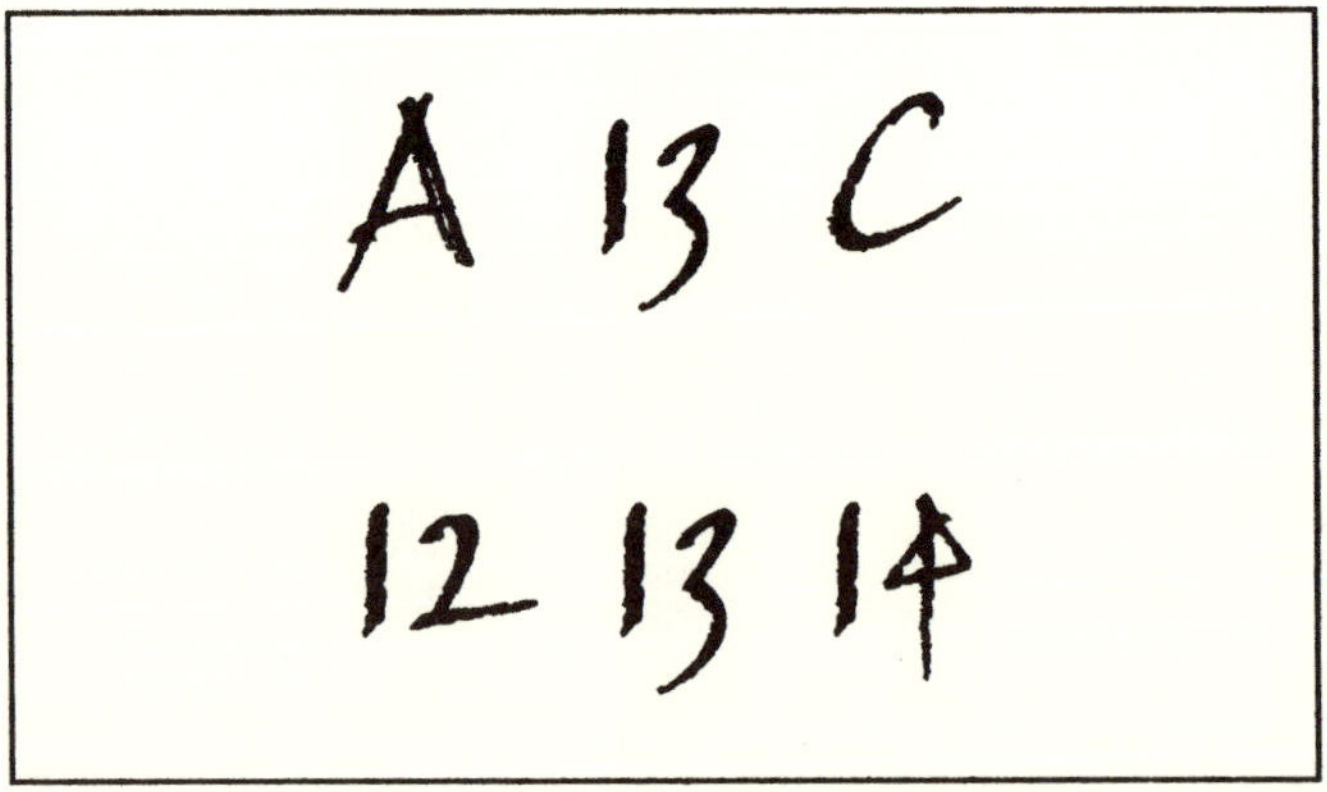

図11　Bそれとも13

4　第4の扉（潜在力）

それでは4番目の扉を開けることにしましょう。最初の展示物は上に大きな絵が1つと下に小さな絵が2つ描かれています（**図12**参照）。上の絵は何やら曖昧な形をしていますが、これが何に見えるか答えてください。この絵は多義図形の一種で、観察者の無意識の欲求によって見え方が変わります。単身赴任のお父さんがいる、あるいは親元から遠く離れて暮らしている人などは左下の「お父さんの顔」に見えたりします。ところが、お父さんよりも女性に関心のある人は右下の「泣いている裸婦」が目に入ってくるでしょう。そういえば、「幽霊の正体見たり枯れ尾花」という言葉をご存じでしょうか。夜、人通りの少ない暗い道を一人歩いていると、なんだか急に怖くなってきて枯れ尾花を幽霊と勘違いしてキャーと悲鳴をあげた経験はありませんか。

次も奇妙な形をした模様が2列に並んでいますが、実はこれらは紙の上にインクを垂らし、その紙を二つ折りにした後に開くとできる図なのです（**図13**参照）。それでは、あなたにはこの左右対称の図が一体何に見えるでしょうか。図そのものはインクの染みによって偶然できたものであるため非常に曖昧です。その人の意識されない内面的な特性や抑圧された願望あるいは欲求が、このような漠然とした多義的な図の見方に投影されるといわれています。この観点から、インクの染みの図版が性格検査の1つとしてロールシャッハによって開発されました。実際のロールシャッハ・テストは10枚の図版で構成され、5枚は濃淡のある黒、2枚は黒と赤、3枚は多彩色です。このロールシャッハ・テストのような検査を投影法といいます。投影法による心理検査にはバウム・テストといって、「実のなる木」を描くことでその人の深層心理を知るものもあります。あなたも描いてみてください。後で、図13が何に見えたか、またどのような「実のなる木」を描いたか、そっと私に教えてくださいね。あなたの無意識を暴いて見せます。解釈には少し時間がかかりますが、ご了承ください。

さあ、最後の扉に向かう前に少し息抜きをしましょう。ソファに横たわって目を閉じてリラックスしてください。ZZZ……（睡眠中）。はい、それでは目を覚ましてください。あなたは夢を見ていましたね。睡眠中にあなたの瞼を見ていると、急速な眼球運動（Rapid Eye Movement）が観察されました。これはレム（REM）睡眠とよばれ、レム睡眠中は鮮明な夢を見ることが多いのです。それではあなたはどんな夢をみましたか。

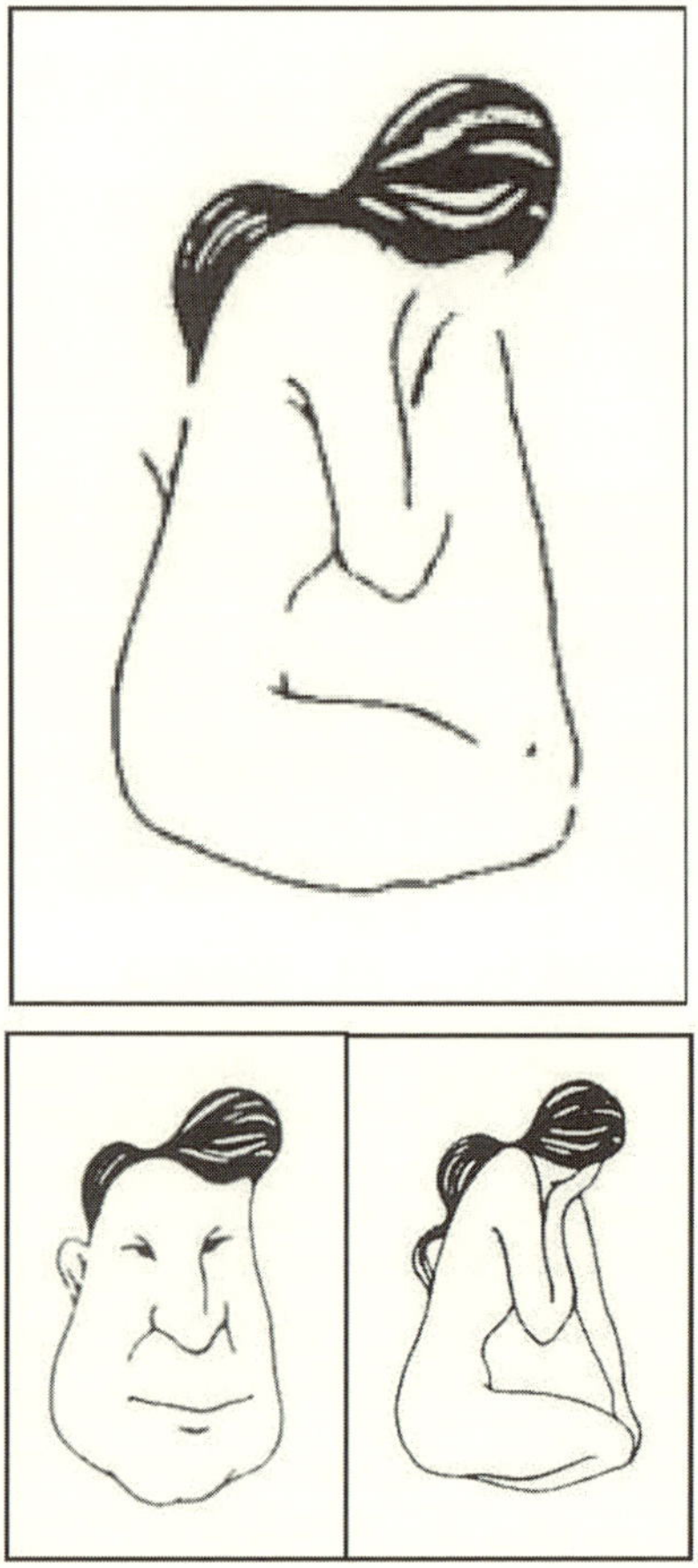

図12　多義図形

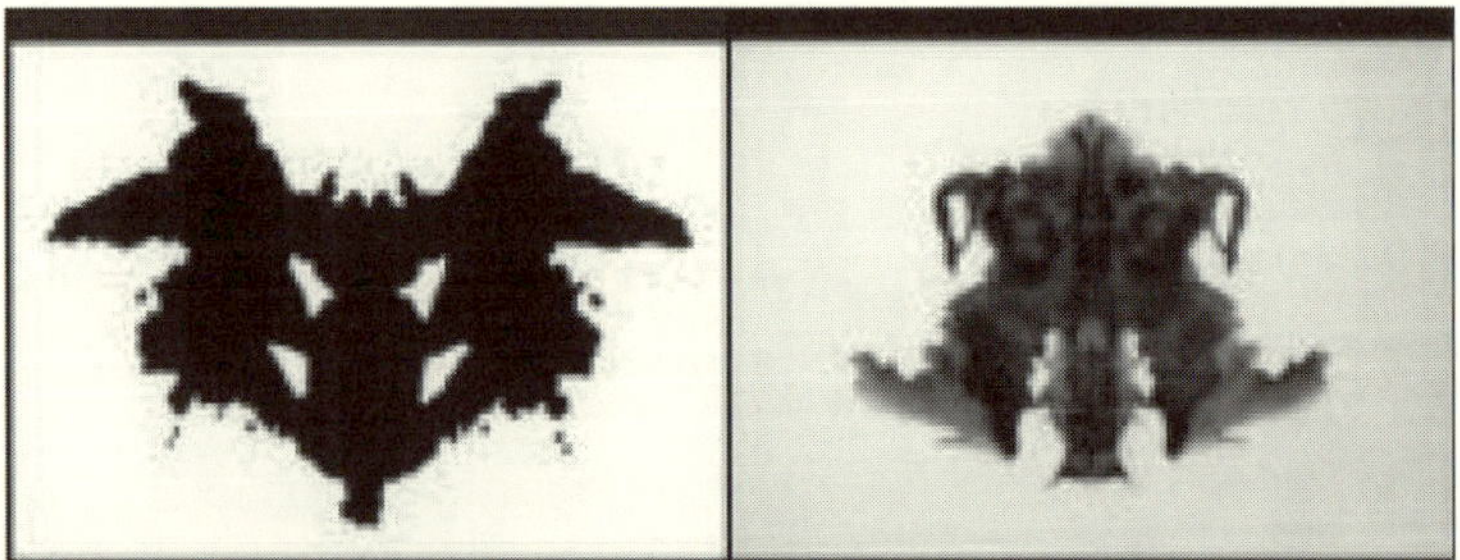

図13　ロールシャッハ図版

夢って不思議ですね。夢の中での出来事は時空を越え、変幻自在で一貫性がなく、非常に奇妙に思えます。現実の世界からすると全くもって狂気のさたとしか言いようのない世界が夢の中では繰り広げられるのです。フロイトはこの夢の不可解さに深い神秘感を抱き、夢に隠された意味を解釈することでその人の無意識に抑圧された願望や欲求を明らかにしようとしました。あなたの場合はどうでしょう。もちろん、夢の中ではあなたの願望は別なものに形を変え加工されているために、それが何であるか解釈する必要があります。ただし、最近ではボブソンによってフロイトの夢理論は否定されています。睡眠中に脳が活性化されるため夢を見るのであって、その内容が奇妙で非論理的なのは互いに連想関係にある多量の記憶の断片がつなぎ合わさって展開されていくからだと言っています。

5　第5の扉（識別力）

いよいよ最後の扉の前に来ました。それでは扉を開け最初の展示物を見てみましょう。お面のような顔の線画が４つ描かれています（**図14参照**）。輪郭はすべて同じです。また、眉や目鼻口などもすべて同一です。違う点は、これらの空間的な配置がすべての顔で異なっていることです。同じ部分から構成されているにもかかわらず、全体として見るとこれらの顔をはっきりと識別することが私たちにはできるのです。

ところで、人の顔というものは千差万別ですが、コンピュータを使って多くの顔写真を重ね焼きすることができます。そうすると、元の顔の特徴が平均化されて不思議と端正な顔が出来上がるのです。このような平均顔は一般成人にとって魅力的であることが実験によって明らかにされました。もっとも、非常に魅力的な顔は平均的ではないこともあります。

それでは、生まれて間もない赤ちゃんの場合はどうでしょう。「赤ちゃんは言葉がしゃべれないから顔の好き嫌いなんて分からない」などと言わないでください。赤ちゃんは興味のあるものを注視し、飽きてくると視線を逸らすのです。したがって、刺激に対する注視時間を測定することで、赤ちゃんの好みを判定することができるのです。一般に、赤ちゃんはお母さんの顔写真を注視する時間が他の顔写真に比べて長いことが分かっています。つまり、赤ちゃんはお母さんが大好きなのです。ところが、平均顔の写真を赤ちゃんに見せると、お母さんの顔写真よりも長く注視することが分かったのです。赤ちゃんの顔の好みは大人と同じであるという新発見から、顔の好みの生得説なるものまで登場してきました。

それでは次の展示物を見てみましょう（**図15参照**）。モナ

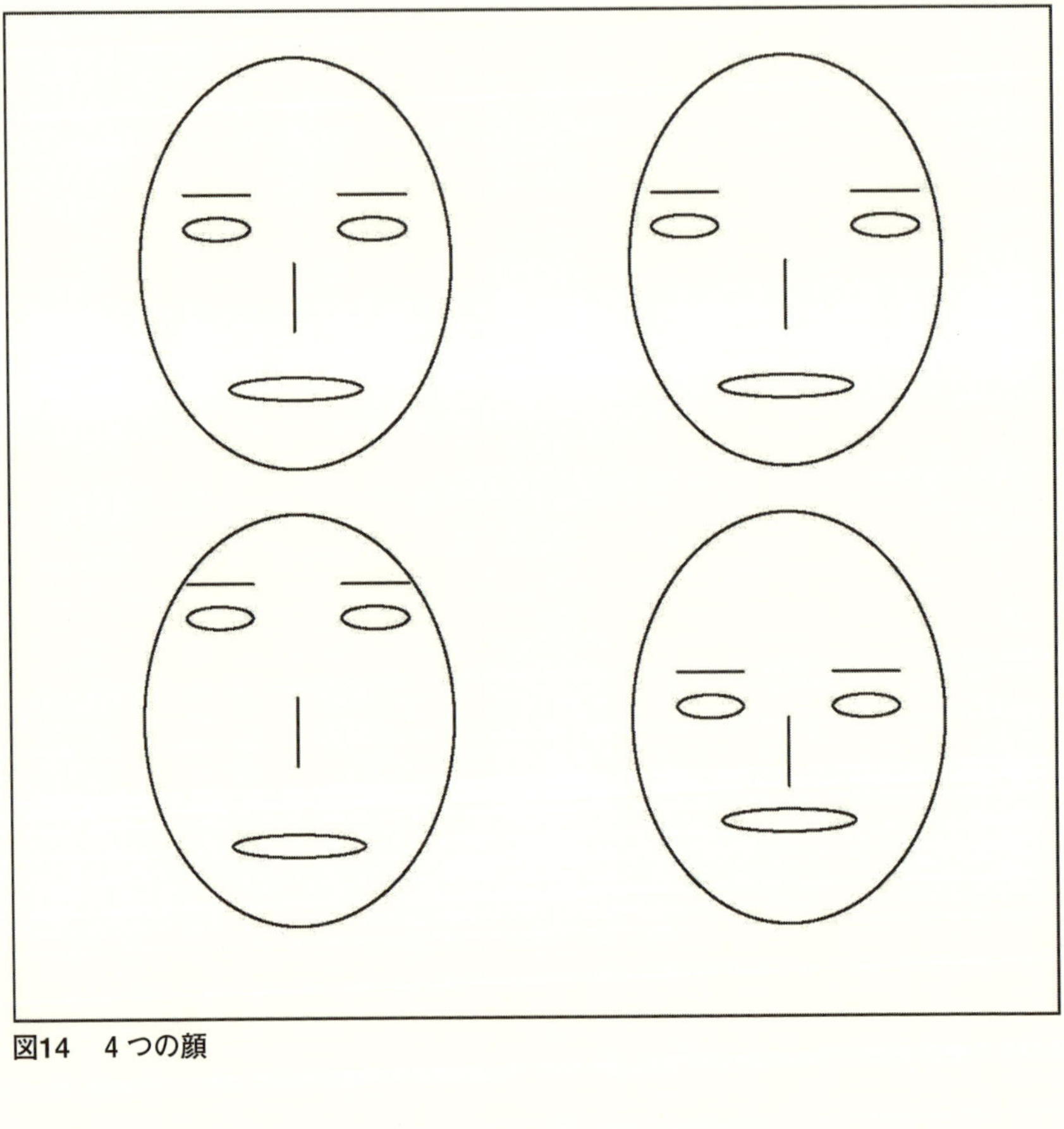

図14　４つの顔

図15　4つのモナリザ像

リザは有名で誰もがご存知なはずですから、これらの4つの絵画はどれもモナリザなのだが、いわゆるあのモナリザとは違うなとすぐ分かるでしょう。何が違うのでしょうか。それは表情です。左上から、驚いた表情、怒った表情、悲しんでいる表情、嬉しそうな表情のモナリザの絵です。私たちは顔の表情を簡単に識別することができます。ところが、この顔の表情識別に障がいのある人がいるのです。家族や身近な人の顔を見て誰であるかは分かるのですが、その表情が分からないのです。そのため別人と入れ替わった、あるいは精巧なアンドロイドや地球人に化けたエイリアンと入れ替わったと妄想してしまうのです。この病理学的現象はカプグラ妄想と呼ばれています。ところで、あなたにもこれと似た現象を経験できる方法が1つあります。図15を逆さにして見てください。どうです、4つのモナリザの顔の表情が容易に識別できますか。顔の表情だけでなく、よく知っている人の顔ですら識別が困難になるのです。これを倒立効果と呼んでいます。

カプグラ妄想は個人識別の障がいを伴わない表情識別の障がいですが、反対に表情識別には問題がないが、個人識別が障がいされているケースが報告されています。相貌失認といって、大脳の側頭葉内側部の底面にある紡錘状回がダメージを受けるとこの症状が現れます。人の顔を見てそれが人の顔と分かるし、どのような表情をしているのかも分かるが、その顔が誰の顔か識別できないというのです。この症状の人は、例えば両親や兄弟あるいは姉妹の顔を見ても誰の顔か分からないのです。かろうじて服装や声などで判断することが可能という有様です。ところが、こういう人でも物品に関しては難なく識別ができるのです。このことから、顔の認知に特化した神経基盤の存在が指摘されるようになりました。

6 出口の扉

さあ、すべての扉を開けて展示物を鑑賞してきましたが、「見る」という行為を通して、実に様々のことが分かりました。私たちの見る力は正確ではありませんし、注意力も確信の持てるものではありません。また、判断も環境にすぐ影響されてしまいます。さらに、意識だけでなく無意識の願望や欲求が潜在的に物の見方に影響を及ぼすことや、人の顔と物品の識別は神経学的には異なることなどを見てきました。いかがでしたか、少しは心理学という学問を理解し興味を持っていただけたでしょうか。

エビングハウスは「心理学の過去は長く歴史は短い」という言葉を残しています。心や意識についての思弁的な考察は古代ギリシアのプラトンやアリストテレスにまで遡ります。

そのため心理学の過去は長いと言われます。しかし、客観的な実験科学としての心理学は、ヴントが世界初の心理学実験室をドイツのライプチッヒ大学に設立した一八七九年に誕生したということを考えると、心理学の歴史は短いと言えるのです。ところが、この短い期間に膨大な数の実験や調査が行なわれ、「心」や「意識」に関する基礎的研究もかなり進んできました。他方において、学校でのいじめや不登校あるいは家庭内における幼児虐待やＤＶの問題、職場のメンタルヘルスや高齢者や障がい者に対する精神的支援といった心理学を応用した「こころのケア」の必要性が強く論じられるようになりました。心理学を学ぶことは福祉未来の実現において必要不可欠なのです。みなさんのような若い力が心理学に注がれることを期待してこの扉を閉じたいと思います。

参考文献

（1）フロイド・ブルーム（他）『新・脳の探検　上下』中村克樹・久保田競訳、講談社、２００４年

（2）アラン・ボブソン『夢の科学』冬樹純子訳、講談社、２００３年

（3）クリス・フリス『心をつくる』大堀壽夫訳、岩波書店、２００９年

（4）クリストファー・チャブリス（他）『錯覚の科学』木村博江訳、文藝春秋、２０１１年

（5）藤田一郎『「見る」とはどういうことか』化学同人、２００７年

（6）道又爾（他）『認知心理学―知のアーキテクチャーを探る』有斐閣アルマ、２００３年

（7）柴原直樹「視覚情報処理における部分と全体―大域優先性とラテラリティ」追手門学院大学心理学論集、第12号、１―12頁、２００４年

（8）柴原直樹（編）『心理学の発見』あいり出版、２００９年

（9）エドワード・スミス（他）『ヒルガードの心理学』内田一成監訳、ブレーン出版、２００５年

（10）竹原卓真・野村理朗（編）『「顔」研究の最前線』北大路書房、２００４年

（11）梅本堯夫・大山　正（編）『心理学への招待―こころの科学を知る』サイエンス社、１９９２年

（12）山口真美『視覚世界の謎に迫る』講談社、２００５年

第2節▼自閉症スペクトラム学生の支援

石井恒生▼発達心理学

1 自閉症スペクトラム（ASD）とは

自閉症（autism）は発達障がいの一種で、１００人に１人前後の割合で現われる先天的な障がいであり、後天的な要因（育ち方やしつけなど）によるものではないことが確認されています。自閉症は虹のように正常な状態から障がいが強い状態までの連続体（spectrum）で捉えることができ、ここから自閉症スペクトラム（autistic spectrum disorder; 以下「ＡＳＤ」）という概念が知られるようになりました。ウィングは、ＡＳＤの特徴として社会性の障がい・コミュニケーションの障がい・想像力の障がいの3点を挙げており、これらを「三つ組みの障がい」と呼んでいます。社会性の障がいとは、人との関わり方が多くの人（定型発達者）と質的に異なる（視線が合わない、他人の存在をあまり気にしない、どんな状況であっても規則を守るなど）ことを指します。

コミュニケーションの障がいとは、言語・非言語によるコミュニケーションの方法や内容が多くの人と異なる（台本を読んでいるようなぎこちない話し方が見られる、例え話やお世辞などの「言外の意味」が理解できない、「ちょっと待ってね」といったあいまいな表現が理解しにくい、表情や視線、身振りなどによる指示を理解できないなど）という特徴を指します。

想像力の障がいとは、物事の先を見通したり予想したりすることに困難を感じる（何かを行なうときの順番や使うものを置く場所がいつもと異なると不快になる、普段やっていることが何らかのトラブルでできないと混乱するなど）ことを意味します。新しい出来事に対する見通しを持つことが不得意なため、慣れ親しんだ行動に対するこだわり（常同行動）

や規則的なものに対する関心などが見られます。これらは「障がい」というよりは、3つの要素における「偏り」であると理解するとよいかもしれません。

その他にも、何らかの形で感覚のアンバランスさを持つことが多いです。特定の音（機械音や高い音、大きい声など）が非常に苦手である、もしくはよく聞こえる、通常の光がまぶしくてたまらない、人から体に触れられるのが非常に苦手である、周りの声がすべて自分に対して発せられているように感じるなど、その現われ方はさまざまです。

2　ＡＳＤ学生と大学生活

高等教育機関（大学や短大など：以下「大学」）への進学者数は年々増えており、その中にはさまざまな障がいを持つ学生も数多く存在します。この傾向に合わせ、大学でも障がいを持つ学生（ＡＳＤなどの発達障がいだけでなく、身体障がいや視覚障がい、聴覚障がいを持つ学生も含まれます）への支援を組織的に行なう動きが急速に進められています。古くは学生相談室や学生支援の担当部署、指導教員などによる個別の対応が中心でしたが、近年は専門的な支援組織を持つ大学が徐々にではありますが増えてきています。

平成十九年度の文部科学省による「新たな社会的ニーズに対応した学生支援プログラム（学生支援ＧＰ）」に富山大学・信州大学・東北公益文科大学・プール学院大学の4大学が発達障がいを持つ大学生に対する支援プログラムとして選定され、これらの大学ではそれぞれの視点から発達障がい学生に対する組織的な支援の仕組みが作られ、その成果が大学間で共有されつつあります。他の大学でも、大学の実情に合わせた支援組織を立ち上げる事例が増えており、少しずつ大学にも支援の仕組みが根付きつつあるといってよいでしょう。

とはいえ、ＡＳＤ学生は学生生活の多くの場面で困りごとに直面します。最近は多くの大学に担任と同様の制度（チューター・クラス担任・アドバイザーなど、呼び名は大学によってまちまちです）や困ったことを相談できる場所が存在しますが、自分から相談に行くことができないケースが多く、せっかくの相談資源が十分に活用されないことも多いです。例えば能力の範囲を超えてたくさん授業を履修してしまう、卒業に向けた単位取得の計画的な見通しが立てることができない、授業の空き時間に何をすればよいか分からなくなる、突然休講になったときにどうしてよいか分からなくて混乱してしまうなど、いろいろな困難が待ち構えています。その一方で、「中学や高校のときはパニックになっても教室にいないといけなかったけど、大学はあまり周りからとやかく言われないので助かる」など、このような状況をむしろありがたいと感じる学生もいます。

また、対人関係においても多くの困りごとを感じます。話がかみ合わない、相手の思いを考えずに自分の興味・関心のあることだけを一方的に話したりすると、どうしても対人関係が不安定になったり、長続きしなくなってしまいがちです。大学では高校までとは違い、対人関係の問題を誰か（クラス担任や部活の顧問など）が調整する機会が少なくなることも、結果として孤立に拍車をかけています。

さらに、就職はＡＳＤ学生にとって大きな壁となります。就職するためには就職活動を行ないますが、近年の就職活動ではコミュニケーション能力の有無が重要視される傾向が強く、そこが不得意であるという特性を持つＡＳＤ学生が内定を得ることは、決してたやすいことではありません。内定を得て就職できても、実際の仕事の中でＡＳＤの特性が顕在化すると、仕事を続けることが困難になります。ＡＳＤ学生に対する日常的な就職支援（就職に対するイメージ付け、履歴書の書き方や面接の指導など）は大学でできることも多いですが、彼らの特性に合った就職先の紹介や開拓は大学独自に行なえるものではなく、さまざまな社会資源を活用する必要があります。療育手帳や精神障がい者保健福祉手帳を取得した場合は、障がい者雇用や福祉的就労（障がい者福祉サービスを受け、特性を配慮した仕事に就く、または就労を目指した訓練を受ける）など、社会福祉の制度を利用した就労支援を検討できるようになります。しかし、ＡＳＤに対して療育手帳や精神障がい者保健福祉手帳が交付される基準は自治体によってまちまちであり、取得を希望しても必ずしも実現できるとは限りません。また、手帳を取得することのメリットは大きいですがデメリットも存在しますので、両者を天秤にかけて慎重に考える必要があります。

3　具体的な援助のポイント

①視覚的支援を中心とした環境の調整

周囲ができる援助の方針を一言で表わすと、「視覚的支援を中心とした環境の調整」です。大学での板書はポイントや重要な単語のみを書くだけのことが多いですが、流れも含めて板書する、配布物を活用する、テキストの該当ページを視覚的に示すなどの工夫が考えられます。聴覚過敏がある場合は、静かに集中できる環境を用意することも有効です。これらはあくまで一例であり、どのような環境の調整をすれば学習をよりうまく進めることができるのかを具体的に工夫する必要があります。

社会的な状況を具体的に説明することも重要です。学外の施設を見学に行くとき場にそぐわない服装（Tシャツ・ハーフパンツなど）で現われたＡＳＤ学生に対して「常識で考えてきなさい」だけでは不十分です。「衿のある服のほうがいいね」「ネクタイはしなくてもいいんじゃない」など、具体的にどのような服装であればよいのかを一緒に考える必要があります。社会的な状況について面と向かって指摘するのはためらわれることもありますが、適応的な行動を具体的に示すことが結果的にはためになることがほとんどです。また同時に、こうした援助を特定の人が献身的に支えるだけでは長続きしませんし、「ＡＳＤ学生には単位をあげます」「見学には来なくても大丈夫です」という姿勢は単に学習の権利を奪っているだけです。人には誰しも援助出来ることと出来ないことがあるはずなので、それを自分の中で明確にしておき、かつ周囲に説明することも必要でしょう。

②自尊感情を高める

「自分は価値ある存在である」と考える感覚を自尊感情（self esteem）といいます。ＡＳＤ者は、そうでない人に比べて失敗体験を積み重なることが多くなります。自分の関心があることばかりを質問して、「そんなことばかり聞かないで！」と言われ友達関係がうまくいかなくなってしまったり、社交辞令で言われたことをそのまま受け止め、後で周囲から陰口を言われてしまったりします。そのため一般に自尊感情が低く、自分に対する自信を持ちにくいことが指摘されています。そのため、「できる」体験を積み重ねて達成感を得ることで、自尊感情や自己肯定感を高める関わりが必要となります。大学全体としてこのような関わりを持つ機会を設定することは現実には少なく、支援組織や学生相談室など専門的な立場から助言することが多くなります。しかし周囲の学生や教職員による「できないことではなく、できることや得意なところに目を向ける」という姿勢は、ＡＳＤ学生にとって大変心強い環境となるでしょう。

③医学的診断よりニーズの把握

ＡＳＤでは、医学的診断が分かれば実際の困りごとがはっきりと分かるとは限りません。「彼はインフルエンザである」と聞けば、「熱が高いだろう」「関節や筋肉が痛いだろう」と予想できます（もちろん、「熱はあるけどあまり筋肉痛はない」こともありえます）。しかし、「彼はＡＳＤである」と聞いても、「何らかのこだわりがある」ということは予測できますが、そのこだわりが彼の生活のどこに現われるのかは人によってさまざまです。「送りたくなったら、夜中だろうとどうしてもメールを送ってしまう」というこだわりを持つ人もいれば、「とにかくスポーツカーが好き」という形でこだわりが現われる場合もあります。医学的診断は福祉制度としての支援を受ける際には不可欠ですが、日常生活で「彼女はＡＳＤだから……」という見方は偏った見方です。「彼女は何が得意で、何が不得意なのか」、「何に対して援助が必要で、何に対しては必要ではないのか」といった、その人が持つ具体的な支援のニーズを把握しようとする視点を持つことが大切です。

昔から学校教育では、障がいを持つ子どもに対して健常児とは違う特別な指導・支援（特殊教育）を行なってきました。特殊教育は二〇〇七年度より特別支援教育へと制度移行しましたが、そこでは障がいの種別にかかわらず、特別なニーズを持つ子ども（children with special needs）が持つ教育的ニーズを把握し、個別の指導や支援を進めることが重視されるようになりました。特別支援教育が制度としてカバーする範囲は現時点では初等・中等教育（小学校・中学校・高等学校など）であり、大学はその範囲には含まれていませんが、これからはますます多くの学生が大学に入学することでしょう。また、二〇〇五年に定められた発達障がい者支援法にも「大学及び高等専門学校は、発達障害者の障害の状態に応じ、適切な教育上の配慮をするものとする」（第八条2）ことが示されています。

特別支援教育の枠組みの中では、各学校に特別支援教育に関する校内委員会が設けられ、特別支援教育コーディネーターが指名されています。大学においても同様の機能を持つ組織を作り、大学への入口の部分では高等学校や家庭との連携、大学からの出口の部分では企業や就労支援専門機関などとの連携をスムーズに行なうことができる体制を作ることが望まれます。大学での支援はまだまだ試行錯誤の段階ですが、障がいの有無に関わらず全ての学生が公平に学ぶことのできる環境が整えられることを目指したいものです。

第3節▼心の病と福祉

――社会は「精神障がい者」をどのように遇ごしてきたか？　そしてそこから見えてくるもの

山田州宏▼精神保健福祉学、精神科リハビリテーション学

心の病は、これまでどのようなものと考えられ、どう呼ばれ、どう扱われて（？）きたのでしょうか。そして今はどのように考えられ、支援・援助がなされているのでしょうか。今後はどのような方向に向かうのが良いのでしょうか。その時々のエピソードを紹介しながら考えてみたいと思います。私が精神医療・福祉の世界にお世話になったのは一九五九年、半世紀以上も前のことです。その間さまざまな体験をしました。その体験や経験も踏まえながら「心の病と福祉」について考えてみたいと思います。

ところで現在日本には「**精神病院**」は1つもありません。途中でその理由が出てきますが、それまでは「精神病院」という表現で論を進めます。

1　心の病の原因と生活の変化

（1）心の病の原因

心の病に関して、詳しいことは精神医学の専門書を見ていただくこととして、なるほどと思う有力な説を1つだけ紹介します。それは「**ストレス―脆弱性―対処技能モデル**」というものです。ストレスは皆さんのご存知の通りです。脆弱性はストレスにどのくらい強いか弱いかといったものです。対処技能とはストレスをどのくらい上手に処理できるかどうかというものです。何かに遭遇する（ストレス）→　心が動く（どの程度か、が脆弱性）→　どう心の中で決着つけるか（対処技能）ということです。

具体例で考えてみます。イソップ物語の中に「喉の渇いた狐」の話が出てきます。暑い中狐は歩いています（ストレス）

↓　歩いていると喉が渇いてきました（ストレス）↓　もう喉が渇いてどうしようもありません（脆弱性）↓　おいしそうな葡萄が木の高いところになっています（ストレス）↓　あれを取って食べよう（対処技能）↓　どうやっても取れません（ストレス）↓　あんな葡萄どうせ酸っぱいに決まっていると思いました（対処技能）↓　そしてその場を立ち去りました（対処技能）。このように「酸っぱいに決まっている」と心の中で決着をつけることで、心は傷付かずにすみ旅を続けることができたというお話です。

ストレス（暑さ）がどのくらいなのか、どのくらい続いていてさらにどのくらい今後続く可能性があるのか、ストレス（喉の渇き）解消のための環境状況（高いところになっている葡萄）はどうか、どう解消するのか、又はできないのか（対処技能）、こういった絡みで病気になったりならなかったり、あるいは重くなったり軽い程度ですんだりする、という説です。

私はこれに「支援・援助環境」を加えて「**ストレス―脆弱性―対処技能―支援・援助環境モデル**」がいいかなと思っています。喉が乾いた時（困った時）、葡萄（支援・援助環境）が食べられる（利用できる）ことも大変重要で、発病の原因を本人個人の中にのみ見出すのはどうかと思うからです。

(2) 心の病と生活の大変化

心の病に罹ると「**生活は一変**」します。今回の東日本で起きた大地震や大津波、原発事故が本人や家族、国民、地域、国家に大災害をもたらし、特に原発問題は場合によっては収束に何千年、何万年もの時間が必要とのことです。規模は小さいかもしれませんが、まさにこの大震災が本人や家族に襲いかかるようなものです。発病↓受診↓入院↓退院↓社会復帰↓通院継続、このように流れは簡単に書けますが、その時々に要するさまざまなエネルギーや時間はとてつもなく大きく長いものです。

一例を挙げると、「5人家族の長男、高卒後大学進学のため上京し生活、2年の夏休みバイトで駐車場管理、ある日駐車している車の屋根の上を、源義経の八艘跳びよろしく奇声を上げながら次々と飛び跳ね、警察に保護され、強制入院」、結局大学は中退、車の件で家族がバイト先、車の持ち主等への謝罪と話し合い、お詫びと修理代で数百万円（中にはベンツや高級外車も相当あった）、アパートの引越し、地元病院への転院、近所の好奇の目や遠巻きにする距離への対応、医療費の捻出、下2人の高校以上の進学のあきらめ、あげればきりがないくらいの問題を背負い、両親は50歳前後であったが、数カ月後には白髪に、というような大変化となってしまいました。

　その後幾度かの入退院を繰り返し、何とか本人なりの生活ができるようになるのに、発病・入院以来約15年を要しました。

2　外国の場合

　よその国ではどんな歴史があり、それが現在にどのような形で繋がっているのでしょうか。いくつかの国の事例を見てみたいと思います。

1　妻を亡くした王様は、お前を自分の妻にするぞ、と娘に迫りました。狂気は悪魔のせいと考えられていた時代です。
　紀元六〇〇年頃、アイルランドの王様が、お后を亡くし悲嘆に暮れ、家来にお后に似た女性を探させましたが見つからず、お后に似た自分の娘ディンプナを自分の妻にしようとしました。ディンプナは司祭ゲレベルヌスと一緒に海を渡って逃げましたが、**ベルギーのゲール**で捕まり処刑されてしまいました。やがて悪魔にそそのかされた父の狂気に屈せず、死をもって父の悪霊を払ったということで「精神病の守護神」とみられるようになり、以後精神病者がゲールに集まって生活をするようになりました。今でも精神障がい者対応の国策としてそれは続いています。家庭的看護、里親、地域での生活支援、宗教との関わり、経済問題、医療問題等考える材料山盛りです。

2　ピネル院長は言いました。精神病者は魔女や悪魔付きではなく「病人」です、と。悪魔付きから病人へとまず専門家達が考え始め、対応し始めたのです。
　一七八九年のフランス革命は、宗教色を排除して「自由・平等・博愛」を勝ち取ったことで有名です。当時精神病者は魔女や悪魔付きとみられ、処刑されたり、鎖で繋がれたりしていました。革命運動に加わったビセートル公立精神病院の院長フィリップ・ピネルは、精神病者は魔女や悪魔付きではなく「病人」であり、異常な行動や考えは「病気からくるものである」と主張して、**鎖から解き放ち**ました。精神病を科学の対象とし、精神障がい者を病人として扱い始めたのです。そして多くの人に影響を与えました。

3　第二次世界大戦の最中、イギリスのマックスウェル・ジョーンズは、収容・監置は人を立ち直らせない、治療も社会復帰活動も皆（医師だけでなく、全従業員、患者全員、さらには地域社会の人たち）でやってこそ成果が上がる、との考えでやり始めました。当事者の参加と自己決定が大切です。

彼は、戦争の終わりごろ長年捕虜になっていた兵隊３００人の治療と社会復帰活動に取り組み、監置主義、管理体制を廃し、民主的な平等主義に基づく自治制度をもって「**治療共同体活動**」を行ない、成果をあげました。この考え方や方法は全世界に広まり、現在でもさまざまな取り組みが行なわれています。

4　大統領が謝りました。アメリカは精神病者と精神薄弱者（現知的障がい者）とに申し訳ないことをしてきた、と。脱施設化が世界の潮流になり始め、やがてＡＣＴ（assertive community treatment：重度の精神障がい者を、その人が生活している所・地域にチームが出向いて行って、治療や援助・支援を行なう関わり）へと展開していきます。

イギリスでは一九六二年に病院計画を議会に提出し、精神病床数を減らし始めます。この影響を受け、翌一九六三年アメリカのケネディ大統領が、「我々は国民として、今まで長い間、精神病者及び精神薄弱者（現知的障がい者）を無視してきた」と述べ、人間倉庫とまで言われた州立精神病院を「これからは閉鎖あるいは縮小し地域精神保健センターを作り、地域で生活できるようにする」と宣言しました。有名な「**ケネディ教書**」といわれるものです。そしてその考えを実行に移していったのです。急激な脱施設化はさまざまな問題（犯罪、回転ドア現象、その他）を生み出していきましたが、何とか乗り越えて、現在は「本人の力を最大限発揮して」「自己実現を目指し」「一市民としての当たり前の生活を」「地域で」行なうことが出来るよう、ＡＣＴや、自助組織を中心とした展開、その他を行なっています。

5　精神病院は要りません！　バザーリアは吼えました。地域で治療も社会復帰も生活も、です。

一九六一年、イタリアのゴリーツィア州立病院にフランコ・バザーリアが院長として就任します。患者への拘束や暴行が当たり前という、そのあまりにもひどい状況をみて愕然とし、病院の大改革を始めました。そして病院の全廃を唱え、国にも働きかけ、一九七八年ついに「**法180号（バザーリア法と呼んでいます）**」が制定されました。中身は、病院を漸次閉鎖する、入院禁止、入院期間は最大7日といったものでした。2年後には再入院禁止、そして一九九八年末には病院の完全廃止宣言を行なったのです。日本ではまだ公開されていませんが、イタリアで映画「シ、プオ、ファーレ」（大丈夫できるよ）が作られヒットしました。バザーリア法ができた3年後のイタリア北部が舞台になっており、ある意固地で気の荒い中年男が精神に障がいのある人達を率いてタイル張りの事業で成功を収めるという物語です（毎日新聞２００９・２・５）。

3　日本の場合

日本では、魔女狩りや宗教裁判、処刑や投獄といったことは行なわれませんでしたが、病気や障害という観点から考えたり対応したりしようとし始めたのは、ごく最近のことです。

1　おかしくなるのは霊が取り付くからだ、取り付いた霊を追い払おう、としました。そしてお参りさせたり、お払いを受けたり、霊験あらたかな霊泉を飲ませたり、滝に打たせる方法が長いこと続きます。

十一世紀、後三条天皇の皇女の挙動がおかしくなり（髪を乱し、衣を裂き、言葉少なく、言えばうわ言、全く心を喪ってしまった）神仏に祈願したところ「岩倉大雲寺に参詣させ、境内の不増不滅の霊泉を飲ませるように」とのお告げがあり、そうしたところ病気が治り元の聡明な本人に戻った、との故事から、「**岩倉大雲寺**」に精神病者を連れて行き、会所や茶屋で寝泊りさせて、加持祈祷、霊泉飲水、水治方等が行なわれました。明治に入って病院が建てられ中止されましたが、経済的な理由で病院がつぶれ、また復活しました。しかし第二次世界大戦の時食糧難から会所や茶屋がなくなり、この方法は終わりを迎えました。

2　日本は法律的後進国だな……と先進諸国はつぶやきました。病者が利用された事件ですが、病者でない者が病者に仕立てられることもあり、日本ではまだまだ精神病は科学の対象にはなっていませんでした。

慶応元年（明治になる3年前）、14歳で相馬藩（現福島県）を家督相続した相馬誠胤（ともたね）は、明治維新の変革期を乗り切り、名君と言われました。18歳で結婚、24歳の頃から不眠、徘徊、嫉妬、興奮、暴行等の症状が出現、そこで隠居した父が家臣に命じて誠胤を居室に監禁したり、病院に入院させたりしました。錦織剛清という藩士が、滋賀直道（志賀直哉の祖父）らのお家乗っ取りだ、と騒ぎ出し裁判所に訴えました。世に言う「**相馬事件**」です。それから12年もの間スッタモンダの騒ぎがあり、外国にまで報道され、日本は精神病者対応の法律もない後進国だ、と思われたのです。

3　外に出て人に危害を加えないように、自家用牢屋を作って入れてもよい、との法律を政府が作りました。まさに治療より監禁が必要との考えだったのです。

一九〇〇年、相馬事件のこともあり時の政府は、私宅監置（例えば座敷牢や監置専用小屋）を法的に認めた「**精神病者監護法**」という法律を作りました。この法律ができる前から実際には私宅監置は行なわれていました。ちなみに島崎藤村の『夜明け前』に主人公が私宅監置され生活する様が書かれています。

この法律では、最寄の警察を通して地方長官に願い出て、許可が下りれば監置できるようになり、その後の見回りは警察官が行なっていました。また公私立精神病院の病室の管理も警察部の所管としました。ということは、「精神病者は病人というより危険で何するか分らない存在だ、だから閉じ込めたり取り締まったり、入院中でも監視するのだ」ということに繋がり、偏見や差別を生み強めることになったのです。

4　日本の精神病者は二重の不幸を背負っている！と帝国大学の精神科教授が怒りました。そして治療する精神病院の必要性を訴えました。

一九一七年、精神病者の全国調査で「精神病者約6万5千人、入院中約5千人」ということで、一方ドイツなどヨーロッパでの病院が非常に足りないということが分りました。一方ドイツなどヨーロッパでの留学から帰ってきた呉秀三は、樫田五郎らと共に私宅監置の状況を数年にわたり調査し、一九一八年「**精神病者私宅監置ノ実況及ビ其統計的観察**」を著しました。その中で、①この病気を背負ってしまった不幸、②日本に生まれた不幸、この二重の不幸を日本の精神病者は背負っている、と世に訴えました。

このような背景があって一九一九年「**精神病院法**」が制定され、公立病院を建設することになりましたが、国にはお金がありません。そこで民間が建設した精神病院を公立の**代用病院**としても良いことにし、公立病院は数えるほどしか建設されませんでした。現在でも日本では私立病院が圧倒的に多く、その流れの延長線上にあります。

5　精神病は、癲狂、フーテンではなく精神障がい、精神病者は精神障がい者で医療と保護が必要な病人です、と政府は定義し、私宅監置は1年かけて廃止することにしました。「医療と保護」が必要と、まさに画期的なことでしたが……。

一九四五年第二次大戦が終わり、そして日本国憲法が制定され、日本は民主主義国家として再出発し、当然精神病者の取り扱い（？）も変えられることになりました。

一九五〇年、これまでの2つの精神病者対応法律（精神病者監護法、精神病院法）を廃し「**精神衛生法**」という法律で対応することになりました。中身は、精神病（者）を精神障がい（者）と呼び、病人だから私宅監置ではなく、入院を、病気のため自傷他害の恐れが非常に強いが、それを病気のせいだと病気のため思えず入院したがらない場合、県知事の命令入院（措置入院）で対応を、そこまでない場合は保護義務者（現保護者）の同意による入院をさせなさい、と決めました。つまり本人側から考えるとほとんどが「強制入院」といったものでした。

入り口のことはこのように、医療と保護が必要、と決めましたが、出口以降のことは全くと言っていいくらい決めていませんでした。このように私宅監置と入院が置き換わっただけですから、以後長期在院者がジワジワと増えていったのです。また一九五一年には私宅監置はできなくなったはずですが、筆者が最後に見た私宅監置小屋は一九六七年で、病人を長期間入院させる経済問題やさまざまな問題を家族が背負う大変さを痛感させられました。

6　一九五四年実態調査の結果、人口約9000万人、精神障がい者約130万人、入院の必要な人約34万人、ベッド数約38000床、これじゃ**約30万床足りない**、と政府は頭を抱えました。そこで病院建設に補助金を付けたり、低利融資制度を作ったりして民間病院をどんどん建ててもらおうとの政策を始めました。

この方針以後、世間の「精神病院建設反対」を、山奥や海岸端等人里離れたところに建てることでかわして、雨後の筍のように次から次へと精神病院が建てられていきました。抗生物質等のおかげで結核患者が激減し、結核療養所が経営的にもたちいかなくなり、精神病院へとシフトしたことも遠因となりました。今では街が病院の周辺に押し寄せてきて、街の中に病院がある時代になりました。

7　精神障がい者を野放しにしていれば、東京オリンピックが開催できないかも、と政府は本気で心配しました。そして全員入院と監視体制の強化が必要との見解を打ち出したのです。

一九六四年、アメリカの駐日大使ライシャワーが精神障害者に刃物で刺されました。東京オリンピックが十月に開催される年の三月のことです。精神障がい者対策問題と輸血問題が大きくクローズアップされました。新聞はこぞって「精神病者野放し論」を展開し、政府はまず国家公安委員長を更迭しました。そして精神障がい者全員を国費で入院させよう、と、当時の病床数を減らし地域の中で援助する、という世界の流れとは逆行する見解を出しました。日本の多くの家族の人達、識者、さまざまな関係団体の猛反対に遭い、諸外国からも反対の意見が出され、さすが全員入院は取り下げましたが、一九六五年、通報制度の強化、保健所を精神衛生の第一線機関に、通院費用を公費で負担、精神衛生センター（現精神保健福祉センター）の各県への設置を義務付け、等の**精神衛生法の大改正**を行なったのです。

警察の介入だけは阻止されたものの、社会防衛的な色彩の濃いものになりました。例えば通院医療費公費負担制度は、「通院費を公費で負担すれば通院するだろう、通院させていれば病気が悪化して事件を起こすようなことは少ないだろう、有効期間を6カ月にして更新しない人のところには保健婦（現保健師）を訪問させて様子を見させよう」というもので、発想は社会防衛的、結果は多少福祉的というものでした。

8　精神障がい者の危険から世の中を守るのが精神病院（職員）の役目だ、という考えの病院がまだまだ多かった時代の殺人事件です。病棟の中では「犯罪者はいいな～。刑期がきまっているから。俺らは死んで裏口からしかシャバに出られないもんね」という会話がよく聞かれました。

一九八四年、**宇都宮病院事件**が起きました。職員が何人かの入院患者を殺した事件です。職員の言うことをきかない患者は、職員の暴力によって言うことをきかされるのがいつものことで、調べによれば、毎年の死亡退院の数が他の病院のそれよりもはるかに多かったということでした。こんな大事件を起こし、大問題になったこの病院に、「ぜひ入院させてほしい」との全国からの入院相談（依頼）が後を絶たなかった、というのです。これらの事実は何を意味しているのでしょうか。

一九八五年、この事件を受けて国は「入院者に来た手紙は本人に渡すように」とやっと通達を出しました。「手紙を出す、受取る」こんなことさえ自由ではなかったのです。

9　日本には不祥事を引き起こす病院はありません、宇都宮病院事件は特殊です、と政府は国連で弁明しました（宇都宮病院事件→国連での説明→日本への調査団→法律改正）。

一九八七年、政府は、国内外からの批判や要望に抗しきれず精神衛生法を**精神保健法**に変えました。自由入院制度（任意入院）の導入、人権擁護を前面に（精神保健指定医制度、精神医療審査会）等を中心とし、さらには社会復帰施設を法定化したのです。

この段階でやっと日本では「精神障がい者は意思を持つ人、人権侵害されやすい人、地域で生活する人」との社会的認知がされ始めたのです。

もう一つ大切なことは、何か事件のようなものがあって初めて法律を改正するのではなく、おおよそ5年に1回見直す（ローリング法）という手法を以後とるようにしたことです。

10　**精神障がい者は障がい者**のひとりです、と法律（障害者基本法）で認知されました。一九四九年身体障害者福祉法、一九六〇年知的障害者福祉法、一九九三年障害者基本法、これで3障害が法的に認知された訳です。

精神障がいは精神疾患と同時存在で、病気が悪く（良く）なれば障がいの程度も重く（軽く）なる関係です。ですからこれまでは、精神障がい（者）という表現を用いてきましたが、医療と保護の対象としか考えず、「医療・保護も福祉も」ではなかったのです。

11　一九九五年、精神保健法を改正し、**精神保健及び精神障害者福祉に関する法律**にしました。単独立法ではありませんが、精神障がい者福祉に関する法律ができ、精神障がい者保健福祉手帳制度の創設や社会適応訓練事業の法定化等が盛り込まれ、精神障がい者は、医療と保護の対象者であり、同時に福祉の対象者であることが多少法的に整備されました。

でも国の借金は増える一方で、公費負担医療（例えば強制入院）でも、まず保険を優先させなさい、となりました。

12　一九九七年、福祉の専門家でありながら「何でも屋」として精神障がい者の社会的復権や社会復帰のお手伝い、をする専門家に「**精神保健福祉士**」国家資格が与えられることになりました。長〜い（社会的）入院を何とか解消していこうと政府が重い腰を上げ始めたのです。出口のない法律が制定されてから幾年経ったのでしょう。

13　二〇〇三年、**精神障害者退院促進事業**（現精神障害者地域移行・地域定着支援事業）が始まりました。出口のない法律の後始末的な事業という印象でしたが、次第に一市民としての当たり前の地域生活を送ることができるような支援策として充実していく出発点になった事業です。

14　二〇〇三年、「**心神喪失状態で重大な他害行為を行った**

者の医療及び観察等に関する法律」が制定されました。二〇〇一年六月、大阪教育大学付属池田小学校に精神科の治療歴のある人が押し入り、幾人もの小学生を殺傷するという痛ましい事件が起きました。この事件をきっかけに議論が行なわれ、心神喪失状態で重大な他害行為を行なった者に対しては、新しい法律で対応しようということになりました。

病気のために罪を犯した場合、昔から1級減じた刑罰で、近年では受刑ではなく強制受療（措置入院）で対応してきました。罪を犯す恐れのある人と、罪を犯してしまった人とを同じ病院で入院治療を行なってきた訳です。

15　二〇〇四年、「**精神保健医療福祉の改革ビジョン**」（入院医療中心から地域生活中心へ）と「**今後の障害者福祉施策について（改革のグランドデザイン案）**」（種別等にかかわらず障害のある人身近な市町村で必要なサービスを）がほぼ同時期に発表され、以後雪崩のように障がい者別の対応から、障がいを区別しない対応へと変わっていきます。

16　二〇〇五年、障がいの種別にかかわらず、障がい者の福祉サービスが市町村から一元化して提供することなどを規定した「**障害者自立支援法**」が公布され、二〇〇六年四月と十月の2回に分けた出発となりました。

地域でさまざまなサービスを利用しながら、住まうことや働くことを通してその人らしく生きる基盤が作られました。そして今は仮称「**障害者総合福祉法**」の制定に向けて議論が進められています。

17　二〇〇五年、精神分裂病は精神が分裂する病気との響きがあり、別名に変えたいとの家族の悲願でも学会の思いでもあった病名が、「**統合失調症**」に変わりました。翌二〇〇六年、精神病院法が施行されてから88年経ち、ついに精神病院が日本から消えました。実態がなくなったわけではありませんが、呼称が「**精神科病院**」に変わったのです。

「悪魔や霊が付く」「遺伝だ」「取り締まれ」「閉じ込めろ」「瘋狂院」「精神病院」といった時代が長く続き、言われもなき差別や偏見に晒され続けた時代に1つの幕が下ろされた感があります。

18　現在は、精神保健及び精神障害者福祉に関する法律と障害者自立支援法、その他の法律・制度により、統合失調症や躁うつ病、うつ病、さまざまな依存症、認知症、てんかん、神経症、自殺関連等々、数え切れないくらいの心の病を背負いながらも、少しでもその人らしい生活を地域で展開できるように支援して行こうと取り組みが行なわれつつあります。

4　希望を紡ぐ

1　とにかく集まろう、と同じ境遇の家族同士が声を掛け合ったり、病院のスタッフが声を掛けたり、保健所のスタッフが声を掛けたりして集まりだしました。家でごろごろした生活しかしていない人、時には拒薬して状態悪化する人、病院は嫌だといって入院しない人、途方にくれる家族、こんな人たちが集まってどうなるのでしょうか?

家族が集まれば「**家族の集い**」やがて「**家族会**」に発展、家族と本人たちが集まれば「**居場所・行き場所**」やがて「**小規模作業所**」に発展、こんな亀の歩みが始まったのは一九六〇年代。形になったのは一九七五年、京都府に「**おおみや共同作業所**」が誕生、そして全国に広まっていったのです。

一九六四年のライシャワー大使事件後、前述したように国は「全員国費で入院を」と治療より治安対策中心の施策を行なおうとしました。全国にできつつあった「家族会」が反対運動を展開しだします。やがて大同団結して一九六五年「**全国精神障害者家族会連合会**」(**俗称全家連**)を結成、さまざまな活動を行ないだしました。残念ながら国等の補助金の使い方の誤りからそれらを返金しなければならなくなり、二〇〇七年四月に解散となってしまいました。もちろんその後、違う団体がその意志を継いで事業展開はしています。

2　入院中の人たちに、病院での生活ではなく地域で一緒に住んでみよう、と谷中輝夫は声を掛けました。

一九七〇年、彼は、長期入院のため本人の戻るべき家(場所)がなくなってしまった人たちを対象に、「生活の拠点」「共に時間を過ごせる拠点」として、ある工場の2階を借り、共同生活を試み始めました。そのまま誰も声を掛けなければ「一生入院生活」を送ったかも知れない人たちと一緒に、です。「生活技術や労働能力の獲得を目指させる」中からではなく、「**共に生きること**」を通して「**ごく当たり前の生活**」が獲得されていったのです。この活動はさらに大きなうねりとなって広がっていきました。

3　世界リハビリテーション会議で、精神障がい者リハビリテーションに大きな影響と成果を挙げた日本の5つの活動を「**ベストプラクティス5**」として選びました。

一九九九年、北海道での「帯広ケアセンター活動」、群馬県での「精神保健活動」、埼玉県での「やどかりの里活動」、東京都での「JHC板橋活動」、和歌山県での「麦の郷活動」、この5つの活動が選ばれたのです。それぞれ「地域で、精神障がい者が、一市民として、本人が主人公となり、当たり前に暮らす」を中心に据えて、現在でも活発な活動が行なわれています。

書きたいこと、書かなければならないこと、まだまだたくさんあります。今ではどんな小さな町にも「当たり前」に障がいのある人たちが、物を作ったり活動したりする拠点があり、生活をしています。また医療機関も精神科病院だけではなく、街の中に小さな精神科診療所が増え、医療ニーズに応じられるようになりつつあります。心の病は誰でもが背負う可能性があることを前提に、その予防も含め、共に歩んでいく世界が構築され続けられることを願っています。

参考文献

(1) Alistair Munro "Psychiatry for Social Workers" Pergamon Press, 1969
(2) 松井紀和監修『ソーシャルワーカーのための精神医学』相川書房、1976年
(3) 厚生省公衆衛生局監修『わが国における精神障害の現状―昭和38年精神衛生実態調査』厚生省、1965年
(4) 谷中輝雄編『これからの社会復帰』やどかり出版、1982年
(5) 石川信義『心病める人たち』岩波新書、1990年
(6) 谷中輝雄『谷中輝雄論稿集1~3』やどかり出版、1993年
(7) 谷中輝雄『生活支援―精神障害者生活支援の理念と方法』やどかり出版、1996年
(8) 東雄司・江畑敬介監修、伊勢田堯・小川一夫・百溪陽三編『みんなで進める精神障害リハビリテーション―日本の5つのベスト・プラクテス』星和書店、2002年
(9) 八木剛平、田辺英『日本精神病治療史』金剛出版、2002年
(10) トリエステ精神保健局編、小山昭夫訳『トリエステ精神保健サービスガイド』現代企画室、2006年
(11) 坂野憲司・堀田和一編『臨床に必要な精神保健福祉』弘文堂、2007年
(12) 呉秀三・樫田五郎著『精神病者私宅監置ノ實況及ビ基統計的観察』(復刻版)創造出版、2000年
(13) モナ・ワソー著、高橋祥友監修・柳沢圭子訳『統合失調症と家族』金剛出版、2010年
(14) 速報『障害者自立支援法の改正』中央法規、2011年
(15) 日野原重明他監修、星野政明他編集『医療福祉学の道標』金芳堂、2011年

第4節▼あいまいな認知

遠藤正雄▼認知心理学、教育心理学

1　はじめに

私たちは普段いろいろなものを見、聞き、味わい、嗅ぎ、触り、その情報の中から多くのことを取り出し、それを使っていろいろなことを考えています。それが何であるか判断することを「知覚」と呼びます。例えば、大きな木を見て木だと判断できたとしたら、それは木を「知覚」したことになります。続いて、その木に多くの葉が茂っていたとき、美味しそうな実がなっているのを見たとき、「この木には先日見たようなたくさんの可愛い小鳥が巣を作っているかも知れない」と考えるでしょう。この、「イメージしたり、過去の経験を思い出したり、思考したりする行為」を「認知」と呼びます。

認知という言葉は、読者のみなさんには認知症として知られていることでしょう。認知症の方々は、記憶障がいを持ち、その意味で認知失調症とも考えられます。対して、健常者は普段の生活の中で、生活に支障のない記憶力を持ち、経験した事柄の多くを記憶として保持していると信じながら生活しています。しかし、私たちは本当にこの世界をそのまま切り取って記憶しているのでしょうか。

2　日常生活内の歪められた記憶

みなさんは、「これは覚えている」と強い確信をもった過去の出来事に関しては、当然実際に起こったことだという信念を持っているはずです。しかし、人間の記憶の中には、強い確信を持ちながらも、それが客観的現実と異なることがあります。

記憶の歪曲は認知研究分野において非常に興味深いトピックでした。初期の記憶歪曲の研究はバートレット（1932）

にさかのぼります。バートレット（1932）は被験者にアメリカの民話「幽霊の戦争」を呈示して、それを思い出すよう実験参加者に求めました。この民話は、通常の昔話には見られないあらすじや結末でできていました。すると、実験参加者の多くは思い出す過程で、通常の昔話に類似した、彼ら自身の文化や知識に沿った体系的なエラーを示したのです。この結果は、想起とは個人が持つこころの枠組み（シェマ）に影響されていることを示しています。

日常の生活の中でも記憶の歪曲は起こります。例えば、法廷場面の目撃証言では強い確信をもって証言が行なわれることがありますが、それが実際に目撃した場面や被目撃者とは大きく食い違うことが多々あります。記憶の研究者であるロフタスらは、何かを覚えた後に別の情報（post event information）が入ってくることで、のちに実際に覚えたものとは別の情報を誤って思い出してしまう現象を確かめました（ロフタス他、1978）。

ロフタスらは、実験参加者に自動車事故に関する一連のスライドを見せ、後に一対のスライドを見せ、先ほど見たのはどちらだったかを判断させる二肢択一記憶テストを行ないました。ここでロフタスらは興味深い操作をしました。半数の実験参加者には、記憶テストの前に正しい情報を口頭でさりげなく与え、半数の実験参加者には誤った情報をさりげなく与えたのです。

例えば、実際に見たスライドが「止まれ」の標識だったとき、半数の被験者には「先ほど止まれの標識のところを車が通り過ぎましたか?」、別の半数には「先ほど徐行の標識のところを別の車が通り過ぎましたか?」などと実験者が言うわけです。この手続きによって、誤った情報を与えられた実験参加者は、その誤情報に誘導された記憶成績を示しました。つまり、誤情報を与えられた被験者の多くが、上記の例では、実際には「止まれ」の標識を見ていたにもかかわらず、誤って「徐行」の標識の写ったスライドを「見た」と判断してしまったのです。この現象は現在「事後情報効果」として広く知られています。以降、意外にも目撃証言は信頼性・信憑性が低いことが多くの実験から示されました。

近年では、ロフタスは、実際には経験していないことを、生き生きと確信をもって思い出してしまう現象（Rich False Memory）をも報告しています。ある冤罪事件を綴った「ピッキング・コットン」では、衝撃的な事実が記されています（トンプソン他、2009）。暴行被害に会った女性ジェニファーは、犯人が容疑者ロナルドであると断言しました。暗闇の中、犯人を見たジェニファーは、自信をもってロナルドの顔を指し示したのです。しかし、後のDNA鑑定の結果、ロナルドは犯人でないことが明らかになりました。ジェニファーが人物誤認をした理由として、薄暗い中で犯人を見たこと、取り調べの中で作られたスケッチがロナルドに似通っていたことがあります。

後にロフタスはジェニファーと会談し、顔に関する偽りの記憶の想起をジェニファーに体験させました。ジェニファーはこんなにも簡単に誤った記憶が作り出されることに驚いたそうです。ジェニファーとロナルドは和解し、今では良い関係にあります。しかし、人のあいまいな記憶が自信をもった証言につながり、それが冤罪を引き起こす可能性について、私たちは留意する必要があると言えるでしょう。

3 歪められた記憶の基礎的研究

一方、記憶歪曲の基礎研究手法として、DRMパラダイムがあります。DRMパラダイムとは以下の手続きを踏む実験手法で、人間の記憶の曖昧さを痛感することができます。まず、実験参加者に単語リスト（e.g. bed, rest, awake）が呈示されます。単語リストは、実際には呈示しない単語（e.g. sleep）に関連した単語で成り立っていました。後に行なわれた記憶テストでは、推測をしないように注意を受けたにもかかわらず、大多数の実験参加者が、非呈示である関連単語を呈示単語と同等以上の割合で、確信をもって「あった」と答えました。この結果は、実際には起こっていないことをありありと思い出してしまう驚くべき現象として知られています（遠藤、２００５、ローディガー他、１９９５）。

DRMパラダイムは、人間の記憶の仕組みを知るために開発された記憶研究のための手法です。しかし、筆者が多くの大学生を対象にこの体験をしてもらったところ、彼らは自らの記憶があてにならないことに戸惑い、驚き、さらに一部の実験参加者は記憶障がい者の持つ悲しみさえも追体験しています。DRMパラダイム実験が福祉場面での教育的ツールとしても機能しているのです。

4 高齢者の記憶

人は歳をとるにつれ、記憶能力が低くなると思いがちです。しかし、記憶能力の内、ある部分は年齢と共に弱まり、ある部分は加齢の影響なく維持されています（レビューとして、石原２００６）。

数秒から数分の間存在する記憶を短期記憶と呼びます。初めてあった人の名前をメモするまでの間頭に留めておく記憶がこれに当たります。短期記憶では、ほとんど加齢の影響がみられません。

対して、初めてあった人の名前を反芻すると、その人の名前を半永久的に覚えてしまいます。これが長期記憶です。長期記憶には、特定の場所や時間に関する個人的な経験の記憶であるエピソード記憶と、一般的知識である意味記憶があります。「昨日の夕飯がカレーだった」といった記憶はエピソード記憶であり、「カレーは香辛料をふんだんに使った食べ物だ」というのが意味記憶です。意味記憶は加齢によって影響を受けにくいのですが、エピソード記憶は成人期からすでに加齢の効果が見られます。

また、ある認知負荷がかかった状態で短期の記憶を留めておく能力をワーキングメモリと呼びます。新聞を読みながら家族の話を聞いてその内容を覚えておくことはこの例です。実は、ワーキングメモリには、加齢による効果が顕著に見られます。歳をとることで、ながら作業が苦手になるのです。

以上のように、健常者は加齢によっても保持される記憶能力があるのですが、認知症患者では程度の違いはあれ、これらのすべての種類の記憶に損傷がおこります。健常者の記憶能力の減衰が〝思い出す〟ことができなくなるのに対し、認知症患者は〝思い出す〟ことに加えて、〝覚える〟ことも難しくなるのです。

高齢者の多くは、あいまいな記憶を持っています。特に、記憶障がいを伴う認知症の方は、自らの記憶活動を周りから否定され、自尊心が大きく低下することが知られています。これに対し、たとえ歪められた記憶であっても、その再生が高齢者にとってポジティブな意味を持つこともあります。

5 回想法

回想法は、過去の経験を呼び起こす手がかり（お手玉・教科書など）をもとにして、高齢者に過去の体験を語ってもらう活動です（バトラー、1963）。回想法は、リクレーションを目的とした一般的回想法と、治療を目的として個別に実施されるライフレビューセラピーがあるのですが、わが国では、一般的回想法をグループで行なうグループ回想法が広く用いられています（志水、唐澤、田村、2003）。グループ回想法は、数名の参加者とインタビュアーで構成されます。「祭り」「おやつ」「遊び」などのテーマと、時にはその想起を喚起するもの（法被、お菓子、お手玉など）が用意され、それについて自由に回想が行なわれるわけです。

回想法で思い出される内容は、実際にその方が体験した客観的事実とは異なっているかもしれません。しかし、語られた内容はその方にとっての主観的体験であり、それを語ることには大きな意義があります。実際、回想法によって、コミュニケーション活動の促進、情緒の安定、意欲の向上が報告されています。直接記憶力の向上につながる結果はあまり報告されていませんが、回想法は高齢者のＱＯＬを高めることに大きく貢献しているのです（野村、２００６）。かつて回想法は、過去への退行でありネガティブな行動だと烙印を押された時期がありました。しかし、現在では、再生法は過去の体験の再構築であると、多くの研究者が効果を認めています。あいまいな記憶であっても、その想起自体が高齢者に心的貢献をしているのです。

6　あいまいな記憶と付き合うには

私たちの記憶は、客観的世界を切り取ったものではありません。感情によって影響を受け、生育した文化によって補正され、生態学的に妥当な方向に修正されて思い出されます。ある場合には、加齢や疾患の影響から再生に失敗し、それが自尊心を損ねる結果を生み出すかもしれません。そのためにも、周りの人々が認知の仕組みを知り、主観的再生がひとのこころの働きとして当たり前の現象だと知った上で、記憶の損傷が起こった方々にもＱＯＬを高める接し方をすることが大切だと言えるでしょう。

引用文献

（1）Butler, R. N. (1963) The life review: An interpretation of reminiscence in the aged. "Psychiatry", 26, 65-76

（2）Endo, M. (2005) Effects of prior warning and response deadline on false memory "Psychologia" 48-1 54-60.

（3）石原治「年をとると記憶は悪くなるのか?:高齢者の記憶」『記憶の心理学と現代社会』273—382頁、有斐閣、２００６年

（4）Loftus, G. R. & Loftus, E.F. (1976) Human memory: The processing of information L. Erlbaum Associates (Hillsdale, N.J. and New York)

（5）野村信威「地域在住高齢者に対する個人回想法の自尊感情への効果の検討」「心理学研究」80、42—47頁

（6）Roediger, H. L., III, & McDermott, K. B. (1995) Creating false memories: Remembering words not presented in lists Journal of Experimental Psychology: Learning, Memory, & Cognition, 21, 803-814.

（7）志村ゆず、唐澤由美子、田村正枝「看護における回想法の発展を目指して」「長野県看護大学紀要」5、41—52.頁

（8）Tompson-cannio, J. Cotton, R. Torneo, E. (2009) Picking Cotton: Our Memoir of Injustice and Redemption (Tantor Media Inc.)

第5節▼臨床心理分野でのキャリア形成・資格取得の方法、そのガイダンス

和泉光保▼心理学

1　臨床心理学では何を学ぶのか

(1) 臨床心理学の必要性

近年、パソコン・コンピュータ・携帯電話、あるいは原子力発電などの、機械文明は急速に進歩発達し生活は便利になりましたが、誰もが幸せを感じているのでしょうか?

機械技術は発展しましたが、一方で、人間関係が複雑になり、いじめ・不登校・校内暴力・非行の問題をはじめ、詐欺・裏切り・汚職・放火・殺人・テロなど心を痛める問題が沢山あり、心が暗くなります。「幸せ感」は心の問題です。

そこで最近「心の問題」が注目を集め、社会的にも心の専門家の必要性が高まっています。心の専門家としての資格は、短期間で簡単に取得できるものから、何年かの専門的な教育を受けたあと得られる資格まで、いくつもあります。ここでは、それらの中でも、「臨床心理士」に焦点をあて、将来、心理の専門家として活躍したい方々のために、資格の概要や資格取得の方法、更に資格取得後の就職について説明します。

(2) 臨床心理学とはどのような学問か

心理学の研究分野を大きく分けると第1図のようになります。この図の下方に示される、一般心理学とか生理心理学は「基礎心理学」ともいわれます。また、その上方にある発達心理学・犯罪心理学・社会心理学……は「応用心理学」に分類できます。したがって、臨床心理学は人間の不適応な行動の研究や治療を目的とする応用心理学の一分野です。たとえば、不登校・非行・摂食障がい、心身症・自殺などの原因の解明や治療法を研究します。また、臨床心理学の新理論の構築やカウンセリング理論の研究も行ないます。

対象としては、重い精神障がいを持つ人々から、軽い悩みを抱えていて軽い不適応状態にある人まで幅広く、また、身体的疾患ゆえに不安定な心理状態になっている人、成長・発達に困難を持つ人、進路選択に迷っている人、さらにこうした問題を抱える人の家族や先生や関係者など多岐にわたっています。

2　臨床心理士は何をするのか

（1）臨床心理士とは

臨床心理士とは、心の問題について心理学的な方法を活用して問題解決する「心の専門家」ということができます。日本ではカウンセリングに関する法整備が遅れていて、まだ国家資格としての心の専門家の資格は存在しません。心の専門家に対する呼び方も「カウンセラー」「心理療法士」「セラピスト」などさまざまですが、資格についても、いくつかの団体が独自に資格を設けている状態です。

そのなかで臨床心理士は、文部科学省が認可する財団法人臨床心理士資格認定協会が資格認定を行なっている財団法人認定の資格です。

日本臨床心理士認定協会とは、一九八八年に設立され、九〇年に文部省（現・文部科学省）から財団法人として認可された団体です。

（2）臨床心理士の業務

では､臨床心理士はどのような業務を行なうのでしょうか。「臨床心理資格審査規定」第十一条には、「臨床心理士は、学校教育法に基づいた大学、大学院教育で得られる高度な心理学的知識と技能を用いて臨床心理査定、臨床心理面接、臨床心理的地域援助及びそれらの研究調査等の業務を行なう」と記されています。

ここにあげられた4つが、臨床心理士の業務であると同時に、臨床心理士の専門性でもあります（第2図参照）。

①臨床心理査定：心理査定では、対象者（クライアント）についてのさまざまな情報を得たり評価したりします。そしてその情報に基づいて問題をいかに解決するかを検討します。実際の査定（アセスメントとも言う）は、面接・観察・調査などのほか､科学的・客観的な心理検査を用いて分析します。特に人格検査・発達検査・知能検査・社会性検査・神経心理学的検査などの結果により、その人にあった心理療法の方針を決定します。

②臨床心理面接：臨床心理査定と並んで臨床心理士の中心的な仕事となるのが、臨床心理面接です。通常は、カウンセリ

心理学の研究分野

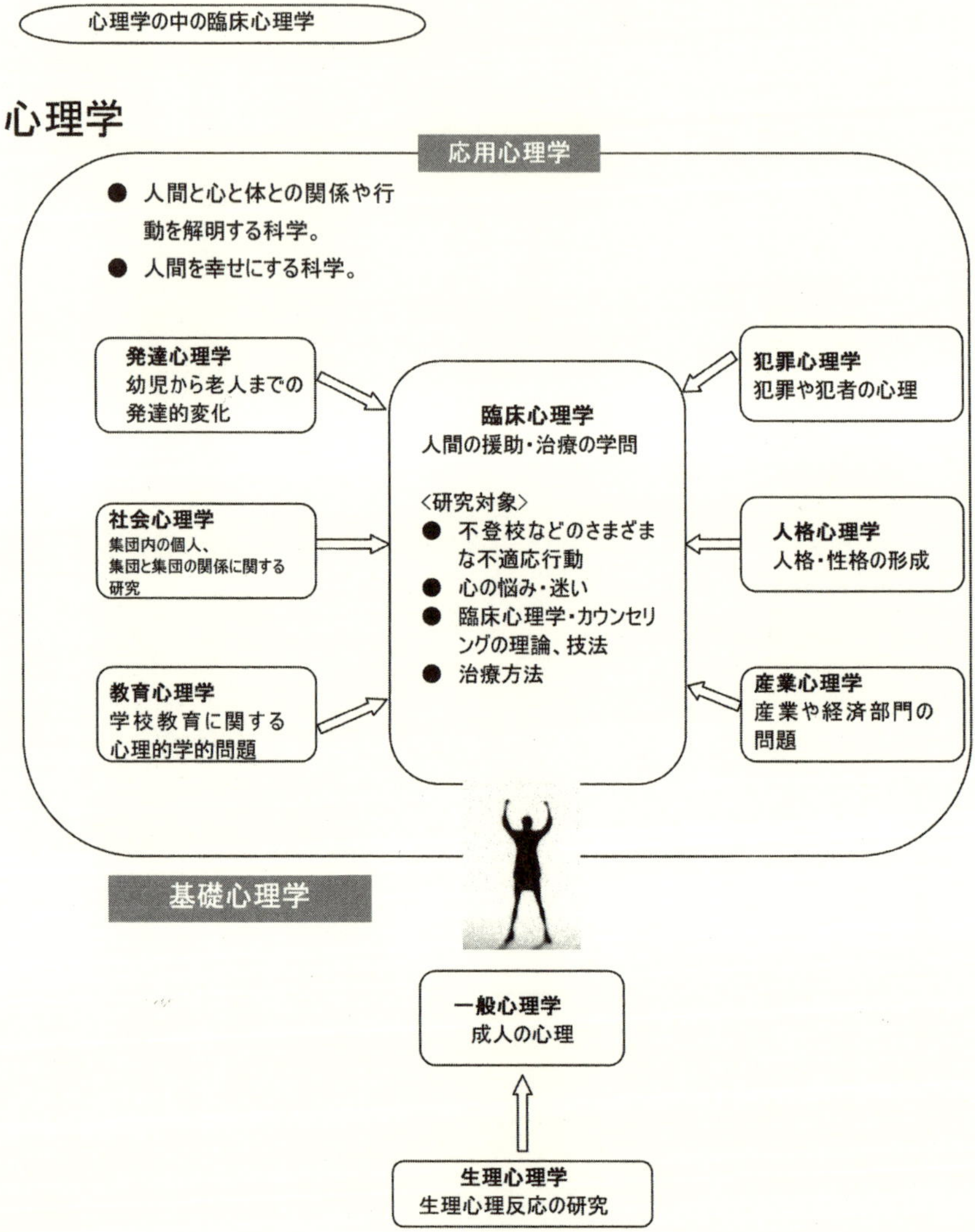
心理学の中の臨床心理学
心理学
応用心理学
● 人間と心と体との関係や行動を解明する科学。
● 人間を幸せにする科学。
発達心理学
幼児から老人までの発達的変化
社会心理学
集団内の個人、集団と集団の関係に関する研究
教育心理学
学校教育に関する心理的学的問題
臨床心理学
人間の援助・治療の学問
<研究対象>
● 不登校などのさまざまな不適応行動
● 心の悩み・迷い
● 臨床心理学・カウンセリングの理論、技法
● 治療方法
犯罪心理学
犯罪や犯者の心理
人格心理学
人格・性格の形成
産業心理学
産業や経済部門の問題
基礎心理学
一般心理学
成人の心理
生理心理学
生理心理反応の研究

第１図

臨床心理士の業務

(1)臨床心理査定

来談者の心の状態や環境を把握し、対処法や解決法を検討する。

心理テスト

(2)臨床心理面接

心理査定の結果に応じ、用いる心理療法を決めて実際に行う。

面接

(3)臨床心理的地域援助

地域社会や集団と関わり、互いに協力することで問題解決を図る。

(4)研究・調査

理論面・実践面とともに、援助方法の開発、調査や効果判定などの研究をする。

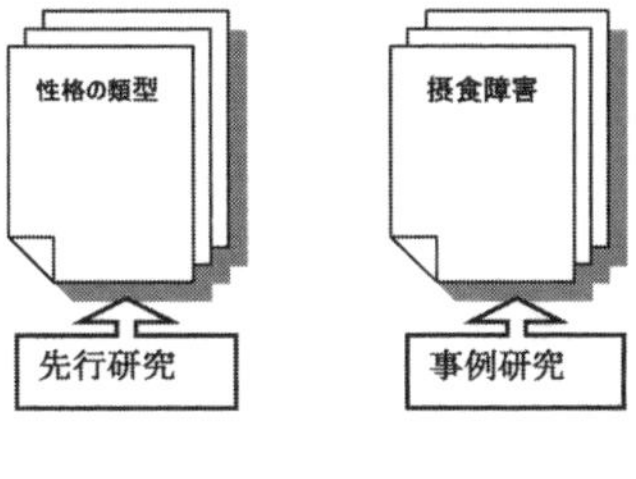

第2図

ングや心理療法のことを指すものと考えてもいいでしょう。よく知られているものに、来談者中心療法・行動療法・精神分析療法・交流分析・論理療法等の技法があります。この臨床心理面接にはクライアントと臨床心理士が一対一で行なうものもあれば、家族などの集団で行なうものもあります。

③臨床心理的地域援助：臨床心理士が対象にするのは、個人だけではありません。家族や仲間、職場、学校、地域社会なども対象となります。そのような個人を取り巻く環境に対して働きかけを行なうのが、地域援助です。

したがって、相談室や面接室の中で、クライアントとカウンセラーが一対一で関わるとは限りません。むしろ、学校や職場などが関わりの場となります。そして、そのような場で、心の問題の発生予防のための活動や、心の健康に関する情報提供などをおこなっています。

④研究・調査：臨床心理士は、調査・研究を行なうことによって専門家としての能力を高めていったり、他の臨床家と知見を共有していったりします。そのために臨床心理士は学会に所属して研究発表などをおこなっています。

3　臨床心理士の資格を得るには

(1)　臨床心理士への道

臨床心理士の資格を取得するには、どうすればいいのでしょうか（第3図参照）。

まず、最も一般的な方法としては、第3図に示すように、指定された大学院に進学することがあげられます。大学院の修士課程（もしくは博士前期課程）を終了した後に臨床心理士資格試験を受験し、合格すると臨床心理士の資格が得られます（指定大学院には2種類ありますので後ほど詳しく述べます）。

このほかに、外国で指定大学院と同等以上の教育を受けた人は、2年以上の心理臨床経験があれば資格試験の受験が可能です。

また、医師の免許を持っている場合も、取得後2年以上の心理臨床経験があれば受験できることになっています。

そのほか特例事項がありますが、これから大学・大学院に進学する人にはあまり関係がありませんので省略します。また、受験資格も徐々に変わってきていますので、日本臨床心理士資格認定協会が監修している『臨床心理士になるために』（誠信書房）の最新版を参照して下さい。

臨床心理士への道

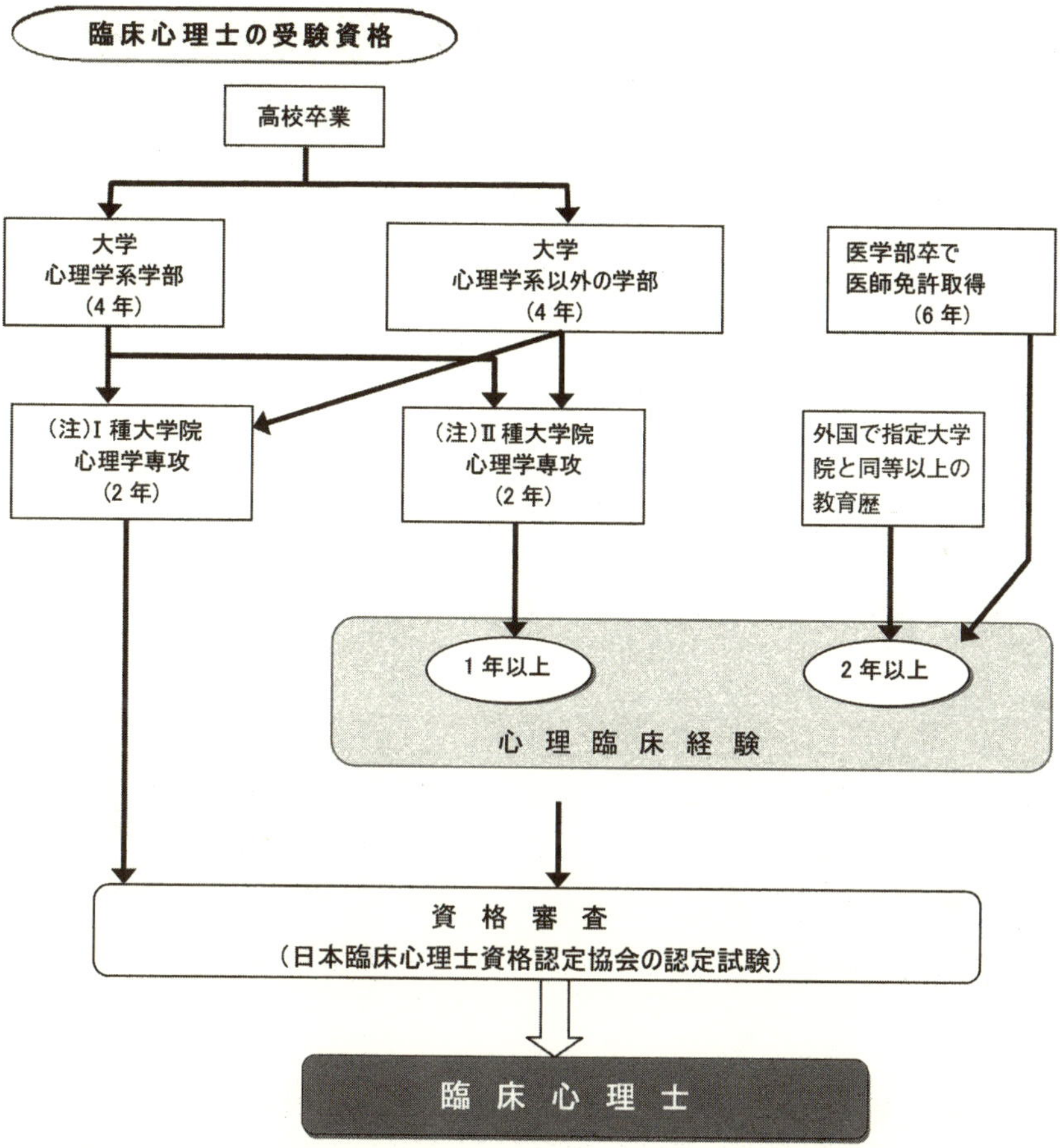

(注)　Ⅰ種大学院:臨床心理士の教員が 5 人以上で、実習のためのカウンセリングセンターが学内にある。Ⅱ種大学院:同 4 人以上で、カウンセリングセンターはなく、学外で実習活動をする。

第3図

(2) 指定大学院とは

前項で述べたように、臨床心理士になるには、基本的には、まずは日本臨床心理士資格認定協会から認定された大学院を修了しなければなりません。

この大学院を、一般に指定大学院とか指定校と呼びます。指定大学院は年度により変化はありますが、全国に約140校あまりあります。そして指定大学院には、「第1種」と「第2種」の別があります。この2つの間にはいくつかの相違がありますが、受験生にとって最も大きな違いは、資格試験の受験資格を得るまでの期間が異なることです。

第1種の指定大学院は大学院終了後、直近に実施される資格試験を受験できます。

一方、第2種の大学院を終了した場合は、資格試験受験までに、大学院終了後1年以上の心理臨床に関する実務経験が必要です。

このほか、第1種の大学院では、学生の実習機関としても利用される付属の心理相談室が設置されていますが、第2種では必ずしも設置が求められているわけではありません。相談室が設置されていない大学院では学外の機関と利用契約が結ばれているので、そこを利用します。また臨床心理士の資格を有する教員の数も、その基準が異なります（第3図の（注）参照）。

このように、第1種と第2種の大学院とでは、いくつかの違いが見られます。ただ、この違いは、もちろん教育内容に優劣があることを意味するわけではありません。

4 臨床心理士はどのような職場で働いているか

臨床心理士が実際に働く場所は第4図に示すように、大きく5つの領域に分けることができます。

(1) 教育領域：学校カウンセリングの内容を大別すると、学業相談・進路相談・適応相談があります。このうち学業相談と進路相談は主として教師が行なうことが多いのですが、適応障がいについてはスクールカウンセラーの力に負うことが多いのです。相談内容としてはさまざまで、食欲不振、不眠、不登校、家庭内暴力、不登校、自閉症等、さらに軽度のものから重度のものまであります。これらの問題を解決するために、スクールカウンセラー（臨床心理士）が心の専門家として学校内に配属されたり、大学では臨床心理士の資格をもった学生相談員が活躍しています。

(2) 医学領域：医療機関において臨床心理士が働く場は、精神科・心療内科、小児科、精神保健センターなどです。特に医療現場での臨床心理士は医師の指導の下に働きます。医師の診断や処方に基づいて、心理検査を実施したり、心理療法、カウンセリングなどを行ないます。医療現場での最大の特徴は、幼児から高齢者までのすべての年代が対象になり、各種病状を理解する知識が必要であるとともに、医師・看護師・OT（作業療法士）・PT（理学療法士）などの医療関係者とも連携をとりながら心理療法等を行ないます。

(3) 福祉領域：働く場所としては、児童相談所、知的障害者厚生施設、身体障害者施設、心身障害者施設、老人保健施設等非常に多くあります。詳しくは、『福祉の仕事・資格・学びのガイドブック「よくわかる福祉」』を参照してください。近畿医療福祉大学に請求していただければ送付します。

仕事の内容としては、①心理判定として、福祉対象者の発達、知能、性格などを心理テストで判定し、訓練や指導を含めた福祉サービスの計画のための資料を提出します。②カウンセリングでは、対象者やその家族を含めて、抱えている問題の解決を援助します。③訓練指導では、社会復帰できるように、OT、PT、ソーシャルワーカーなどと連携をとりながら訓練・生活指導を行ないます。

(4) 産業領域：厚生労働省では、労働者のメンタルヘルス対策を推進するため、平成十二年八月に「事業場における労働者の心の健康づくりのための指針」を策定して、その周知徹底を図っています。しかしながら、近年、労働者の受けるストレスは拡大する傾向にあり、仕事に関して強い不安やストレスを感じている労働者が6割を超える状況にあります。また、精神障がい等に係わる労災補償状況を見ると、請求件数、認定件数とも近年増加傾向にあります。心の健康の問題が労働者、その家族、事業場及び社会に与える影響は、今後、ますます大きくなっており、事業場においてより積極的に労働者の心の健康の保持増進を図ることは非常に重要な課題となっています。このため、労働安全衛生法第70条の第1項に基づく指針として、新たに「労働者の心の健康の保持増進のための指針」を官報において公示しています（平成十八年三月三十一日発表）。

この中で、次の4つのメンタルヘルスケアの推進をあげています。

①セルフケア：心の健康づくりを推進するためには、労働者自身がストレスに気づき、それに対処するための知識、方法を身につけ、それを実施することが重要です。このために、事業者は労働者に対して、セルフケアに関する教育研修、情報提供を行ない心の健康に関する理解の普及を図る、また、相談体制の整備を図り、労働者自身が管理監督者や事業場内産業保健スタッフ等に自発的に相談しやすい環境を整えるよ

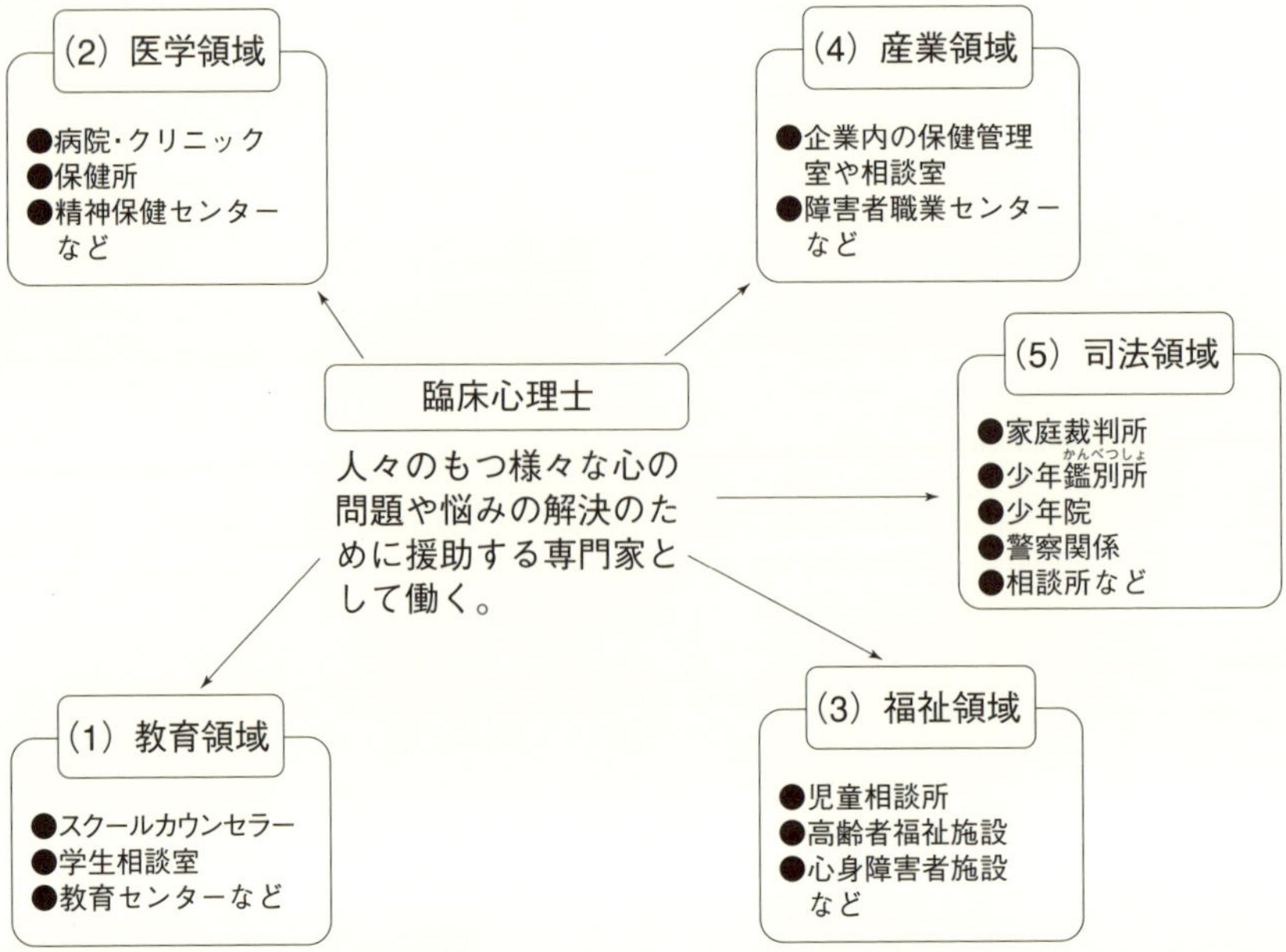

第4図　臨床心理士が働く領域

う指導しています。

②ラインによるケア：管理監督者は、部下である労働者の状況を日常的に把握し、また、個々の職場に於ける具体的なストレス要因を把握し、その改善を図ることのできる立場にあることから、職場環境等の把握と改善、及び、労働者からの相談対応を行なう必要があります。このため、事業者は、管理監督者に対して、ラインによるケアに関する教育研修、情報提供をおこなうものとしています。

③事業場内産業保健スタッフ等によるケア：事業場内産業保健スタッフ等は、セルフケア及びラインによるケアが効果的に実施されるよう、労働者及び管理監督者に対する支援を行なうとともに、心の健康づくり計画に基づく具体的なメンタルヘルスの実施に関する企画立案、メンタルヘルスに関する個人の健康情報の取り扱い、事業場外資源とのネットワークの形成やその窓口となること等、心の健康づくり計画の実施にあたり、中心的な役割を果たすよう指導しています。

④事業場外資源によるケア：メンタルヘルスケアを行なう上では、事業場が抱える問題や求めるサービスに応じて、メンタルヘルスケアに関し専門的な知識を有する各種の事業場外資源の支援を活用することが有効です。また、労働者が相談内容等を事業場に知られることを望まないような場合にも、

事業場外資源を活用することを推進しています。
このように、臨床心理士は③事業場内産業保健スタッフとして、また④事業場外資源の要員として活躍する場があります。

(5) 司法領域

この領域では、心理学や心理療法の知識を応用して、非行少年や犯罪者の調査・面接・観察・保護・矯正・社会復帰への援助をしています。臨床心理士は以下の機関で働くことができます。①家庭裁判所（ただし、ここで働くには裁判所の実施する家庭裁判所調査官補採用試験に合格する必要があります）。②少年鑑別所　③少年院　④保護観察所　⑤警察関係諸機関等です。

以上記述してきたように臨床心理士の働く場所は多くあります。また、この5領域にかぎらず臨床心理士の働く分野も拡大してきています。

参考文献

（1）下山晴彦編『よくわかる臨床心理学』ミネルヴァ書房、2003年
（2）岡道哲雄編『新版　心理臨床入門』新曜社、2003年
（3）松原達哉編『図解雑学　臨床心理学』ナツメ社、2002年
（4）斉藤智弘著『臨床心理士になる方法』青弓社、2006年
（5）財団法人日本臨床心理士資格認定協会監修『臨床心理士になるために』誠信書房、2005年
（6）徳田英次著『よくわかる臨床心理学の基本としくみ』秀和システム、2010年

第6章 ▶ 福祉ビジネス

第1節▼経営福祉ビジネスの総論（概念）

石野敏夫▼社会福祉学

1　経営福祉の視点

　これから福祉や医療を学ぼうとする人にとっては、「経営福祉」、「福祉ビジネス」という用語はあまり聞きなれない言葉であり、研究領域でないと思われるかもしれません。また、社会福祉の分野において、経営（マネジメント）がなぜ必要なのか、あるいは社会福祉と経営がどのような関連性と関係性があるのかなど多くの疑問が湧いてくるかもしれません。

　実際、全国の福祉系大学において、このような学問領域を研究対象として学科を設置している大学も少なく、ほとんどないのが実情です。しかし、長期的な視点から、医療福祉の発展を未来思考で考えた場合、こうした学問領域の研究は重要かつ不可欠なものと言えます。

「経営福祉」や「福祉ビジネス」の教育研究の領域というのは、簡単にいえば社会福祉学を基盤として、経営学（商学）や経済学などを関連づけながら、医療福祉を幅広く学ぶ分野であり、学科です。では、どうして社会福祉学と経営学を融合させなければならないかという点については、順を追って説明していきたいと思います。

　そもそも、社会福祉学はすべての人びとが一生涯を通じて、安心して幸せな日常生活を営めるようにすることを目的とする学問です。もう少し身近で具体的に言うと、日本国憲法25条の条項に「すべての国民は、健康で文化的な最低限度の生活を営む権利を有する。国は、すべての生活部面について、社会福祉、社会保障及び公衆衛生の向上及び増進に努めなければならない。」と明記されているように、国民の最低生活水準を維持することです。国家もその責任と役割があります。

　そのために、低所得者（生活保護者）をはじめ、身体障がい者、知的障がい者、高齢者、児童などの社会福祉の対象者に対して、個別的なそれぞれの状況にあわせて、福祉サービス（金銭給付や現物給付などを含む）をいかに提供するかが重要な政策課題となっています。この場合、必要な政策基準は福祉対象者に多種多様な福祉サービスをあまねく公平、公正に提供する基準と同時に、福祉サービスがより効率的かつ効果的に配分、給付されることが重要となります。

これらの政策基準を達成するためには、社会に存在するあらゆる社会資源を社会システムとして体系的にとらえる一方、個別的なケース（案件）に応じて、さまざまな福祉サービスを最適に組み合わせることが求められます。現に、在宅福祉サービスの一環として、ホームペルプサービス、食事・入浴・送迎などの介護サービス、ショートステイなど、高齢者が支障なく日常生活が過ごせるように総合的な福祉サービスを提供する福祉援助があります。いわゆるケアマネジメントないしはケースマネジメントという社会福祉援助の技術と方法です。このように、社会福祉の領域においても、すでに福祉サービスをマネジメントする経営学の手法が応用されていると言えます。

したがって、「経営福祉」の教育研究領域は、一見、無関係のように思える経営学と社会福祉学とを関連づけながら、医療福祉をより深く探求することが、「経営福祉」の視点であり、研究分野です。

2　福祉サービスの組織と経営

一般的に組織について考える時、私たちの住む社会では、大別すると2つの組織形態が存在しています。1つは利潤あるいは利益を追求するため組織化された組織（体）と、それ以外の組織があります。前者の利潤追求を目的とする組織を営利組織と言います。これには、よく知られている株式会社、有限会社、合資会社、合名会社などがあります。周知の通り、わが国のような自由主義あるいは資本主義国家では営利組織が社会の主流となり、その基盤を形成しています。これに対して、営利を目的としない後者の組織を非営利組織と言います。行政組織をはじめ、社会福祉法人、医療法人、特定非営利活動法人（ＮＰＯ）、ボランティア団体などがあります。一般社会においては、営利組織も非営利組織もそれぞれの目的に沿って、組織を構成する人びとと相互に協力、協働し、調和を保ちながら存在しています。

もちろん、公共性の高い福祉サービスに係わる社会福祉事業を展開しているのは非営利組織です。社会福祉法では社会福祉事業を第1種社会福祉事業と第2種社会福祉事業にわけられますが、いずれも社会福祉の増進する目的のために組織化され、運営管理がなされています。中でも、社会福祉の実践現場で主体的な柱となって社会福祉事業を推進しているのが社会福祉法人です。社会福祉法人は、社会福祉事業の主たる担い手として、それにふさわしい事業を適切に行なうとともに、提供する福祉サービスの質の向上及び事業の透明性の確保を図ることが義務づけられています。

法人組織の運営管理も、これらの理念と公共性の追求を基に、良質で質の高い福祉サービスの提供にあわせて、福祉に関する各種の法律や規定にのっとり、違反することなく実施することが要請されています。こうした公的な運営基準に基づいて、施設運営することは、ある意味において当然なこと（コンプライアンスなど）であるかもしれません。

「経営福祉」は、こうした制約の中で、公的な色彩の強い非営利組織の経営管理のあり方をどのようにするかが研究対象となります。とくに、非営利組織の組織経営に関しては、収支や指数が明確になる営利組織に比較して、甘く、改善の余地があるという指摘があります。

また、近年、国の財政基盤の脆弱化に伴い、福祉サービス提供の財源や資金の不足も深刻化し、社会福祉施設を取り巻く環境も大きく変化しております。このような厳しい状況下では、たとえ非営利組織であったとしても、限られた資金や財源の中で如何に効率的かつ効果的に施設経営を図るかが求められており、重要な課題となっています。もっとも、施設経営の運営管理に関しては、社会福祉援助技術の方法の一つとして、ソーシャルアドミニストレーション（社会福祉運営管理）という研究領域があります。

しかし、従来以上に効率的で合理的な施設経営を行なうためには、ソーシャルアドミニストレーションという運営管理の方法に加えて、福祉施設の組織構造を見直し、組織全体を体系的にマネジメント（経営）する経営学の概念と手法を導入することが不可欠の要件になります。この点、「経営福祉」は福祉施設の未来の発展に向けて、経営学と社会福祉学と経営学を融合させるとともに、福祉サービスの組織と経営に焦点をあてて、より深く教育研究をします。

3　福祉ビジネス領域の拡大

わが国は、よく知られていますように急激に高齢者人口が増加しています。しかもその速度は世界でも例をみない、急速な速さで超高齢化社会を迎えようとしています。このことを裏返して言えば、将来の高齢者人口の増加にあわせて、医療、介護、福祉などの医療福祉サービスが急激に増大することです。また、それらに関連して、保健サービス、健康スポーツ、社会教育、文化・芸術、バリアフリーのまちづくりなど住みよい社会環境の創出とともに、高齢者がより豊かで、幸せな日常生活を送ることができるような公共的なソーシャルサービスの整備と充実がより一層強く要望されています。

したがって、高齢者人口の増加に伴う福祉サービスやソーシャルサービスの需要は巨大で、膨大なものになることが想定されます。当然、公的セクターである行政機関及び公的組織だけでは、これらの拡大する公共サービスの福祉ニーズを充足することには、限界があり、困難と言えます。

また、このような社会的背景や、国の「官から民へ」の政策的な流れなどもあり、今日、福祉サービス分野における「市場化」が急速に進展しています。今後も公的領域における市場化の現象はさらに加速されることが予想されます。このことは、端的に言うと福祉ビジネス領域の一層の拡大を意味しています。

実際、社会福祉領域における介護サービス分野では、介護保険制度が導入され、介護サービスの市場化がすでに進展しています。それまでは、介護サービスは非営利組織である社会福祉施設（法人）が行政機関の措置委託の一環としてサービスを提供していました。しかし、介護保険制度が導入されると、「措置から契約へ」の名のもとで、利用者による適切なサービスの選択の自由に基づいた、幅広い福祉事業の展開をすることが民間事業者にも認められるようになりました。これにより、介護事業分野にホームヘルプ事業、デイサービス事業、介護支援サービス事業など在宅福祉サービス分野への、社会福祉法人以外の民間施設サービスの事業者の参入も顕著になりました。

経営福祉ビジネスとは、このような拡大する福祉領域の市場化にあわせて、福祉サービスやソーシャルサービスを提供する供給組織（医療福祉事業者）の経営管理ならびに組織経営のあり方を研究対象にするとともに、福祉ビジネスを一般的なサービス産業の一分野としてとらえ、民間企業で広く活用されているマーケティング、顧客サービス技術、財務管理などの経営（マネジメント）の基礎を学修します。ただ、忘れてはならないことは学問の研究領域の基盤となる社会福祉学の基本を十分に踏まえて、経営学と経済などを幅広く学び、未来の福祉の発展と向上のために、教育研究することが主眼となります。このように経営福祉ビジネスは独自性と方向性をもった、きわめて特色ある研究対象であり、学科でもあります。

第2節▼福祉ビジネスの定義と可能性

拾井雅人▼福祉政策、社会的企業

1　福祉ビジネスの定義

　ここでは、福祉ビジネスとは何かについて検討する中から、福祉ビジネスの広さや深さを学ぶとともに、福祉ビジネスを包括的に定義することの難しさ、問題点などを理解しましょう。

ビジネスって、なに？

「福祉ビジネス」という言葉は「福祉」と「ビジネス」という2つの言葉からできた造語です。したがって、福祉ビジネスを理解するためにはまず、福祉とは何か、ビジネスとは何かを知る必要があります。福祉については、本書においてすでに述べられているとおりです。では、ビジネスとは何でしょうか。ビジネスという言葉はさまざまな意味で用いられますが、ビジネス実務のテキスト[1]では、ビジネスとは「営利・非営利を問わず、個人または各々の組織共同体が、事業目的を実現するために、ヒト・モノ・カネ・情報などの諸資源を活用して、価値を創出するための協働行為の総称」であると定義しています。

　では、福祉ビジネスはどう定義されるのでしょうか。その答えを考えるためにも、まず福祉ビジネスという言葉の歴史をみてみましょう。正確なところはわかりませんが、書籍や学術論文など刊行物をみるかぎりでは、遅くとも一九九〇年代後半には福祉ビジネスという言葉が使われていたようです。ただ、当時の福祉ビジネスには、福祉ビジネスを実施している企業・団体等（以下、福祉ビジネス事業者といいます）が福祉ビジネスによって提供するもの（以下、提供物といいます）をどう捉えるかで、大きく2つの見方があったと考えられます。

福祉機器と介護サービスから始まった福祉ビジネス

1つは、福祉機器を福祉ビジネスの提供物として捉える見方です。当時、わが国では経済審議会の建議「6分野の経済構造改革」(注：6分野とは、①高度情報通信、②物流、③金融、④土地・住宅、⑤雇用・労働、⑥医療・福祉のことです)を受けて、多方面で経済構造改革が推し進められていました。通商産業省(現在の経済産業省)は、二十一世紀に向けて日本の産業を新しく、より付加価値の高いものへ転換していくために取り組んでいましたが、特に医療・福祉分野は高齢者数の増加、高齢化率の上昇などが予想されていたため、成長分野の筆頭に挙げられていました。この分野には、医療機器、福祉機器など有形の提供物(以下では、福祉ビジネス財といいます)だけでなく、診察や治療、ホームヘルプやガイドヘルプなど無形の提供物(以下では、福祉ビジネスサービスといいます)も含まれます。しかし、通商産業省内での所管部署が機械情報産業局医療・福祉機器産業室(現在の商務情報政策局医療・福祉機器産業室)であることからもわかるように、主たる関心は福祉ビジネス財にあり、その結果、福祉ビジネスの提供物を福祉機器に限定する見方が確立していったと考えられます。また、この見方に立つ研究者などでは、福祉ビジネスはどれくらいの市場規模があるのか、ポテンシャル(潜在需要)はどれくらいあるのか、今後どの程度成長するのかなど、福祉ビジネス市場に興味・関心のある人が多いと思われます。

もう1つは、主に介護サービスを福祉ビジネスの提供物として捉える見方です。介護保険法の成立(一九九七年十二月)、介護保険制度の開始(二〇〇〇年四月)を一つの契機として、介護サービスの提供をビジネスとして捉える見方が広まりました。介護保険制度は、高齢者福祉分野に措置制度から利用制度への転換をもたらしました。措置制度とは行政が行政処分により福祉サービスの内容を決定する制度、言い換えれば、行政が福祉サービスを必要とする人を選び、必要なサービスを決め、そして提供する制度です。一方、利用制度とは利用者が事業者と対等な関係に基づき福祉サービスを選択する制度です。措置制度のもとで提供される福祉サービスは、公的サービスと民間サービスの2つに分けることができました。前者は市町村から委託を受けた社会福祉法人などが委託の範囲内で提供するサービスであり、後者は民間企業、NPOなど民間事業者が独自に提供するサービスでした。この両者に対しては、同じサービス内容であっても公的サービスは安いが民間サービスは高いという印象が強かったため、自由な競争は行なわれにくい状況にありました。しかし、介護保険制度が開始され、措置制度から契約制度に移行すると、公的サービス・民間サービスの区別はなくなり、介護保険の給付対象サービスか給付対象外サービスかによって区分されるようになり、同じサービスを提供する事業者間において競争の原理が機能する環境が整いました。そして、福祉サービスの提供がビジネスとして認識されるようになっていったと考えられます。また、この見方に立つ研究者などでは、自由な競争の中でいかに質を確保していくのか、ヒト・モノ・カネ・情報をどのように管理し配分するのかなど、いわゆる福祉経営に興味・関心のある人が多いと思われます。

福祉ビジネスを定義してみよう！

　福祉ビジネスという言葉が使われ始めたころに存在していた福祉ビジネスに対する2つの見方は、それぞれの立場に立つ研究者などの関心事の違いとあいまって、その後も特に調整されることなく今日に至っていると考えられます。ここ2～3年の諸大学における福祉ビジネス論のシラバスをみても、福祉機器に焦点をあてたもの、介護ビジネスを福祉ビジネスとして捉えたもの、どちらも含めて福祉ビジネスとしているものなど、さまざまです。本書では、こうした状況を踏まえ、福祉ビジネスを以下のとおり定義します。すなわち、福祉ビジネスとは**「営利・非営利を問わず、個人または組織が、福祉3分野（高齢者福祉、障害者福祉、児童福祉）の対象者が抱える福祉的課題の軽減または解決を図ることを目的とし、その目的を実現するために、財・サービスを提供し、その金銭的対価を得る活動全体」**であると設定します。この定義に基づく福祉ビジネスの構造は**図6・2・1**のとおりです。また、この定義には大きく3つのポイントがあります。

　1つ目のポイントは、福祉ビジネスの対象者を福祉3分野（高齢者福祉、障がい者福祉、児童福祉）の対象者に限定しているということです。福祉ビジネスという言葉が使われ始めた一九九〇年代後半ごろは、福祉ビジネスの主な対象者は支援・介護を必要とする高齢者や障がい者であり、福祉ビジネスが軽減または解決する主な福祉的課題はＡＤＬ（日常生活動作）の向上を図るということでした。その後、二〇〇〇年に社会福祉事業法が社会福祉法に改正され(注)、その中で地域福祉の推進が規定されたことによって、福祉サービスを必要とする人は広く地域住民にまで拡充され、軽減または解決する福祉的課題も「地域社会を構成する一員として日常生活を営み、社会、経済、文化その他あらゆる分野の活動に参加す

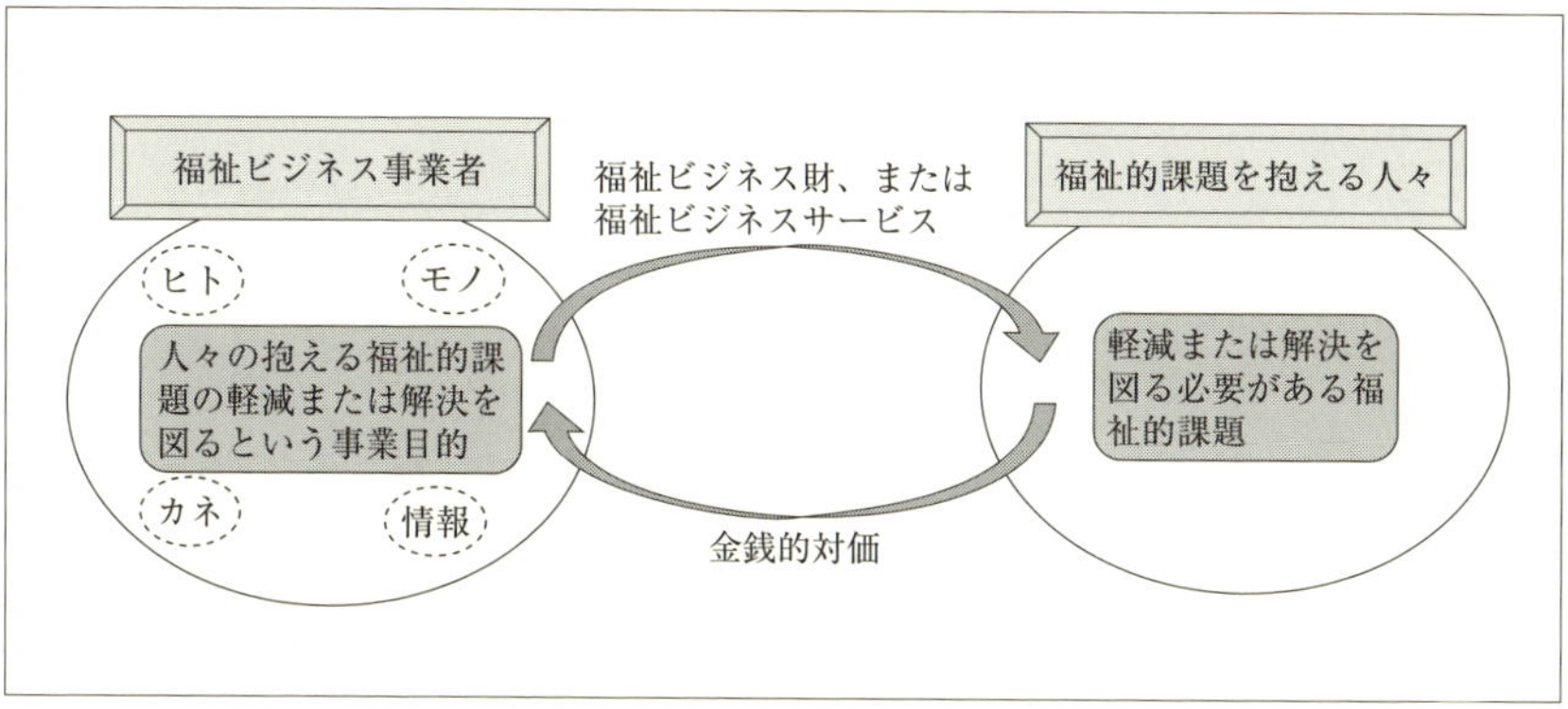

図6.2.1　福祉ビジネスの構造

る機会が与えられる」にまで拡充されました。「社会、経済、文化その他あらゆる分野の活動に参加する機会が与えられる」とは、ＡＤＬ（日常生活動作）の向上を図るという範囲をはるかに超えて、学ぶ、働く、買い物に行く、選挙にいく、スポーツをする、憩うなど生活全般を総合的に支援するという意味になります。つまり、地域福祉の考え方にしたがえば、地域住民の生活全般を総合的に支援するという事業目的を実現するための活動が福祉ビジネスということになります。そうなると、たとえば食事を宅配する事業をみると、高齢者に配食サービスを行なっている業者が福祉ビジネス事業者であることに異論を唱える人はほとんどいないと思いますが、宅配ピザ業者まで福祉サービス事業者に含まれてしまうことになります。これでは福祉ビジネスと他のビジネスとの境界が曖昧になってしまいます。そこで、本書では、福祉ビジネスの対象者に関しては地域福祉の考え方は採用せず、福祉３分野の対象者である高齢者、障がい者、子育て家庭を福祉ビジネスの対象者として考えることにします。

２つ目は、１つ目のポイントとも関連しますが、福祉ビジネス事業者は福祉的課題を軽減または解決するという事業目的を持っていなければならないということです。このことは、このような事業目的を持たないまま何らかの財・サービスを提供し、その結果、たまたま福祉的課題の軽減または解決につながったとしても、それは福祉ビジネスには含まれないということを意味しています。通話機能だけの携帯電話は聴覚障がい者にとってほとんど利用価値がありませんでしたが、メール機能が追加されることで、新たなコミュニケーションツールとしての利用価値が一気に向上しました。もし携帯電話メーカーがメール機能を追加する目的の中に、聴覚障がい者のコミュニケーションを支援するという内容を設けていたのであれば、福祉ビジネスに含まれます。しかし、そういう目的を設けずに開発・製造・販売していたのであれば、福祉ビジネスには含まれません。ただし、現在では、そういう目的を持ったメール機能も登場しており、この場合には福祉ビジネスに含めるのが妥当でしょう。

3つ目のポイントは、財・サービスの提供に対して金銭的対価を得なければならないということです。たとえば、あるアパレルメーカーが自社のショップに携帯型ホワイトボードを置き、聴覚障がいのあるお客様が来店した時はそれを用いて筆談するよう店員に研修を行ない、店員も実際にそのとおり行動したとしましょう。このような対応は営業活動、販売促進活動などでは当たり前のことであり、福祉ビジネスか否かにかかわらず、すべてのビジネスで取り入れられるべきであると考えますが、それゆえ、ここまで福祉ビジネスに含めてしまうと、福祉ビジネスと他のビジネスとの境界はなくなってしまいます。もちろん、このアパレルメーカーがたとえば補聴器を仕込んだ帽子やマフラーを開発・製造・販売していたのであれば、福祉ビジネスに含めるべきであることは言うまでもありません。このように、提供物に対して金銭的対価を得ていることを福祉ビジネスの条件として設けることには意義があると考えます。

（注）社会福祉法第4条「地域住民、社会福祉を目的とする事業を経営する者及び社会福祉に関する活動を行う者は、相互に協力し、福祉サービスを必要とする地域住民が地域社会を構成する一員として日常生活を営み、社会、経済、文化その他あらゆる分野の活動に参加する機会が与えられるように、地域福祉の推進に努めなければならない。

福祉ビジネスによって提供されるもの

福祉ビジネスによって提供されるものを、利用者と仕様に着目して分類したのが**図6・2・2**です。図の左半分が有形の提供物である財を示し、図の右半分が無形の提供物であるサービスを示しています。4つの円のうち中心に近い2つの円は、福祉ビジネスの対象者（高齢者、障がい者、子育て家庭）

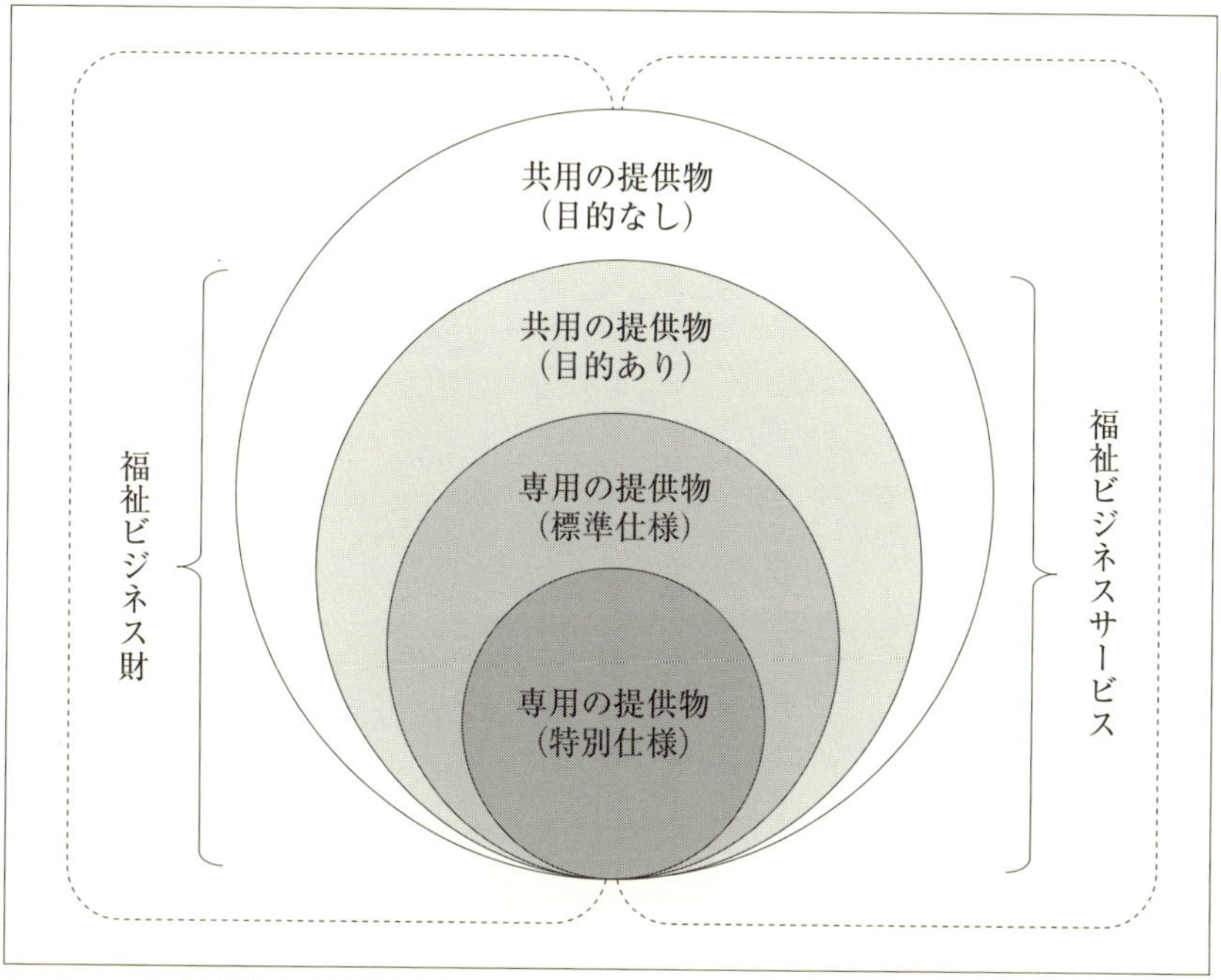

図6.2.2　福祉ビジネスの提供物

専用で提供される財・サービスを表わしています。そのうち内側の円は特別仕様あるいはオーダーメイドの財・サービスを表わし、外側の円は対象者専用ではあるけれども、標準仕様（対象者共通の仕様）で提供される財・サービスを表わしています。財に関しては言えば、たとえば義肢装具などは前者に含まれ、歩行用の杖などは後者に含まれます。サービスに関して言えば、メニュー化された福祉サービス（あらかじめ決められた福祉サービス）は後者にあたり、利用者ごとの状況に合わせて支援内容を検討し、提供されるサービスは前者にあたります。しかし、サービスの場合は財のように両者を明確に区別することは難しく、メニュー化された福祉サービス（あらかじめ決められた福祉サービス）をカスタマイズしたり、組み合わせたりして、利用者の状況に合わせたサービスを提供するような中間的なサービスも多いと考えられます。

一方、外側の2つの円は、福祉ビジネスの対象者（高齢者、障がい者、子育て家庭）、非対象者のどちらも利用可能な財・サービスを表わしています。一般に共用品と呼ばれる財・サービスがこれにあたります。2つの円のうち内側の円は、事業目的として福祉3分野の対象者が抱える福祉的課題の軽減または解決を図ることを掲げている事業者が提供する財・サービスを表わし、外側の円はこのような事業目的を設けていない事業者が提供する財・サービスを表しています。先に述べた例で言えば、現在の携帯電話メール機能は前者に含まれますが、当初の携帯電話メール機能は後者に含まれる可能性が高いと思われます。また、宅配ピザ業者が提供する宅配サービスのほとんどは後者に含まれ、高齢者への配食サービスは標準仕様の専用提供物（4つの円のうち内側2つ目の円）に含まれます。なお、福祉ビジネスの定義にしたがえば、中心に近い3つの円が福祉ビジネスの提供物（福祉ビジネス財、福祉ビジネスサービス）になります。

特別仕様の専用提供物は、利用者一人ひとりの課題にきめ細かく対応していく必要があるため、特定地域限定で事業展開している福祉ビジネス事業者が提供している場合が多いと考えられます。一方、広範囲で事業展開している福祉ビジネス事業者では、大量生産・大量販売ができるよう福祉ビジネス財の規格化を進めたり、どんなスタッフが提供しても同じレベルの福祉ビジネスサービスが提供できるよう作業の単純化、マニュアル化などを進めたりしており、標準仕様の専用提供物や共用提供物を提供しているところが多いと考えられます。

2　福祉ビジネスの可能性

ここでは、福祉ビジネスの可能性、将来性について、①起業の可能性、②グローバル化の可能性という2つの経営的側面から検討してみましょう。

福祉ビジネスにおける起業の可能性

新しく事業を始めることを起業と言い、起業する人を起業家と言います。広義の起業には企業内起業（既存企業の中で新しい事業を立ち上げること）も含まれますが、本書では起業を狭い意味で捉え、企業内起業は含めないものとします。福祉ビジネスにかぎらず、起業するときにはそのビジネスに必要な資源（ヒト・モノ・カネ・情報）を調達、確保する必要があります。この点について、具体的な事例を参考にしながらみていきましょう。

福祉ビジネスを起業した事業者の中には、介護保険サービスのように制度化されたサービス（法律などに基づくサービス）を提供するところが多いですが、ここで紹介するのは、むしろ制度化されたサービスに潜む弱点や盲点に注目して起業した事例です。

特定非営利活動法人フローレンスは代表の駒崎弘樹さんが二〇〇四年に設立した組織で、東京都23区を中心に病児保育サービスを提供しています。フローレンスの病児保育サービスは、地域で生活している子育て経験者や保育経験者（フローレンスでは「こどもレスキュー隊」と呼んでいます）に、急に病気になった地域の子どもを、自分の家か子どもの家で預かってもらうという仕組みでできています。料金は月額の定額制をとっているため、お客様にとっては利用しなくても料金がかかってしまうというデメリットがある反面、一定料金で何度でも利用できるというメリットもあります。なお、フローレンスでは、行政からの補助金を受けずに病児保育サービスを立ち上げました。

駒崎さんは病児保育サービスを企画するにあたって、子育て中の多くの女性から電話で生の声を聞き、その結果、子育てしながら仕事をしている母親には病児保育の問題が大変大きな不安材料になっているという「情報」を得ました。実際に一般の保育所では、園児が熱を出してしまうと感染防止などの理由から預かってもらえないというケースがあります。そのため、病気の子どもを預かり保育する人と場所を確保することは、病児保育サービスを始める上で解決しなければならない大きな問題です。これに対して、駒崎さんはまず、地域の中の子育て経験者や保育経験者による保育という〝共済型〟の病児保育サービスを考案することで「ヒト」の確保の問題をクリアしました。また、こどもレスキュー隊の家か病気の子どもの家で預かり保育するという〝非施設型〟の病児保育サービスを考案することで、「モノ」の確保の中で最も難しいと思われる保育場所確保の問題もクリアしました。さらに、「カネ」に関しては、非施設型にすることで保育場所を確保するための「カネ」は必要でなくなり、料金を月額の定額制にすることで、事業開始後は利用状況にかかわらず安定的に「カネ」を確保できるようにしました。

このように、駒崎さんは保育所における保育サービスに潜む弱点や盲点に気づき、子育て中の女性の声からその深刻さを認識しました。そして、共済型・非施設型の病児保育サービスという画期的なビジネスモデルを作り上げることで、ヒト・モノ・カネ・情報の調達、確保の問題を乗り越え、福祉ビジネスにおける起業に成功しました。現在では、駒崎さんは著名な社会起業家として国内外から高く評価されています。

より良い社会の構築に向けて、決して現状に満足せず、いま何が問題になっているのかという問題意識を常に持ち続けること。その結果、明らかになった福祉的課題をビジネスチャンスとして捉え、課題を軽減・解決することがビジネスとして成立・存続できるよう知識、技術、アイデアを工夫すること。そして、それらを強い意志で力強く実行に移すこと。こうした取り組み次第で、だれでも駒崎さんのように福祉ビジネスの起業家として成功する可能性はあると言えるでしょう。

なお、起業にあたっては資源の調達、確保だけでなく、理念・ミッションを明らかにすることも重要です。理念・ミッションとは、事業を通じて社会にどのように貢献するのかということです。福祉ビジネスでは、たとえば介護報酬を不正に請求したり、組織や利用者の金品などを着服したり私物化したりするなど事業者の不祥事が後を絶ちません。理念・ミッションの重要性は福祉ビジネスに限ったことではありません。しかし、福祉ビジネスの場合、サービス利用方式が措置制度から利用制度に転換し、事業者と利用者は対等になったとはいえ、他のビジネスと比べて対等性は必ずしも高いとは言えない現状があり、事業者にはより高い倫理観が求められます。したがって、福祉ビジネスで起業するにあたっては、理念・ビジョンの明確化はもちろん、ビジネスに携わるスタッフ全員にそれを浸透、定着させる必要があると言えるでしょう。

福祉ビジネスのグローバル化の可能性

わが国において福祉ビジネスが注目される背景の1つに、少子化と高齢化（少子高齢化ともいいます）があります。国・地域の少子化の程度を調べる指標には合計特殊出生率、出生数などがありますが、わが国の場合、第二次ベビーブーム（一九七一～一九七四年頃）以降、どちらの指標も低下または減少を続け、二〇〇五年には人口減少社会（人口が継続的に減少し続ける社会）になりました。一方、国・地域の高齢化の程度を調べる際には高齢化率、その上昇速度などに注目します。高齢化率が7％を超えると高齢化社会、14％を超えると高齢社会、21％を超えると超高齢社会と呼び、高齢化率が7％を超えてから14％に達するまでの所要年数を倍化年数と呼びます。わが国では一九七〇年に高齢化社会になり、一九九五年に高齢社会になりました。倍加年数は25年と、世界に例を見ない速度で高齢化が進みました。二〇一〇年一〇月一日現在の高齢化率は23・1％（平成二十二年国勢調査抽出速報集計結果）で超高齢社会にあります。こうした少子化、高齢化は日本社会のあり方にも大きな影響を及ぼしており、福祉ビジネスの発展はわが国ではいわば社会からの要請であるとも言えます。

では、諸外国の少子化、高齢化はどうなっているのでしょうか。ここでは、韓国と中国について簡単に見てみましょう。韓国の合計特殊出生率をみると、最近ではわが国よりも低い水準で推移しており、少子化が着実に進んでいることがわかります。高齢化率は二〇〇〇年に7・2％に達し、二〇一八年には14・3％まで上昇すると予想されています。そのときの倍加年数は18年になるため、韓国ではわが国を上回る速度で高齢化が進むことになります。一方、中国では、一九八〇年代以降の人口抑制政策（一人っ子政策）などによって、合計特殊出生率は大きく低下しましたが、二〇〇〇年代ではわが国よりも高い水準を維持しつつ、ほぼ横ばいで推移しています。ただ、総人口に占める年少人口（0～14歳の人口）の割合は、二〇一〇年十一月一日現在16・6％と低い水準にあり、この10年間でも6・3もポイント低下しています。高齢化率をみると、二〇〇〇年に7％を超えて高齢化社会に突入しました。その後は、一人っ子政策などの影響もあって急激に高齢化が進むことが懸念されていましたが、予想に反し、比較的緩やかに進行しています。このように、中国の少子高齢化の進行はわが国や韓国よりも緩やかではありますが、総人口約14億人という、日本や韓国をはるかに上回る人口規模があるため、少子高齢化が与える影響が大きいことは言うまでもありません。

少子高齢化に関して韓国や中国よりも一歩先に進んでいたわが国では、少子高齢化に伴うさまざまな課題を解決するため、試行錯誤を繰り返してきました。その結果、現在のような水準の福祉政策、福祉機器、福祉サービス、そして福祉に対する国民意識を築きあげてきました。これらの成果は、これから本格的な少子高齢化を迎える韓国や中国などにおいても大いに参考になるものと思われます。たとえば、福祉政策では、韓国がわが国の介護保険制度を参考にしつつ、二〇〇八年七月から介護保険制度（老人長期療養保険）を開始しています。福祉機器に関しては徐々にではありますが、部品類などを東アジア地域から調達したり、わが国から直接東アジア地域に進出したりするなどの動きが見られ、わが国と東アジア地域での国際的な分業体制が形成されつつあります。また、わが国のサービス業における対人サービスの質の高さは、ゲームやアニメなどと並び〝クール・ジャパン〟としての評価に値するところであり、福祉サービスにおいても対人サービスの考え方はもちろん、施設運営や人材育成などに関するノウハウ、介護に関する技術などをビジネスを通して韓国や中国に広めていく可能性は高まっていくでしょう。このように今後、わが国の福祉ビジネスはM&A（合併・買収）、事業提携、直接進出などさまざまな手法を駆使しながら東アジア地域に進出する機会が増えていくものと考えられます。また、逆に、今日の東アジア地域の経済成長を踏まえると、すでに一部の福祉機器で見られるように、東アジア地域からわが国の福祉ビジネス市場への参入も十分に予想されます。福祉ビジネスが国境という垣根を越えて地球規模に広がるという意味で、まさに、福祉ビジネスのグローバル化（グローバリゼーション）の時代が到来するかもしれません。福祉ビジネスにおいてグローバル化が進展するためには、わが国で言えば外国人の在留資格の問題など、解決しなければならない問題がまだまだ山積していますが、お互いの政治、経済、社会、文化などを尊重しつつ、各国の福祉ビジネスの果実をグローバル化によって共有しながら、それぞれの国・地域に根ざした福祉ビジネスを展開していくことが大事になるでしょう。

引用文献

（1）全国大学実務教育協会（編集）『ビジネス実務総論　付加価値創造のための基礎実務論』21頁、紀伊國屋書店、1999年

〔参考文献〕

（1）社団法人かながわ福祉サービス振興会『介護保険と福祉ビジネス　神奈川県の実践から見えてきたもの』1―273頁、中央法

規出版、２０００年

（２）大阪市・大阪商工会議所（福祉産業フォーラム開催協議会）『福祉産業フォーラム・大阪99報告書　本格化する福祉ビジネス～公的介護保険制度導入を間近に控えて～』１―41頁、福祉産業フォーラム開催協議会事務局、１９９９年

（３）大阪市・大阪商工会議所（福祉産業フォーラム開催協議会）『福祉産業フォーラム・大阪２０００報告書　離陸する福祉ビジネス～公的介護保険直前総点検～』１―30頁、福祉産業フォーラム開催協議会事務局、２０００年

（４）大阪市・大阪商工会議所（福祉産業フォーラム開催協議会）『福祉産業フォーラム・大阪２００２報告書　拡大する福祉ビジネス～介護から生活支援へ～』１―42頁、福祉産業フォーラム開催協議会事務局、２００２年

（５）小松浩一・徳島巌・伊藤友博・味田村正行・佐藤裕二「特集　福祉ビジネスと診断士の役割～地域で人々が活き活きと暮らすために何ができるか～」『企業診断ニュース』（五七一）４―28頁、中小企業診断協会、２００７年

（６）東京都商工指導所調査部『福祉ビジネスの事業化戦略　～事業創造・事業革新のための調査研究報告書～』１―201頁、東京都商工指導所、１９９９年

（７）駒崎弘樹『「社会を変える」を仕事にする　社会起業家という生き方』２―254頁、英治出版、２００７年

（８）日本貿易振興機構経済分析部日本経済情報課『ジャパニーズ・マーケット・レポート　NO.68　福祉用具』４―20頁、日本貿易振興機構、２００３年

第3節▼福祉ビジネス分野でのキャリア形成・資格取得の方法、そのガイダンス

兼子　一▼社会学

1　少子高齢化社会

日本は今、65歳以上の高齢者人口が23%を越え、超高齢化社会を迎えています。二〇一二年には、一九四七年～一九四九年生まれの「団塊の世代」が老年期（65歳以上）を迎え始めることから、65歳の高齢者は3000万人を超え、二〇一四年まで毎年100万人以上のペースで増加すると予想されています。これに対し、生まれてくる子どもの数は1年に100万人程度しかないため、二〇五〇年頃には、65歳以上の高齢者が人口の40%を占めるようになると予測されています。

このように老人が増え若者が少なくなる「少子高齢化社会」では、社会の活力が失われると考えられがちです。しかし必ずしもそうとは言えません。なぜなら65歳からの第二の人生を健やかに生き、人生の終焉をより良く迎えるための新たな商品やサービスが次々に求められ、それらに対する需要が拡大するからです。良い人生の終焉を迎えることを、近年では「就活」をもじって「終活」と呼び、老年期をプラスに捉える現象も起きています。

2　福祉ビジネス

老年期は15年～20年、長い人では35年くらいもの時間があります。そのような短くない残りの人生の時間を、職場からリタイアした高齢者だからと暗く過ごす必要はありません。むしろ、必ず人は死ぬし、老いも避けられないことを受け止め、そのなかで人生の終わりに向かって、残りの時間をより良く、より楽しく、より明るく、生きがいのある暮らしをしたいと願う高齢者が増えています。子どもや孫とも仲良くし

たい。子どもや孫の負担になりたくない。孫に顔を覚えてもらって人生の終わりを迎えたい。そのため、多くの高齢者のこのような気持ちを満たしてくれる商品やサービスの充実が求められるわけです。

もちろん子どもや孫がいないお年寄りもいますし、子どもや孫が生き甲斐ではないお年寄りもいます。実際、高齢者の一人暮らしは年々増加していて、孤独死や無縁死が社会問題となっています。それを反映して、たとえば生前に契約しておけば死後に遺品整理をしてくれるといったサービスも登場しています。このような状況だからこそ、日々の生活のなかで生き甲斐を感じられることや生きてきて良かったと思えることが、ますます大切になってきます。つまり「こころ」や「スピリチュアルな部分」を満たしてくれる福祉サービスが必要不可欠になってきます。

その結果、現在の福祉ビジネスでは、最低限度の生活保障を越えてＱＯＬ（生活の質）をより高める新しいサービスや商品が開発されていますが、近年、福祉とは無関係に見えるビジネスに福祉技術や福祉サービスが加わってくる動きも生まれています。たとえば高齢者が使いやすいリモコンや携帯電話が開発されたり、高齢者が利用しやすいタクシーが登場したりしています。このように福祉に対する発想がどんどん転換しており、日本のビジネス全体が「福祉ビジネス化」しているといっても過言ではありません。もちろん、いくら新しい商品やサービスが素晴らしくても、既存の基準や規制があるために世に出せないということも起きています。ですから今後、制度改革によってビジネス環境が整ってこなければなりません。しかし裏を返せば、福祉ビジネスの市場はこれから大きくなってくるわけで、これは、今仕事を探している若者にとっても大きなチャンスともいえます。つまり、より早く新たな分野に参入し、そこでキャリアを積めば、そのビジネスが拡大するなかで、よりやりがいのある収入の高い仕事に就ける可能性が出てきます。

3　福祉ビジネスの展開

ところで、高齢者は人口規模が大きく、みなさんの周りでも身近にいるので、つい高齢者に目が行きますが、子どもや障がい者の存在も忘れてはなりません。子どもや障がい者を対象とする福祉ビジネスは、高齢者福祉ビジネスに対して見落とされがちですが、実際にはＩＣＴ（情報通信技術）やロボット工学、脳科学と密接な関係を持ち、最先端の技術に基づいた製品やまったく新しいサービスが生み出されると期待されている分野です。

たとえば子育てについて見てみましょう。現代の日本では少子化の進行や共働き家庭の増加、さらには共同社会の崩壊（家庭の孤立化）が見られ、それにともなって家庭内の育児能力・育児機能が低下傾向にあります。子どもが少なくなると、大人が子どもと身近に接する機会も少なくなり、そのぶん子どもの発達のことや育て方についての知識や力も自然と身につきません。あるいは、育児にかけられる時間が少なくなり、子どもの発育にとって重要な大人とのコミュニケーションは不足します。

このように、日本社会の子育て環境は様々な困難に直面しています。現在、社会全体で子どもを育てよう、子ども個々の個性を尊重し、その子に合った発達プロセス、その家庭に合った子育てのあり方を丁寧にサポートしていこうという方向に、子育て意識が変化してきています。行政も子育て支援の充実をはかっていますし、民間企業でも新しい育児・教育支援商品やサービスが登場してきています（前章を参照）。

また、障がい者の自立生活運動とその支援活動の拡充傾向は、個人のＱＯＬを重視した福祉サービスへとビジネスモデルが転換していく契機となっています。障がい者の自立生活にとって役立つよう開発された商品やサービスは、今では障がいのない多くの人にとっても役立つものであるということが気づかれ始めました。このような、誰にとっても使いやすく誰にとってもＱＯＬが高まるという「ユニバーサル・バリアフリー」（福島、２００７年）や「バリアフリー・ユニバーサルデザイン」（内閣府、２００８年）の考え方に基づいて、住環境や社会全体が、リノベーション（刷新）されていく必要性が認識されてきたのです（次章を参照）。つまりこれまでは、障がい者は障がい者、高齢者は高齢者、というように各分野が個々ばらばらに動いてきましたが、今後は、相互に乗り入れるかたちで、福祉ビジネスが全体として展開していくでしょう。

4　求められる能力と資格

では、このような大きなビジネス・チャンスが待っている現代日本の福祉ビジネス界で活躍するために必要とされる能力や資格は何でしょうか。福祉ビジネスの市場はまだまだ未開拓で新しい分野ですので、極端にいえば、商品やサービスに対するみなさん自身の新しいアイディア（発想）とそれを実現する努力さえあれば、それ以外はなくても成功します。いうなれば、「目の付けどころが他の人とは違う」という発想をできることが能力であり、それを実現するために力量を高め、努力できることが資格となります。

表6・3・1

	①社会事業分野	②ホスピタリティ分野	③私生活分野
経営（発注）主体の概要	1 社会福祉法第二条に規定された第1種社会福祉事業の入所施設経営主体（行政府・地方自治体・社会福祉法人） 2 公共事業の発注主体（行政府・地方自治体）	1 ホスピタリティの提供を重視する経営主体（会社・社会福祉法人・ＮＰＯ・その他） 2 ホスピタリティがともなうケアを求める個人または家族	1 家庭内で十分なケアを展開できる個人や家族 2 家庭内で十分なケアを展開させたい個人や家族
福祉ビジネスの役割	1 受注・納品（会社など） 2 施設運営の業務受託（社会福祉法人のみ）	1 商品・サービスの受注・納品（会社・社会福祉法人・ＮＰＯ・他） 2 第2種社会福祉事業の通所介護事業活動（会社・社会福祉法人・ＮＰＯ・その他）	1 商品・サービスの受注・納品（会社・社会福祉法人・ＮＰＯ・他） 2 第2種社会福祉事業の居宅支援事業活動（会社・社会福祉法人・ＮＰＯ・その他）
具体的なビジネス事例	・公共施設・道路・交通機関等のバリアフリー化 ・上下水道の整備による公衆衛生の確保 ・福祉機器・用具の納品と理容電源の確保 ・地方自治体や社会福祉協議会に対する福祉サービスの企画・提案、コンサルティング業務 ・子ども・老人・障がい者・生活困難者・母子生活者など社会的弱者の最低限度の生活を保障するために必要な養護施設、授産施設などの建設 ・上記入所施設の経営業務の受託	・子どもの「こころ」のケアや発達を重視した自立生活援助事業 ・老人や障がい者に対する入浴などを提供するデイサービス事業 ・観光地タクシーによる障がい者向け観光案内 ・グループホーム（認知症対応型老人共同生活援助事業）の立ち上げ ・結婚式・葬式などのセレモニー・サービス ・ホテルや旅館・温泉地での接待サービス ・美容・マッサージ・エステなどの施術サービス ・人生相談・結婚相談・子育て相談・自己啓発・セミナー・占いなどの相談サービス ・ホステス・ホストによる接待サービス	・要介護老人を扶養するためのバリアフリー住宅や三世代が同居可能な住宅の建設または賃貸 ・日常生活で人手が足りない人を助けるサービス ・バリアフリー・ユニバーサルデザインの家具・調度品の導入支援 ・便利に情報化された機能的かつ安全な家電製品の利用支援 ・災害時にも住宅設備や機器が稼動するために必要なエネルギーの確保 ・ベビーシッターの派遣 ・老人の居宅介護支援の確保 ・災害や病気・事故などトラブル時の金融支援

つまり福祉関連商品や福祉サービスに対する深い知識を持ち、日本国内はもとより世界を視野に入れ、グローバルな視点で福祉関連商品と福祉サービスの市場動向を把握できれば、社会福祉士の資格が無くても、福祉ビジネスはできるのです。もちろんその大前提として、ホスピタリティ（人を手厚くもてなし感動を与えること）を持っていることは言うまでもありません。ホスピタリティをともなった商売（ビジネス）をしたいと思い、すぐに実行に移せば、すでに福祉ビジネスは始まっているといえるのです。

とはいえ「そんなことを言われても、実際どうしたらよいのか具体的に指し示してほしい」とみなさんは思うに違いありません。そこで、福祉ビジネスの分野や能力や資格について、もう少し詳しく説明しましょう。

まず福祉ビジネスを、商品やサービスの利用者（高齢者・障がい者・子ども）ではなく、購入者（発注者）を基準にして捉え直してみると、大きく3つに分けられます（**表6・3・1**）。行政府や自治体、社会福祉法人が中心となる①社会事業分野（B to G）、会社（営利法人）やNPO（特定非営利活動法人）などの民間企業が中心となる②ホスピタリティ分野（B to B／B to C）、個人や家族が中心となる③私生活分野（B to C／C to C）があります。

5 社会事業分野

一般的に①社会事業分野（B to G）は、「第1種社会福祉事業」として法律に定められている領域のため、活動主体は行政府・自治体・社会福祉法人に限定されています。したがって、ビジネスを担う営利企業の活動内容は、行政府や自治体、社会福祉法人との商取引になります。この商取引を業界用語ではB to G（Business to Government）と呼びます。

これらの機関・法人から受注するものは、（1）施設等の建設・改修および土地の確保（建設業・不動産業）、（2）福祉関連物品（小売業、製造業・物品賃貸業）、（3）入所者の生活改善サービス（生活関連サービス業）、（4）市民や利用者の要望を把握する市場調査（マーケティング業）、（5）社会動向の変化に伴う新しい企画の提案や施設職員の能力向上を目的とした研修支援（コンサルティング業）。それから、（6）行政府や自治体が所有する福祉施設や保育園への人材派遣（労働者派遣業）などです。

ただし、社会福祉法人の場合、行政府や自治体が所有する老人ホームや保育園の運営を委託される場合に生じる業務（従業員の派遣および業務代行業）は福祉ビジネスB to Gの一形態といえるでしょう。また、公共建築物や道路のバリアフリー化事業は、行政府や自治体による一般公共事業扱いになりますが、これも社会事業にともなうB to Gといえるものです。

このうち福祉ビジネスを学んだ卒業生が活躍する場は、会社の営業部門や調査・企画・コンサルティング部門、社会福祉法人の事務・経理部門となります。あなたは、会社において大学で学んだ新しい福祉の理念や実態に基づいた商品やサービスの企画を行なう部署に配属されるかもしれません。福祉用具や福祉サービス、福祉住環境の知識を駆使した住宅やインテリアの営業や提案を購入者（発注者）に対して行なうこともあるでしょう。また、土木・建設業界に就職してバリアフリー化事業の公共工事を受注しにいく営業職につくかもしれません。さらに商品やサービスを納品した後には、その運用が委託され、引き受けることもあります。社会福祉法人に勤務する場合は、自治体から施設運営権を受注することや、運営ノウハウを他の法人に伝授することも福祉ビジネスの領域となります。

6　ホスピタリティ分野

次の②ホスピタリティ分野を見ましょう。①社会事業分野で提供される入所施設サービスが利用者の最低限度の生活保障を目指すのに対し、このビジネスは最低限では満足できない人びとに対し、より質の高い満足感を得てもらうために、付加価値の高い商品やサービスを提供するものです。また一方で、③私生活（家庭）分野では得られないもの・充足できないものを提供し、手厚くもてなすことで、利用者の心身を癒すことも目的とします。

その商品やサービスの購入者（発注者）は、（1）民間企業と（2）個人の二系統に分かれます。（1）の場合は企業間取引となり、業界用語ではB to B（Business to Business）と呼びます。実際に企業に就職してそのような仕事につかない限りイメージしにくいかもしれませんが、福祉ビジネスの世界では大きな市場です。企業は一般に営利法人である「会社」を指しますが、この場合に購入者（発注者）となる企業には、社会福祉法人のような入所施設を経営する社会事業系の非営利法人やNPO（特定非営利活動法人）なども企業に含まれます。そして、その商取引内容は多様ですが、公共事業の面を除けば、基本的にはB to Gと同じです。

たとえば、社会福祉法人やNPOの経営者や幹部職員は自分達の施設の運営のためにホスピタリティを高める設備や物品を計画的に購入します。こうしたニーズに対し、福祉関連用品や設備を販売する専門商社や販売店があります。みなさんがその担当社員になれば、ニーズに合った優れた商品を仕入れ、購入者へ訪問販売や商品説明を行うことになります。

3 環境・デザイン、アート

また福祉関連商品を製造するメーカーにおいても、営業販売担当社員は福祉関連の専門知識を習得して自社製品の福祉との関連性を商社や小売店、問屋、卸売商などの取引先に説明し、相手が納得するようにしなければなりません。したがって、このように企業間取引では、営業販売職でも福祉に関する理念や現状、福祉用具などの商品知識をプロとして十分に習得する必要があります。特にこの分野の企業は社会事業分野が提供するサービス以上のホスピタリティを追求するので、納品する側の企業も購入者のニーズや、商品やサービスの最新動向を常にチェックし、自己のビジネス能力を高めなければなりません。

次に（2）個人は、業界用語では消費者（Consumer）となり、その商取引はB to C（Business to Consumer）と呼ばれます。この商取引の仕事において求められる姿勢や知識は、ホスピタリティを重視する点では、基本的にB to Bと同様です。たとえば、あなたが入浴サービスを提供する株式会社に勤めたとしましょう。要介護の高齢者や重度の障がい者が自宅で家族と生活していた場合、入浴は家族にとって大変困難な作業になります。まずリフォームして、自宅の風呂場を拡張することから始めなければなりません。そのため、ほとんどの家庭で入浴が不可能になります。つまり入浴は、その個人にとって家庭内ですでに充足できなくなってしまったイベントになります。その結果、介護用の入浴設備を備えた施設まで送迎され、丁寧な入浴サービスが受けられるデイサービスは、ホスピタリティの高いサービスになるわけです。

このように、個人に対するホスピタリティとは、私生活（家庭）では得られないもの・充足できないものをサービスとして提供し、もてなすことで大きな満足感や癒しを利用者に与える状態を指します。そして、この価値観がB to Cのポイントになります。ですから、一般にホスピタリティ分野は、デイサービスに代表されるような「第2種社会福祉事業」、特に通所事業の領域と思われがちですが、実はこの商取引の領域は広く、利用者に対するホスピタリティが重視される業種すべてが該当します。たとえば、ハワイでの挙式を企画する婚礼サービスや出会いのイベントを企画する結婚相談（斡旋）サービスなどは典型的なホスピタリティ重視のサービスです。他にも、葬儀サービス、観光案内（ツアー・ガイド）、異文化体験を先導する体験学習インストラクター、高級ホテルや交通機関に置かれているコンシェルジュ（総合世話係）、塾や学童保育などの子育て支援サービス、極端な事例ではプロのホステスやホスト（社交係）が提供する余暇と癒しのサービスも、社会事業や家庭では得られないホスピタリティが期待される仕事に当てはまります。

さらに特殊な例では、宗教に付属する福祉サービスが当てはまります。信者のために宗教家（僧侶や神主、新宗教の教祖など）の子弟が福祉ビジネスを志す場合です。福祉施設の設立運営から神社・仏閣・聖地の観光案内まで、宗教家の本業を助け、信者へのホスピタリティを実現するために子弟が福祉ビジネスを目指す場合が多いからです。ただしこの点は、病院経営をしている医師の子弟が跡継ぎとして医師になるのをあきらめ、福祉ビジネスを目指す場合に似ています。宗教家や医師が福祉ビジネスに係わるのは、いずれも信者や患者に対するホスピタリティを高めるという目的がありますから、驚くべきことではないのかもしれません。そしてこれらの職業や業種は、いずれも施設や店舗、事務所を構えてホスピタリティを提供するという特徴を持っています。

7　私生活分野

次に③私生活分野を見ていきましょう。この分野は、私生活、つまり家庭内でのＱＯＬを高めていこうとする人びとを助けるビジネスです。したがって、個人は家庭から外出しないまま、居宅状態でサービスや商品を受け取るＢtoＣ商取引になります。このＢtoＣを目指す各企業は家庭まで出向く出張サービスや訪問販売を実施することになります。その方法以外には、通信販売や電子商取引のネット販売等によって商品を宅配する手段がとられます。出張・訪問サービスについては、一般的に「第2種社会福祉事業」の居宅支援事業が該当します。それ以外にも福祉用具のレンタルサービスや食事の配達サービス、出張入浴サービスや出張マッサージなども入ります。特に注意すべき点は、家庭訪問をして直接個人と商取引をするため、守秘義務をともなった資格の取得が必要になる場合が多いことです。

代表的な仕事として、介護保険法によって自治体から企業に業務委託されることになっている在宅介護を支援する「地域包括支援センター」や「訪問介護ステーション」の運営、高齢者や障がい者の自立生活を支援するホームヘルプサービスや福祉機器・福祉用具のレンタル、在宅介護家庭の家計の資金繰りを助ける金融サービスなどがあります。このような福祉ビジネスは、都市部では株式会社（居宅支援事業者）が担う場合も多いのですが、地方では社会福祉協議会などの社会福祉法人や、NPO（特定非営利法人）が担っている場合が多く見られます。また市町村が直営する場合もあります。

ちなみに、これらの業務では多くの場合、社会福祉士やケアマネジャー（介護支援専門員）の資格が必要となります。したがって、大学卒業時には社会福祉士の資格を取得しておきましょう。ケアマネジャーについては、実務経験がなければ資格取得ができないため、この分野で活躍したい場合、大学在学中での社会福祉士の取得は極めて重要です。

他にも福祉に関係した資格として、福祉住環境コーディネーター2級、福祉情報技術コーディネーター3級、福祉用具専門相談員があります。これらの資格は、すべて住宅や住宅設備・調度品に係わる資格であり、BtoCに欠かせない資格となります。

また、私生活のQOLを高めるには、便利で機能的なバリアフリー住宅の確保が不可欠です。そして、バリアフリー・ユニバーサルデザインの観点から開発された家具や家電製品などの住宅設備が整っていることも重要となります。そのため、③の私生活分野には大きなビジネス・チャンスがあります。しかし同時に、関連する資格が無ければそれらのビジネスに参入さえできないという厳しさもあります。

ただし、これらの建築や不動産に関連する既存の資格と福祉ビジネスの勉強を組み合わせれば、社会福祉士やケアマネジャーの資格が無くても、それらの資格によって職業上の能力が認められ、資格の効力が発揮される場合も多いでしょう。たとえば、バリアフリー住宅の新築や改修、さらにはバリアフリー住宅の購入や高齢者や障がい者に適したバリアフリー賃貸住宅の貸与ビジネスには、福祉住環境コーディネーター2級以外に、インテリアコーディネーターや宅地建物取引主任者の資格があるとよいです。介護付き高齢者用マンションの運営には、マンション管理士の資格があるとよいでしょう。また、バリアフリー・ユニバーサルデザインの家具や調度品の購入、個性や障がいに対応した家電製品の購入には、福祉用具専門相談員や福祉情報技術コーディネーター3級の資格だけはなく、インテリアプランナーやITパスポート、消費生活アドバイザーの資格があるとよいでしょう。このように住宅関連は福祉ビジネスにとって大きなビジネス・チャンスがある領域です。福祉の勉強とともに将来進みたい分野—建築・不動産・インテリア・家電製品など—の商品知識や業界用語、法律などを大学時代に勉強し、さらに関連分野の資格を取得しておくことが望まれます。

最後に、取得すべき関連資格（**表6・3・2**）について一覧を示しておきますので、参考にしてください。

表6・3・2

福祉経営ビジネスの専門家に求められる資格	
（福祉一般）	介護支援専門員（ケアマネジャー）
	社会福祉士
（福祉用具）	福祉用具専門相談員
	福祉情報技術コーディネーター３級
（福祉経営／コンサルタント）	中小企業診断士
	消費生活アドバイザー
	日商簿記検定２級
	FP（ファイナンシャルプランナー）技能検定２級
	ITパスポート
	生きがい情報士
	社会調査士
就職を目指す業種・職種で必要な資格	
福祉サービス	サービス介助士２級
	ホームヘルパー２級
	介護ジム管理士
医療サービス	ホスピタルコンシェルジェ３級
	医療事務管理士
小売業・営業	１級販売士
建設業	インテリアプランナー
	インテリアコーディネーター
	福祉住環境コーディネーター２級
不動産業	宅地建物取引主任者
	（高層住宅）管理業務主任者
	（高層住宅）区分所有管理士
	マンション管理士
観光業	通訳案内士
	国内旅行業務取扱管理者
	キャンプインストラクター
	森林インストラクター
ホテル・旅館業	実用英語技能検定１級
	日本漢字能力検定１級
公務員	社会福祉主事任用資格
ビジネスにおけるホスピタリティ能力を証明する資格	
	秘書検定２級
	ビジネス実務マナー技能検定１級
	ビジネス接遇検定１級
	ビジネス電話検定（知識Ａ級）
留学生に必要な資格	
日本語能力	日本語能力試験Ｎ１

参考文献

（1）ＮＨＫ「無縁社会プロジェクト」取材班『無縁社会―〝無縁死〟三万二千人の衝撃』文藝春秋、２０１０年

（2）厚生労働省雇用均等・児童家庭局総務課少子化対策企画室『地域子育て支援拠点事業―実施のご案内』厚生労働省、２００７年、http://www.mhlw.go.jp/bunya/kodomo/pdf/gaido.pdf

（3）厚生労働省・（社）全国社会福祉協議会『障害者自立支援法のサービス利用について（平成22年4月版）』（厚生労働省・（社）全国社会福祉協議会、２０１０年、http://www.shakyo.or.jp/pdf/pamphlet.pdf

（4）国立社会保障・人口問題研究所『日本の将来推計人口（平成18年12月推計）』国立社会保障・人口問題研究所、２００６年、http://www.ipss.go.jp/pp-newest/j/newest03/newest03.pdf

（5）週刊朝日ＭＯＯＫ『わたしの葬式自分のお墓―よりよく今を生きるために、人生の最後を考える２０１０終活マニュアル』朝日新聞社出版、２０１０年

（6）関口潔「医療・社会福祉領域におけるホスピタリティ・マネジメントの意義」『HOSPITALITY』第6号、日本ホスピタリティ・マネジメント学会、１９９９年

（7）谷川史郎「サービスからホスピタリティの時代へ」『知的資産創造』2月号、野村総合研究所、２００５年、http://www.nri.co.jp/opinion/chitekishisan/2005/pdf/cs20050201.pdf

（8）内閣府［共生社会政策統括官］『日常生活におけるバリアフリー化の実践に関する調査報告書』内閣府、２００７年、http://www8.cao.go.jp/souki/barrier-free/tyosa_kenkyu/h19/pdf/0-0.pdf

（9）内閣府［共生社会政策統括官］『バリアフリー・ユニバーサルデザイン推進要綱』内閣府、２００８年、http://www.kantei.go.jp/jp/singi/barrierfree/080328youkou.pdf

（10）内閣府［共生社会政策統括官］『子ども・子育て新システムの基本制度案要綱』内閣府、２０１０年、http://www8.cao.go.jp/shoushi/kaigi/kettei10/pdf/s1.pdf

（11）内閣府［共生社会政策統括官］『平成22年度「第7回高齢者の生活と意識に関する国際比較調査」結果（全体版）』内閣府、２０１０年、http://www8.cao.go.jp/kourei/ishiki/h22/kiso/zentai/index.html

（12）日本障害者リハビリテーション協会「特集 ユニバーサル・デザイン―最近の動向」『リハビリテーション研究』第１４７号、日本障害者リハビリテーション協会、２０１１年

（13）野田恭子「ホスピタリティー産業におけるコンシェルジュ・プロフェッションの現状と未来」『熊本学園商学論集』第12巻2―3号、熊本学園大学、２００６年

（14）福島智「『ユニバーサル・バリアフリー』の発想が将来社会を築く」『世界と議会』第５１１号、尾崎行雄記念財団、２００7年

（15）藤井美和「スピリチュアルケアの本質―死生学の視点から（特集スピリチュアリティ）」『老年社会科学』第31巻4号、日本老年社会科学会、２０１０年

第7章 福祉住環境デザイン

第1節▼福祉住環境・デザインとアート

小林敬一郎▼建築家、福祉住環境学、ユニバーサルデザイン、人間工学

はじめに

二十一世紀を迎えた今日、アートやデザイン環境は大きく変化してきました。高度情報化と共に福祉社会の考え方、あり方がゆっくり変化してきたのに対し、私たちを取り巻く環境は急速に拡大し、福祉に対する人びとの捉え方も大きく変化しようとしています。

その意味からもここ数年において高齢者、障がい者に関する新聞記事、テレビのニュースを日常的に多く目にするようになりました。しかし終いの住処のあり方や住環境、街づくり、さまざまなデザインなどと結びついていくことがまだ多くありません。一般的には、医療、福祉の視点から支援されることにとどまっています。

医療福祉に加えて、環境、デザイン、絵画、音楽、演劇、工芸、陶芸、立体造形、建築などが、さまざまな社会福祉文化として福祉施策となることが望まれます。総合的に生活環境における人にやさしいモノとの社会を構築するデザイン、つまりユニバーサルデザイン（ＵＤ）について、福祉教育を考察しながら実践化する方向性が必要です。

福祉は経済の影響を受けやすいといえます。つまり、経済が豊かであれば福祉の要求を満たすし、豊かでなければ満たすことは難しいということです。そこに精神面が加わり、将来的な居住不安がその経済を奪い、さらに悪化する現状へと追い込んでいきます。二〇一一年の「3・11東日本大震災」は経済・社会混迷、貧困格差、過疎化被害など、さまざまなものを奪っていきました。日本列島はこれまでに経験のない自然災害と人工災害に不安や焦燥、心の動揺、空虚感に苦しめられています。

放射能汚染は、安心・安全を瞬時に破壊しました。そして、非日常な暗闇へと引きずり込んでしまう現実を思い知らせました。しかし、復興回復を目指し、生ある限りほのかな光を求め、希望を見出す努力をしなければなりません。そのために、今必要なことは、社会を作り直す技法や知恵を結集してアイデアを出し合う姿勢です。モノが時には心の癒しとなることや、教育プログラムを開発して制度や人の意識変革も含めて考える必要があります。そこでこの章では、二十一世紀の環境をユニバーサル（普遍的、包括的）に一般の人びとに親しまれるものになることを考えていきます。

1　ユニバーサル社会の実現

一般的に、「ユニバーサルデザイン」とは、一九七〇年代に障がいを持つ米国人建築家ロナルド・ロン・メイス氏によって提唱されました。そのコンセプトは、〝あらゆる体格、年齢、障がいの程度にかかわらず、誰もが利用できる製品、環境の創造〟とあります。

重要なことは一般の人びとに親しまれコストが低いことと、美しいデザインでなければならないということです。氏の提言により、従来の住まいにおける段差をなくし、手摺りを設置、滑りにくい床材の選択など、バリアフリーデザインを一歩進めたデザインを求めるようになりました。そして、環境、都市、街づくり、音楽、演劇、建築、デザイン、陶芸、造形彫刻に至るあらゆる場面から、一人ひとりのユーザーの個性にあった環境・身体条件に適合されたものであることが考え直されてきました。

そのことから、あらゆる人に適応することはありえない、という施策に変わろうとしています。また一人ひとりに合うようなユニバーサルデザインの完成品があるわけではありません。人の努力とそれを支援する情熱とモノを共存できるこころの本質が重要であるとされています。「再認識から再確認する知恵と実践」において、高い視点から全体を見渡すことで実るものであることが、最近のユニバーサルデザインと考えられます。

未来に対し、特に教育の質を高めながら、ユニバーサルデザインを社会的、文化的な学問へと成立させ、環境化することが求められます。ユニバーサルデザインは人々の生き方の多様性を重視することから始まります。

社会福祉にグローバルな視野を反映する福祉デザインは、大学において教員養成、学生養成するために理想的な環境です。教育現場は教員と学生といった世代の違う多種多様なニ

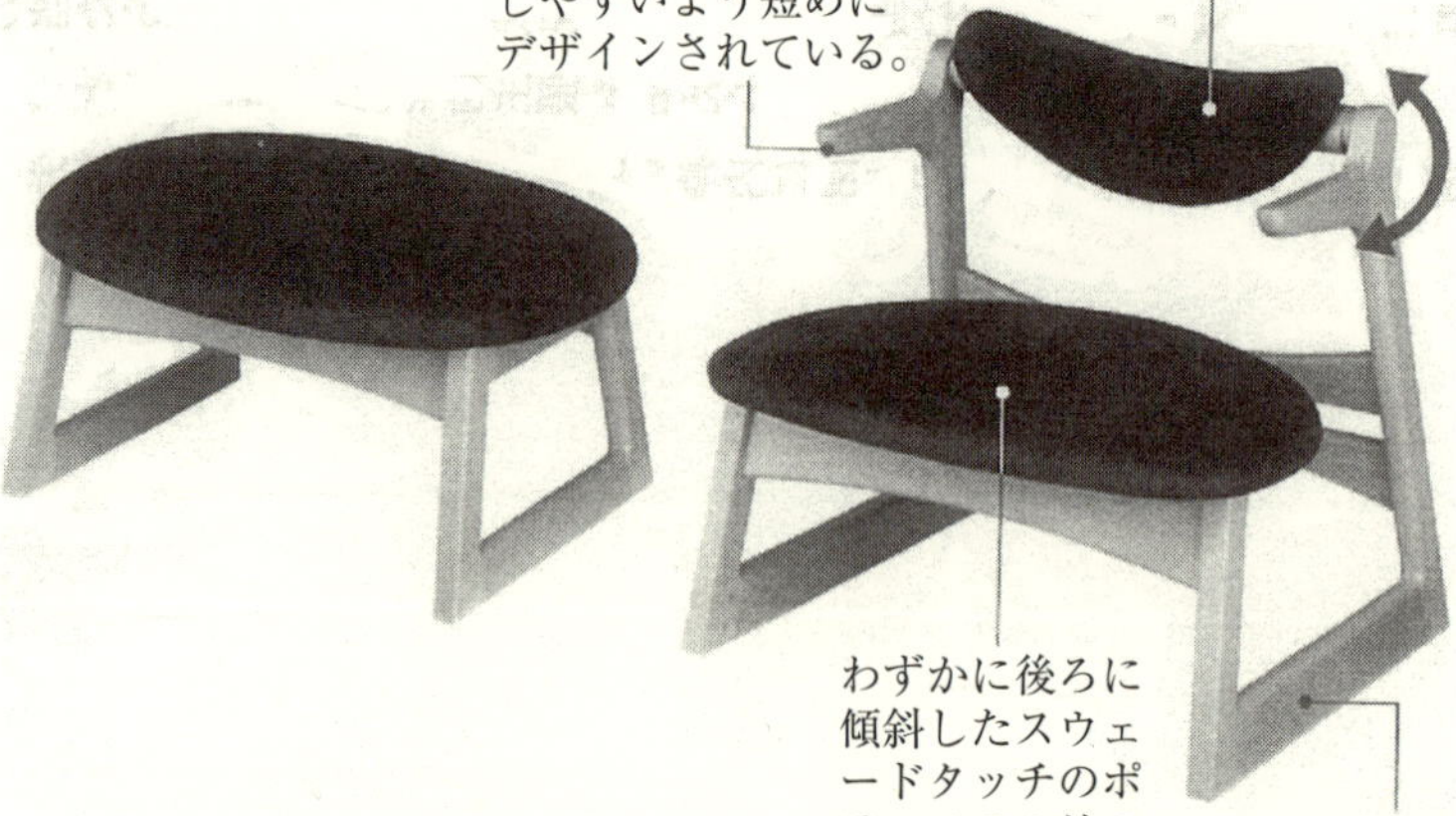
アームは立ち座りがしやすいよう短めにデザインされている。
体勢に合わせて背もたれが回転する。
わずかに後ろに傾斜したスウェードタッチのポリエステル地の座面。
美しい質感のブナ材を使用。

Ligtup「ワールドアベニュー」特別号、カタログ雑誌、提供

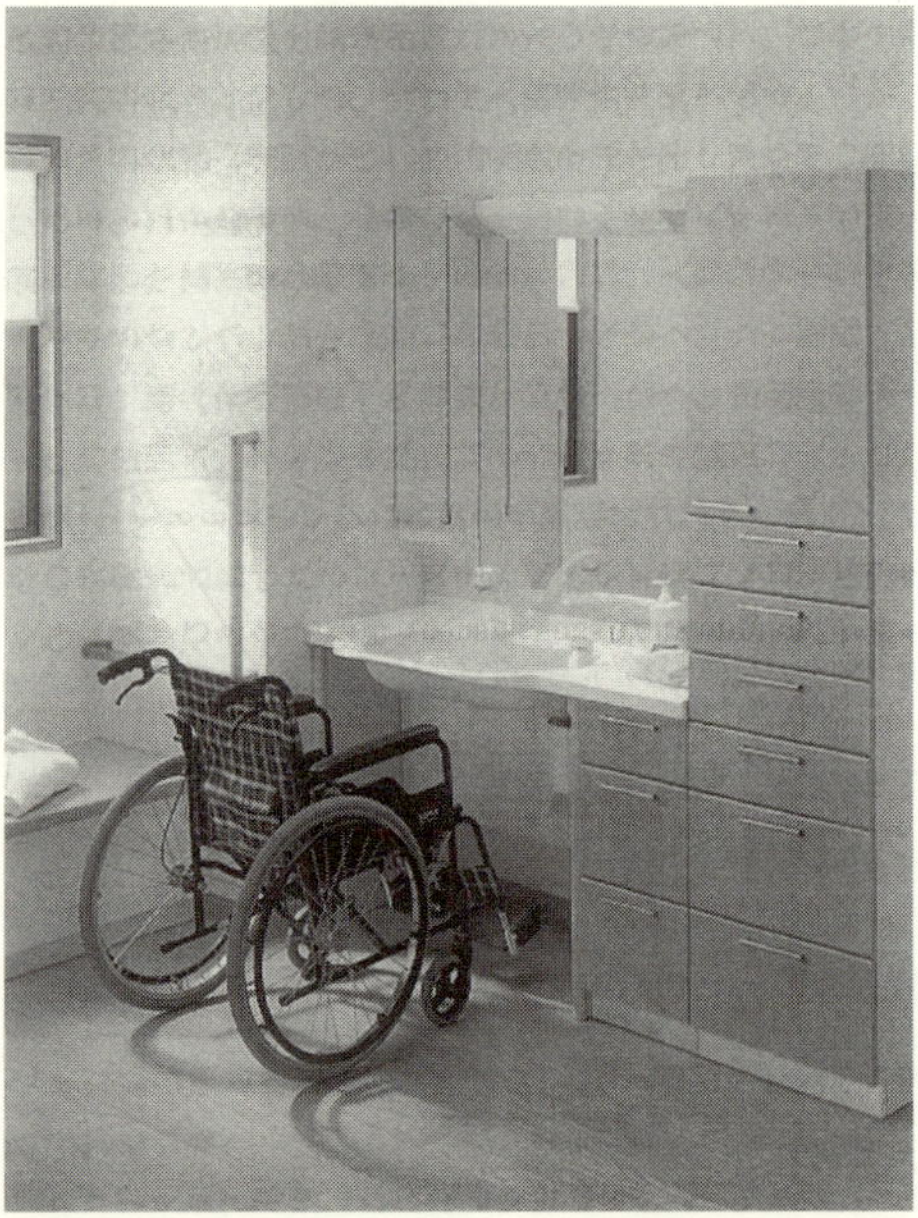

車椅子、対応洗面化粧台（洗髪可能）鏡はくもり止めヒーター付き
TOTO、カタログ写真、提供

ーズを最も広範囲に学習経験できる場です。例えば、学生食堂（レストラン）は地域市民と交流できる空間です。その意味から、教育者は人種や文化の問題を超えてこの環境の多様性を物理的なニーズにまで広げ、多文化のカリキュラムを寛容に創り出す責任ある職域です。大学教育を通じて、やがては差別のないインクルージョン（包摂《ほうせつ》）の社会が訪れるでしょう。

さらに故メイスが提唱したユニバーサルデザインは、米国ではインクルーシブデザインと互換されることがあり、デザインにおける「機会公平性と社会公正」と訳されます。ライフスパンデザイン、トランスジェネレーションデザインとも言われます。残念ながら我が国においてのユニバーサルデザイン教育は、専門的に理論、実技ともまだまだ日が浅く、長期的な発展に影響を与え実現化していく大学環境作りができていません。専門家（ユニバーサルデザイナー、ビオトーププランナー、建築デザイナー、インテリアプランナー、都市・街づくりプランナー他）になる前の教育と、その学問を活かす社会的なメッセージが必要であり、さまざまな立場の人が知恵を出し合って制度や仕組みを生み出す社会風土を創り上げることにより、その意味のある指標を確立することができます。

大学と社会の共生を創り上げるための社会システムデザインが今後必要となります。その社会システムデザインとは、デンマーク語で言うティルゲンゲリヒズ（tilgenglighed）であり、アクセシビリィユニバーサルデザインで使いやすさ、分かりやすさを表わします。デザイン・フォー・オール、インクルーシブ・デザインという言葉も色々な雑誌、新聞、学術誌にはありますが、デンマークの建築分野の法令ではアクセシビリティに統一されています。

高齢者も障がい者もすべての人が自分らしく生きることが求められるべきだというノーマライゼーション（障がいを持っていても一般市民と同様の生活と権利が保証されなければならない）、社会福祉の基本理念としています。障がいを持つ人に対する保護・隔離主義から一般の人たちと同等の権利保証をするということです。今後はハードの福祉だけでなく、社会のサービスや仕掛けからソフト面の価値観や人間性に重きを置き、建物などのモノに対する物理的整備でない社会システムが生まれようとしています。福祉、医療の延長でないユニバーサルデザインを新しい概念によりよいものを求めて改善を着実に繰り返し、デザインから次に踏み出す創造行為が必要となります。

2 バリアフリー新法（高齢者、障がい者などの移動の円滑化の促進に関する法律）

街づくりに関する法律は大きく「都市計画法」「建築基準法」をはじめ、大規模小売店出店の新たな調整の仕組みを定めた「大規模小売店舗立地法」「中心市街地活性法」などがあります。

ここでは交通体系の改善が必要ですが、都市地域の規模の拡張によりスピーディーな輸送体系となり高齢者、障がい者のバリアを作りユニバーサル化することへの難しさが都市にはあります。

二〇〇六年十二月に施行されたバリアフリー化は建築物（障がいの壁を取り除くこと）がメインで、「ハートビル法」と駅や公共機関などのバリアフリー化を目的とする「交通バリアフリー法」を一体化したものが福祉の街づくりに関する「バリアフリー新法」となりました。目的は従来の高齢者や障がい者が各地域内で移動しやすい街づくりを推進して拡充することにあり、都市化が進む商圏にあって二つの法律が道路、駅などの交通施設におけるバリア施策について建築物と総合的かつ一体的に推進されることになりました。

公共交通機関に道路や路外駐車場、都市公園や福祉タクシーが法律に追加され、新法の施行により「ハートビル法」と「交通バリア法」は廃止されました。「バリアフリー新法」は現在の高度情報化によりさらに改正する必要があり、今やユニバーサルデザインの施策の一つとなりつつあります。最近ではバリアフリーからユニバーサルデザインに移行され、法律も人も社会情勢も追いつかない法改正となっています。

公共交通を使用する人はすべてユニバーサルデザインから利便性を得られるので、障がい者だけでなくすべての人に便利になると思われますが、高齢者、障がい者は個人差があることがバリアとなります。交通体系は産業化された社会では当然重要な要素であり、さまざまな広範囲な文化を統合し、都市は拡大し続けました。また多角的な都市群を形成するに至った高速交通機関の急速な進展は、今後も高齢者、障がい者、子どもにとってユニバーサル化することは非常に困難であり、かつ予算面の収支が高価となることが予想され、快適なアクセス法とはなりません。

交通ターミナルでは切符売り場や自販機で、乗降場やサービスエリアに行く道を見つけることが移動者（社会的弱者）にとって最も重要な関心事です。空港ターミナルの一例を取ると、移動者は到着出発時刻が束縛されているのでミスを回避したいと常々考えています。チェックインや手荷物検査などは混雑した場所によってその不便性は健常者の数倍も多くの時間を有することもしばしばです。サポートしようにもこちらも順番と後列を意識するあまり、迂闊に手を出すと他人に迷惑がかかり、難しい判断経験を持つ人が多いのではないでしょうか。ターミナルの進路においても、ほとんど視覚的なものであり、視覚障がい、聴覚障がいを持つ社会的弱者は移動車がいつどこで発着するのか、休憩所や食堂などの位置、スケジュール変更上の遅れ、欠航便などのアナウンスに難しい課題を残しています。

現行法では高齢者、障がい者の利便性の確保について、検討する課題が山積みです。日本においては、障がい者基本法は平成五（一九九三）年に制定され、経済的社会保障を受け、家族または養親と共に生活をし、すべての社会活動に参加する権利を有することが宣言されています。現行で改善されているものを取り上げると、公的なものとしてエレベーター、エスカレーター、視覚障がい者誘導ブロック、障がい者用トイレ、交通アクセスによる段差解消（スロープ）、電車などの隙間解消設備、視覚・聴覚情報提供設備などは、十分とは言えないまでも改善されつつあります。

高齢者、身体障がい者、妊婦などが公共機関を利用する際の利便性および安全・安心を法律では向上促進するとありますが、健常者がメインである都市においては超高層化、バスターミナル、旅客船、航空ターミナル、鉄道、大型スーパー、百貨店、ホテル、飲食ビルの営利戦略、投資ビジネスに対し、どう将来的に法改善していくかを考える時、宗教学者・山折哲雄の「科学技術よ　おごるなかれ」が耳に残ります。また物理学者・寺田寅彦が関東大震災を調査した時に発した「天災は忘れた頃にやってくる」という言葉が伝えられています。自然から生活の知恵を学び、日常的に深く自然の原理を知らなければなりません。また我々の住む日本列島は四州が海に囲まれ、山々が連なっている自然環境は極めて不安定であることを今一度認識し、反省しなければなりません。災害によりアクセス方法は寸断され、日常生活を簡単に奪い取られることとなり、法に制定されたことでは解消できません。

今後、人間工学（エルゴノミクス）や新技術の導入からも、法が高齢者や障がい者に対し、ニーズに合致しているかどうかをさらに調査・研究する必要があります。都市機能が、交通需要が増加するスピードに法の改正が追いつけないため、人々の心でサポートすることも人間としての社会ルールと認識する必要があります。

3　環境・デザイン、アート

今、世界各国で人々の社会と文明の内的な脆弱性が問われています。人類は技術文明の進歩により、自然を失い、目に見えるその猛威と変動に対し災害を経験した人々は共に支え合う意欲も希薄となり、生きるに値する意味や可能性に虚無的になっています。さまざまな支援のあり方からＮＰＯ、一般市民の力は想像以上のものがあり、国より強い支援となりつつあります。学校教育もその意味から強化することは当然であります。

我々はソフト面から福祉支援の視点をレジームシフト（基本的な構造の転換）して、公平で持続可能なコミュニティの「場を創る」未来のソーシャルデザインから教育の適応（アダプテーション）を構築する福祉へと変わろうとすることが重要です。

国のテーマにもある「石油にも原発にも依存しない二十一世紀のエネルギー、安全保障をどうデザインするか?」「洪水や津波、海面上昇に対し防潮堤をどうデザインするか?」、そのような人とモノの多様性から地球環境デザインを考えることにより、一人ひとりの作り手から使われる手に繋がり福祉の不幸社会をなくすことができます。

福祉とは、福は「さいわい」「幸せ」、祉も「さいわい」も表わす言葉で、広辞苑によると福祉は「幸福、公的扶助やサービスによる生活の安定・充足」とあります。また欧米においては宗教的な意味から「消極的には生命の危急からの救い」「積極的には生命の繁栄」からなるとも言われています。

新しい福祉の時代として、社会状況「情報化の加速」があります。「環境問題の深刻」も加わり国際化、学際化のデザインという言葉は、ｄｅｓｓｅｉｎ（意図の構築）とｄｅｓｓｉｎ（形の表現）を複合して出来た語で、「創造的な働きを持つ知力」と捉えられています。また、感覚を主たる目的とする技術（アート）や工芸（クラフト）より徐々に分離・独立してその製品や空間、さらには平面、立体を形状化して工夫した色彩、外観を決定するに至りました。ここで言う環境・デザイン、アートは表面的な装飾や形状のデザインはもちろんですが、機能性を重視した心に響く人間のためのデザイン教育です。「口紅から機関車まで」で有名なドイツのバウハウスに代表される美術学校は、造形分野の有力なカリキュラム体系の一つの基本・基礎教育と工房教育の実技、手作業に分け、段階的に学習「基礎と専門」という発想が全世界に影響を残しています。

美術・造形・デザインは創作系教育機関の土台として美し

いものを創り上げることから、その全体が美の環境を創り上げることとなります。生活環境の激変や大衆の意識変化が、ものの創り方やことのあり方を有効な福祉に繋ぐことにより、知覚的・感情的効果を生み、心の喜びとなることを願っています。

それは学問として色彩・平面形態・テクスチュア（地肌、材料）、ボリューム、空間、光、運動などに対する知覚や感情を発展させようとすることにあります。

絵画にもデザインアートにも必ず共通するフロッタージュ（こすりだし）、実在のマテリアルを複合させたコラージュの基礎感覚訓練などがあります。ボリュームに対する感覚は塊材（粘土、石、木、石膏）などへのカービング、モデリングを通して充実感や重量感といった感情効果を生むボリューム演習です。また実技を通して、隠された趣の深さや手ざわりからパーフォレ・テッド（透けた）軽快な無重量感や教育実習から体験するデモンストレーションがあります。

高齢者、障がい者、子どもたちに夢ある将来を支援する絵画、デザイン、建築、演劇、音楽他、自分自身の「モノを何によって表現してモノを創り伝え喜びを分かち合うか」という創作福祉に他なりません。手を動かすことは頭を動かすことに繋がり、「自分で問題を解決する能力を養うこと」が大学で専門とする環境・デザインアートの学ぶ意義の一つです。福祉というソフト上のツール（マニュアル）ではなく、自分自身のツール（発想や技法や表現方法）の引き出しをたくさん持つことからはじめ、人間としての豊かさとなり人にやさしいまなざしの活路を見つけ出すことができるかも知れません。

終わりに　環境事例：器が地球に出来ること

器量という言葉がありますが、器とは人の心の豊かさを意味しています。ここで特定非営利活動法人日本ワンディッシュエイド協会事務局長の樽井雅美を誌上で紹介致します。この協会は～器が地球に出来ること～をコンセプトに、陶磁器の循環系社会の構築を目指して、奈良県生駒市でスタートした団体です。日本の伝統文化や地球環境を大切に思う心に共通する「もったいない精神」を見つめ直すことから始まりました。

この団体の活動の中心は３R活動です。①リデュース（発生抑制）②リユース（再利用）③リサイクル（再資源化）特にリデュース、リユースを最優先として活動を行なっています。大量生産、大量廃棄の社会の仕組みのままで資源循環を行なっても、地球に対する環境負荷は誰が考えても増大する一方です。最終的に受け皿として再資源化を構築しようとするNPOです。欠けた陶器（使用済）は捨てずに陶器のリユース市を実施し、それをリユースしながらリサイクルする陶器市を行なっています。

また「ワンディッシュエイドスイーツプロジェクト」では、再生産を社会に広める運動と共に、デポジットという仕組みを取り入れ容器包装のゴミの発生抑制に積極的に取り組んでいます。この取り組みに共通して言えることは、樽井雅美はこう述べています。

①どちらも積極的に導入した母体がイメージアップと共にゴミ減量や経費削減などのメリットを受ける。

②利用した客が得をする（陶器市でタダで貰える。デポジットカップはお店に持ち帰ると一つにつき30円返金される）。

③この市に参加して友達ができ、皆が楽しい気分になる。

リサイクルされた陶磁器は再生粘土として生まれ変わり、環境教育の教材として使われ始めています。この活動から二〇一〇年三月十六日に「環境大臣賞」、二〇一一年六月十二日に「なら未来創造大賞」を受賞しています。

以上、1〜3で述べましたとおり、より多くの人に使いやすくというユニバーサルデザインの考え方は人々を物理的かつ身体的にやさしく受け入れることは当然ありますが、人々をより積極的に感化しながら覚醒（目ざめさす）方向に導き、そこから生まれる感動や喜びを共有することも、デザインする精神面での福祉におけるモノと人との存在価値です。

●将来の職業

デザイナー、建築士、ビオトーププランナー、花と緑プランナー、ユニバーサルデザイナー、造園施工管理技士、福祉用具専門相談員、福祉住環境コーディネーター、インテリアデザイナー、インテリアプランナー、マンションリフォームマネージャー、工業デザイナー、危険度判定士、絵画、彫刻、陶芸（アーティスト）、環境カウンセラー、カラーマスター、カラーコーディネーター、色彩士、ランドスケープデザイナー、ビジュアルデザイナー、音楽療法士、舞台装置、ディスプレイ、特殊建築物調査資格者　他

引用文献

（1）『ユニバーサルハンドブック』丸善株式会社、2003年
（2）『JIA　MAGAZINE』、建築家　福祉、高齢化社会、日本建築家協会
（3）『Universal　design』ジィー・バイ・ケイ、朝倉書店

装丁………佐々木正見
本文DTP制作………勝澤節子
編集協力………田中はるか、出川錬

福祉の未来形を求めて
7つの分野のキャリア形成と仕事・資格ガイド

発行日❖2012年3月31日　初版第1刷

編者
近畿医療福祉大学

エディター
石田和男

発行者
杉山尚次

発行所
株式会社言視舎
東京都千代田区富士見2-2-2 〒102-0071
電話 03-3234-5997　FAX 03-3234-5957
http://www.s-pn.jp/

印刷・製本
㈱厚徳社

ISBN978-4-905369-28-8 C0036